Guia da Mãe Ocupada

Para um Lar Feliz e Organizado

Kathy Peel

Traduzido por Karen de Andrade

1ª Edição

CPAD

Rio de Janeiro
2012

Título do original em inglês: *The Busy Mom's Guide*
Tyndale House Publishers, EUA
Primeira edição em inglês: 2008
Tradução: Karen de Andrade

Preparação dos originais: Elaine Arsenio
Revisão: Verônica Araujo
Capa: Wagner de Almeida
Projeto gráfico: Alexandre Soares
Editoração: Alexandre Soares e Luiz Felipe Kessler

CDD: 248 – Vida Cristã
ISBN: 978-85-263-0299-x

As citações bíblicas foram extraídas da versão Almeida Revista e Corrigida, edição de 1995, da Sociedade Bíblica do Brasil, salvo indicação em contrário.

Para maiores informações sobre livros, revistas, periódicos e os últimos lançamentos da CPAD, visite nosso site: http://www.cpad.com.br.

SAC — Serviço de Atendimento ao Cliente: 0800-021-7373

Casa Publicadora das Assembleias de Deus
Av. Brasil, 34.401, Bangu, Rio de Janeiro, RJ
CEP 21.852-002

1ª edição: 2012 - Tiragem 5000

DEDICATÓRIA

A Genevieve e Christin

Belas damas e as respostas às nossas orações por John e Joel

AGRADECIMENTOS

Por muitos anos sonhei em escrever um livro de referência útil às mamãe ocupadas. Sou muito agradecida por todas as pessoas que trabalharam para tornar meu sonho real:

Dan Johnson, presidente da *The Idea Agency*; Jan Long Harris, Doug Knox, Kim Miller, Nancy Clausen, Sarah Atkinson, Yolanda Sidney, Maggie Rowe, Sharon Leavitt, e Mike Morrison da Tyndale; e Tyra Damm, Mary Darr e Ann Matturo, que proveram assistência, pesquisa e experiência editorial.

Mais que tudo, agradeço ao meu esposo Bill por seu amor e comprometimento em ajudar-me a cumprir meu chamado.

SUMÁRIO

INTRODUÇÃO

CRIAR UM LAR FELIZ COMEÇA AQUI

Quando você começa um novo trabalho, muitas companhias providenciam orientação. Você aprende onde estacionar o carro, onde acomodar o saco de lanche, e quais itens são aceitáveis no vestuário às sextas-feiras. Mas quando assume a maternidade — a função mais importante do mundo — não há orientação formal. O treinamento é feito já no trabalho e você é provada pelo fogo.

Nos primeiros anos de maternidade, sentia que se as mães fossem taxadas de acordo com suas habilidades domésticas e experiência em puericultura, eu certamente estaria no grupo crítico. Queria que todos os segredos da maternidade e gerenciamento familiar fossem passados de mãe para mãe, numa encadernação grossa, indexados e categorizados para cada situação. Havia tanta coisa que eu precisava saber, como a forma de convencer uma criancinha a comer vegetais, como substituir a mangueira da lavadora e a melhor hora para ir ao mercado. Tudo isso tive de aprender da forma mais difícil.

Quando você assume a maternidade — a função mais importante do mundo — não há orientação formal. O treinamento é feito já no trabalho e você é provada pelo fogo.

Eu certamente poderia ter usado algum recurso na hora de matricular nosso filho mais velho, de três anos, na pré-escola. Pesquisei um pouco e escolhi uma escola elogiada por uma mãe da minha vizinhança. Ela sugeriu que eu chegasse cedo no dia da matrícula, já que as vagas acabavam rapidamente. Então, saí de casa a tempo de chegar trinta minutos antes da abertura dos portões. Estava certa de que conseguiria ser uma das primeiras, mas ao virar a esquina, quase bati numa sinuosa fila de mulheres, centenas delas, muitas sentadas em cadeiras de praia, algumas jogando cartas sobre caixas de isopor. Todas parando para me encarar (foi o que me pareceu). Meu rosto ferveu de embaraço. Ó, como desejei ter sabido que "cedo" queria dizer "antes do amanhecer".

Desde essa época, coletei milhares de dicas e "segredos" da maternidade, que ajudam mães a economizar tempo e dinheiro — e às vezes, constrangimento. O *Guia da Mãe Ocupada para um Lar Feliz e Organizado* é uma versão fácil de consultar da grande encadernação com a qual sonhava quando era uma jovem mãe. Ele é para as mães de hoje. Suas vidas são complexas. Elas trabalham, acompanham os filhos em muitas atividades, planejam as férias, compram presentes de aniversário, beijam os dodóis e preparam refeições nutritivas. Gerenciam a vida educacional e social dos filhos, decoram a casa e providenciam roupas limpas. Armadas de telefones celulares, internet, fornos de micro-ondas, mercados com entrega em domicílio e vestuário casual, são verdadeiras multitarefas, embora ainda sejam a geração mais ocupada que já existiu.

Você sabe porque escolheu este livro. Pode ser que você esteja entre os 95% de mães que, de acordo com a AOL, ficam on-line duas horas por dia. Você quer informação imediata, por isso vai à internet quando precisa de respostas. Compara preços, procura cupons, faz postagens em blogs e pede conselhos. Geralmente suas buscas levam a muitos resultados. Encontrar ideias ou opiniões é fácil; saber quais fontes são confiáveis, não.

É aí que este livro pode ajudar. Crescer em conhecimento e trabalhar de forma inteligente é o modo de o Gerenciamento Familiar fazer as coisas, e isso pode transformar sua vida. Na minha busca por ser uma boa mãe e administrar com sucesso meu lar, projetei o sistema de Gerenciamento Familiar. Ele baseia-se na premissa de que as estratégias que bem norteiam qualquer organização ou negócio — como visão abrangente, criação de procedimentos de operação modelo, prática da formação de equipes, e fazer o trabalho avançar — farão com que dirija bem seu lar. Acredite em mim: estas táticas podem fazer sua casa e sua vida transcorrerem mais suavemente, como nunca imaginou. Ajudarão você a ordenar o dia e a inspecionar habilmente as diversas tarefas pertinentes ao seu trabalho, incluindo...

- criar um lugar onde os membros da família sintam-se bem
- viver uma vida plena e equilibrada
- saber e viver conforme o que é mais importante para você
- reduzir o estresse mantendo organizadas as tarefas do lar
- aprender a trabalhar em família como uma equipe
- encorajar os membros da família a dar o melhor de si e a partilhar suas habilidades, recursos e amor com parentes, amigos e a comunidade
- planejar ocasiões memoráveis que fortaleçam os laços familiares
- apreciar e aprender a trabalhar com os talentos únicos de cada membro da família, ajudando-os a aprender a amar a si mesmos e ao próximo de forma significativa

- dar a todos — inclusive a si mesma — espaço e tempo para crescer mental, física e espiritualmente
- ter mais tempo para diversões e para desfrutar a vida

É claro, criar um lar feliz e organizado e ser uma grande mãe requer mais do que foi impresso nas páginas deste livro e mais do que pode ser baixado da rede. Você tem de saber o que deseja para a sua família, incluindo a si mesma. Num destes raros momentos em que as crianças não estejam puxando a barra da sua blusa e você não esteja apostando corrida com o relógio, encorajo-a a preparar uma xícara de chá e a pensar no que um lar feliz significa para você.

Quando nossos filhos eram pequenos, escrevi a seguinte descrição do que um lar feliz significava para mim e o que queria alcançar com o gerenciamento da nossa família.

Quero que a minha casa seja um lugar onde os membros saibam que são valiosos, onde se sintam amados pelo que são, como seres únicos, acolhidos e à vontade para crescer em seus interesses individuais. Quero que nossa casa seja um lugar amigável a todos — aos que conseguem repouso em meio à desordem, e aos que gostam de cada coisa em seu lugar. Deverá haver equilíbrio nas áreas "comuns" — a sala e a cozinha da família — limpas o bastante para serem saudáveis, bagunçadas o bastante para serem alegres, de forma a não ofender qualquer categoria. O espaço de cada um deverá ser só dessa pessoa. Os objetos pessoais deverão ser desfrutados, partilhados e cuidados.

Quero que minha casa seja repleta de risadas. Quero ter bastante tempo para dividir os problemas diários e alegrias com cada um, mesmo que tenhamos agendas cheias. Por essa razão, designaremos certos momentos para passarmos juntos. O café da manhã, para começarmos o dia de forma positiva, é uma obrigação. Ao menos três noites por semana quero que nos reunamos em família para jantar. Nestas noites, prepararemos a comida juntos, lavaremos a louça juntos, e aproveitaremos o tempo para conversar sobre o universo de cada um. Teremos reuniões familiares para resolver problemas, conversar sobre os compromissos, ou trabalharmos em projetos específicos. Semanalmente iremos a algum lugar para nos divertirmos em família, e planejaremos passar o fim de semana fora uma vez ao mês. Teremos duas férias em família por ano. Olharemos adiante para crescermos e envelhecermos juntos.

Quero ser e fazer o melhor que puder. Por isso, tirarei tempo para cuidar bem de mim. Separarei espaço em minha agenda para ler, ter aulas, aprender novas habilidades e exercitar o corpo; e se não conseguir fazer essas coisas, tirarei tempo para pensar sobre minha vida.

Admito que estas sejam metas elevadas, e certamente não alcancei todas. Mas o exercício de registrá-las num papel ajudou-me a recordar o que é mais importante e a permanecer no curso através dos anos. Embora as mães de hoje encarem desafios únicos ao gerenciar seus lares e cuidar dos filhos, muitas confessam que desejam as mesmas coisas que eu sonhei. Simplesmente querem criar um lar feliz e organizado. Se estiver pensando, *Também quero isso!* continue lendo. Este livro ajudará você a conseguir.

Mas, por favor, não pense que estou lhe dizendo exatamente como conduzir sua casa. (Nestas páginas verá que isso não é verdade). Quero, porém, que se beneficie da minha experiência e evite aprender as coisas através de tentativas e um monte de erros, como eu. Como vê, o sistema de Gerenciamento Familiar ajudou-me a fazer da nossa casa um bom lugar para viver. Mantemos um equilíbrio saudável de ordem e organização, flexibilidade e diversão. Nossa família é um time — mesmo agora, depois que nossos três meninos cresceram e dois deles se casaram. Continuamos comprometidos em trabalhar e desfrutar as bênçãos da vida juntos, e em ajudar uns aos outros a desenvolver nossos potenciais individuais. Não há bênção maior na terra, e eu desejo isso para você e sua família.

Amigas, ouçam isto: desempenhamos um papel muito importante em nossas famílias. Em algum momento, todas percebemos que a nossa influência determina grandemente a atmosfera do lar — certamente os aspectos físicos, bem como os emocionais e espirituais. E previsivelmente a mamãe é a cola que mantém juntas as coisas no lar. Isso significa que quando pessoalmente tornamo-nos "descoladas" uma porção de coisas começa a cair em pedaços.

Oro para que este livro seja um recurso valioso para você — como um amigo confiável a quem pode procurar para conselhos práticos, soluções eficazes e a inspiração necessária para unir as coisas, criando um lar feliz e organizado. Para que isso aconteça, você deve entender algumas coisas a respeito da sua grande missão como gerente da família.

Indo ao Trabalho

Você superintende uma instituição econômica com serviços e recursos de gerenciamento, preparo de alimentos, cuidado com crianças, educação e transporte, e inúmeros outros. Usar as estratégias e táticas de gerentes de sucesso ajudará você a perceber seus sonhos para um lar feliz e organizado. Eis 10 itens mais importantes que você precisa saber sobre o seu trabalho.

1. **Pense como um gerente.** Você comanda a organização mais importante do mundo. O Credo do Gerenciamento Familiar sumariza a sua função.

CREDO DO GERENCIAMENTO FAMILIAR

Comando a organização mais importante do mundo

Onde centenas de decisões são tomadas diariamente

Onde bens e recursos são administrados

Onde a saúde e necessidades nutricionais são atendidas
Onde as finanças do presente e do futuro são discutidas e debatidas
Onde projetos são planejados e eventos, organizados
Onde o transporte e a agenda são críticos
Onde a formação de uma equipe é a prioridade
Onde carreiras começam e terminam
Sou uma Gerente Familiar

2. **Gerencie por departamento.** Para evitar sobrecarregar-se, é preciso desenvolver um meio de atender às responsabilidades sem fim do Gerenciamento Familiar. Elas podem ser melhor conduzidas quando categorizadas em sete departamentos distintos, supervisionados conforme suas características:

TEMPO & AGENDA — gerenciar a agenda da família e planejamento diário; levar a pessoa certa ao lugar certo, na hora certa, com o equipamento certo
LAR & BENS — supervisionar a manutenção e cuidado de todas os bens, casa e seus equipamentos e carros
COMIDA — suprir as necessidades nutricionais diárias da família
FAMÍLIA & AMIGOS — cumprir as responsabilidades relacionadas à maternidade e ao matrimônio, aos parentes, amigos e vizinhos
FINANÇAS — gerenciar o orçamento, pagamento de contas, as reservas, investimentos e doações
EVENTOS ESPECIAIS — planejar e coordenar ocasiões que fujam à rotina habitual, como aniversários, feriados, férias, vendas de garagem, reuniões familiares e celebrações
AUTOGERENCIAMENTO — cuidar do próprio corpo, estimular a mente e nutrir o espírito

3. **Conhecer sua missão e valores.** É importante que tire tempo para considerar o que é mais importante para você e sua família. Suas prioridades a ajudarão a tomar decisões o dia todo, todos os dias.
4. **Estabeleça uma visão e comunique os benefícios.** Gerentes de sucesso devem inspirar e atrair os empregados ao redor de uma meta comum, e comunicar como este alvo afetará o interesse coletivo. Não é diferente numa família.
5. **Construa a equipe familiar.** Todo o bom gerenciamento envolve dividir responsabilidades, ajudando as pessoas a encontrar seus nichos e capacitando-as ao sucesso.

6. **Crie uma base de operações.** Como gerente familiar, precisa de uma "Central de Controle", de onde supervisione as idas e vindas de sua família.
7. **Use a Lista do Dia.** Escolher seletivamente todos os dias o que você Fará, Deletar e Delegar em cada departamento a ajudará a gerenciar tarefas e a aliviar o estresse.
8. **Gerencie conforme o planejado.** O Gerenciamento familiar demanda uma série de habilidades que ninguém tem. Sempre haverá tarefas que você detesta. O truque é aprender a trabalhar com as suas forças e ao redor de áreas em que não tem habilidade através de pessoas que tenham.
9. **Esteja preparada.** Este lema é dos escoteiros, mas também é uma ótima divisa para Gerentes Familiares.
10. **Aprenda com Deus.** Ele criou a família e lhe dará a sabedoria e força necessárias para ser uma grande mãe, esposa e Gerente Familiar.

Nos capítulos seguintes, aprenderá mais sobre estes 10 princípios. Também verá dicas e táticas para cada um dos sete departamentos que a ajudarão a realizar todas as tarefas que *tem de fazer* rapidamente, e a encontrar mais tempo e energia para aquilo que *quer fazer*. Encontrará listas e modelos úteis.[1] Para um pouco de encorajamento rápido quando se sentir fora de controle em algum dos departamentos, convido-a a ler "As Coisas Mais Importantes a Lembrar", no princípio de cada capítulo. É fácil sobrecarregar-se com os detalhes da vida, mas aprendi que criar uma rotina suave para o lar provém de tomar algumas atitudes fundamentais. Finalmente, o guia de recursos da internet e o índice remissivo ao final do livro a ajudarão a encontrar as informações de que precisa para a sua família rapidamente.

Mesmo que você possua todo o tempo de que precisa e as coisas na sua casa estejam indo razoavelmente bem, ou se já ultrapassou o caos e precisa de toda a ajuda que puder conseguir, toda mãe precisa de algum truque na manga e de inspiração para avançar. Você pode ler rapidamente este livro e marcar as páginas com as ideias que gostaria de aproveitar, ou pode mantê-lo sempre à mão para os dias em que precisar de um conselho instantâneo, ou sobreviver a uma viagem pela estrada com a família ou fazer com que os filhos contribuam com o serviço da casa. De qualquer forma, terá ajuda para encontrar o caminho mais curto para um lar feliz e organizado... então poderá desacelerar e desfrutar as bênçãos da vida.

---

[1] Membros do Círculo do Gerenciamento Familiar podem baixar estes modelos interativos e muitos outros recursos. Veja http://www.familymanager.com.

CAPÍTULO 1

GERENCIANDO TEMPO E PLANEJAMENTO

Todas podemos aprender com os advogados. Você com certeza já ouviu diversas piadas sobre eles e suas horas superfaturadas. Na verdade, a forma de eles verem o tempo — como muito valioso — é como nós, Gerentes Familiares, deveríamos olhar para o próprio tempo. Quando vemos o tempo como um bem consumível, como dinheiro, podemos olhar o transcorrer dos dias e identificar se gastamos muito dele em alguma área.

Se você constantemente sente-se sem fôlego e atrasada, este capítulo é um bom lugar para começar a leitura, a fim de encontrar meios de restaurar a sanidade à sua vida. Pense no dia de ontem. Perdeu uma hora no mercado porque saiu na hora do *rush*? Falou muito ao telefone com aquela amiga que lhe entupiu os ouvidos com os problemas dela, quando realmente precisava passar um tempo com seu filho? Atrasou-se para um compromisso porque passou uma hora procurando as sapatilhas de ballet que a sua filha não guardou no lugar certo? Pode pensar em outras formas pelas quais o tempo escorreu entre seus dedos? Se a resposta for sim, não se martirize. Reconhecer o problema é o primeiro passo para resolvê-lo.

Ao ver o tempo como um bem consumível, poderá olhar o transcorrer dos dias e perceber se gasta muito dele em alguma área.

Pensar sobre como o tempo é gasto a cada dia é um exercício importante. Isso irá ajudá-la a identificar suas prioridades — se está vivendo de acordo com as suas ou as de alguma outra pessoa, seja qual for o motivo — e é o primeiro passo necessário para tornar-se uma boa gerente dos minutos do seu dia.

Minutos é a palavra chave da última sentença, pois para ser uma boa gerente da agenda e do planejamento diário familiar, você deve, como um advogado, ver não apenas as horas, mas os minutos, como valiosos. Não seria útil se inventassem um meio de parar o relógio por um dia inteiro, de forma que tivéssemos um longo e ininterrupto bloco de tempo para realizarmos todas as atividades e projetos atrasados? Seria um bom roteiro para um filme, mas quando encaramos a realidade, temos de alcançar e realizar em tempo real — o que para a maioria de nós significa ver pequenas porções de tempo como um tesouro. Você se surpreenderá com o quanto poderá fazer quando aproveitar fragmentos de tempo que agarrar aqui e ali. É obvio que não conseguirá fazer um *scrapbook* de todos os anos de vida e de todas as fazes de sua filha de dez, mas terá progredido sempre que concluir uma página, o que fará com que se sinta melhor consigo mesma, e finalmente o projeto estará terminado!

Também é importante viver tanto no presente quanto no futuro. Isto é certo: temos de viver em dois tempos. Vou explicar.

Viver no presente tem a ver com viver um dia de cada vez — estando preparada para as responsabilidades do dia, usando os minutos com sabedoria e estando alerta para desfrutar cada bênção. Viver no futuro é pensar adiante sobre o que quer que aconteça — amanhã, na próxima semana, ou mês — e no que precisa acontecer para que um objetivo seja alcançado, usando pequenas porções de tempo para preparar-se para o evento futuro.

Por exemplo, digamos que seja segunda-feira e o seu planejamento inclua levar o filhinho ao pediatra, e então deixá-lo na casa de uma amiga que disse que tomaria conta dele enquanto você ajuda o filho que está no terceiro ano com uns deveres. Também tem o pedreiro que virá durante a tarde trazer o orçamento do telhado. Assim, após o almoço, você buscará seu filho e o colocará para tirar uma soneca. Pegará as correspondências, checará os e-mails e torcerá para que o pedreiro seja pontual, pois não pode se atrasar para buscar o filho mais velho na escola. Quando buscá-lo, deverá voltar rapidamente, pois precisará fazer um lanche e também alguns ajustes no uniforme de futebol dele, antes que a vizinha passe para levá-lo ao treino.

Paremos para ver o que aconteceu. Você, sem dúvida, precisava estar presente no presente, dando total atenção ao trânsito, cuidando do filho mais novo, ouvindo o médico, dando instruções à amiga e certificando-se de haver colocado o lanche na merendeira da escola.

Mas digamos que, pela manhã, tenha visto na agenda que o grupo de escoteiros da sua filha fará um acampamento noturno na sexta-feira, e precisa lembrar a ela de começar a reunir os uniformes e equipamentos necessários. Também percebeu que a venda de garagem anual da vizinhança é daqui a duas semanas (lembrou a si mesma de como 200 reais extras vieram à sua mão na venda do ano passado), e precisa separar os itens que quer vender. E viu a anotação que fez sobre colher assinaturas até quarta-feira para o asilo de mulheres,

O Mais Importante a Lembrar

1. A não ser que resolva viver por *suas* prioridades, irá desgastar-se tentando suprir as demandas e expectativas alheias.
2. Você, como todo mundo, possui 60 minutos em cada hora e 24 horas por dia. O tempo é feito de momentos, e momentos são gerenciáveis.
3. Os minutos do seu dia envolvem uma escolha: Apenas você pode decidir como usá-los.
4. Não permita que coisas menos importantes roubem tempo das que importam mais para você.
5. Tempo não importante não existe. Cada momento é uma dádiva.
6. À medida que aprimorar o gerenciamento do tempo, poupará horas. E cada hora que ganhar será uma hora acrescentada à sua vida.
7. Seja flexível. Acontecimentos inesperados podem interromper a melhor das rotinas. Submeta-se à interrupção em vez de fazer-lhe resistência.
8. Quando diz sim a algo, diz não a outra coisa. Não permita que seja à sua família.
9. Ao ser eficiente realizando as tarefas que tem de fazer, ganha tempo para as coisas que lhe são mais importantes.
10. A forma como conduz as 24 horas do dia pode fazer a diferença entre um lar em constante alvoroço ou um em que tudo transcorra suavemente.

e não fez isso ainda. Você teve um panorama. Temos de, conscientemente, trabalhar o hoje e o amanhã ao mesmo tempo.

Uma mãe com três filhos de idades bem próximas (um a três anos) disse-me que era difícil pensar no amanhã, pois mal conseguia completar os afazeres do presente. Desejava saber acrescentar uma tarefa futura a um dia já cheio. O que ela não percebia (havendo dado à luz três crianças em três anos, quem a culparia por demorar entender isso?) é que olhando adiante e fazendo o possível para se preparar para o amanhã, faria cada "hoje" transcorrer bem melhor. Quando começasse a viver em dois tempos, perceberia grandes diferenças em sua vida.

BOM SABER

Quarenta e quatro por cento dos adultos afirmam que ter uma vida em família satisfatória é sua maior prioridade, segundo a pesquisa Barna 2005.

As manhãs eram muito atribuladas. Ela recusava-se a preparar as merendeiras na noite anterior à escola porque havia muitas outras tarefas para encerrar o dia, sem mencionar ajudar os filhos a terminar o dever de casa e ir para cama num horário decente. Sua rotina era arrumar os lanches pela manhã. Ela sentia que disputava com o relógio assim que encostava os pés no chão. Com frequência tinha de fazer uma viagem extra à escola no meio da manhã para entregar os lanches das crianças. (Eu já disse que também fazia parte da rotina desta mãe apertar o botão "soneca" do despertador três vezes antes de levantar da cama?).

Ela sabia que confusão não era a melhor forma de começar o dia. Uma mamãe irritada significa crianças irritadas. Mãe alguma gosta de se despedir dos filhos sem que tenham sorrisos no rosto e sanduíches nas merendeiras.

Já que estava claro que as manhãs não estavam funcionando, ela começou a experimentar. E se preparasse legumes extras na hora do jantar para o sanduíche das crianças? E se incumbisse o filho de oito anos de limpar as merendeiras, preparar o recheio dos sanduíches (deixando para acrescentar a maionese pela manhã) e guardá-los na geladeira até o dia seguinte? E se o filho de sete anos fosse encarregado de colocar guardanapos nas merendeiras, utensílios plásticos e as garrafas de água? Esta mudança simples na rotina deu-lhe mais tempo pela manhã. Ter mais tempo deixou-a mais relaxada. Sem estresse, pôde relacionar-se com os filhos, em vez de gritar com eles. Ela ficou mais feliz. Eles também. E ela até conseguiu tomar uma xícara de café. Tornou-se uma crente convicta da arte de viver em dois tempos, fazendo o que é preciso fazer hoje e aproveitando minutos aqui e ali para fazer progressos quanto ao amanhã.

Quando começamos a viver em dois tempos, percebemos a importância de proteger cada minuto. Ao anteciparmos necessidades futuras enquanto gerenciamos a rotina das necessidades vitais, naturalmente desejamos reservar os minutos conquistados para o que for mais importante para nós e para a família.

E até com o melhor dos planejamentos, todos podemos ficar frustrados quando projetos e pessoas que não estavam na tela do radar tomam tempo que não havíamos planejado gastar. Ser mãe requer flexibilidade e preparo para interrupções. De muitas formas, nosso tempo não é propriamente nosso. E este é um dos sacrifícios e privilégios da maternidade. Os filhos, e os acontecimentos da vida, são previsivelmente imprevisíveis. Cada hora de cada dia traz eventos, episódios e mudanças que não podemos controlar. Mas alguns, podemos. E antes que os conduzamos, é imperativo que saibamos o que é mais importante. Esta seção a ajudará a organizar o dia, a identificar os dissipadores de tempo, a tirar proveito de cada minuto e a descobrir meios de realizar tarefas simultaneamente.

ESTRATÉGIAS E SOLUÇÕES PARA TEMPO E PLANEJAMENTO

Sendo uma jovem mãe, entrei em colapso diversas noites em minha cama, perguntando exatamente o que havia alcançado naquele dia. Em essência, o sistema de Gerenciamento Familiar foi desenvolvido a partir do meu próprio desespero. Através dos anos, descobri três chaves para gerenciar meu tempo em vez de permitir que ele me controle: (1) reconhecer e viver para as minhas prioridades, (2) estabelecer uma central de controle, uma base de operações, em minha casa e (3) aprender a retomar o controle sobre os minutos do meu dia.

BOM SABER

Conforme cresce o uso da internet, americanos relatam que passam menos tempo com amigos e familiares, fazendo compras em lojas ou assistindo televisão, e mais tempo trabalhando para seus empregos em casa, sem que esse tempo seja contado com as horas que passam nos escritórios (Stanford University).

ETAPA 1: VIVA PARA AS SUAS PRIORIDADES

Cada líder de negócios estabelece o curso da sua companhia. Decide o que é mais importante e normatiza diretrizes — rondas para checar a ordem de tudo, horas de operação e programas de incentivo aos empregados — que reflitam os valores considerados mais importantes. Conduzir uma casa e uma família não deveria ser diferente. Se você não tem certeza dos seus objetivos para cada um dos sete departamentos, terminará frustrada e descobrirá que a vida a está controlando, e não o oposto.

Quais as suas Prioridades?

Imagine-se daqui a alguns anos tirando um tempo para olhar o passado de sua vida. Quais realizações em cada uma das sete áreas deu-lhe a maior satisfação? Lembre-se: não há respostas certas, nem "excepcionais". Sequer terá de partilhar esta lista com alguém.

A seguinte lista de verbos pode instigá-la a pensar.

aconselhar
agregar
analisar
aprender
aumentar
avançar
clarear
colaborar
colecionar
compor
computar
comunicar
conectar
construir
contribuir
coordenar
criar
defender
demonstrar
desenvolver
dirigir
educar
encorajar
ensinar
entregar
equilibrar
estabelecer
experimentar
explorar
facilitar
guiar
ilustrar
influenciar
inovar
introduzir
lançar
melhorar
nutrir
organizar
planejar
projetar
receber
transformar
treinar

Tempo e Planejamento____________________________

Lar e Propriedades____________________________

Alimentação____________________________

Amigos e Familiares____________________________

Finanças____________________________

Eventos Especiais____________________________

Autogerenciamento____________________________

Por exemplo, digamos que quisesse levar o filho de sete anos, aspirante a paleontólogo, a uma exibição itinerante de dinossauros que aconteceu num parque próximo, mas que agora se encontra mais distante de você. O que aconteceu? Talvez acredite que seja muito importante perceber e encorajar os interesses dos filhos, embora nunca tenha realmente estabelecido isso como uma prioridade. Assim, enquanto o dia de viagem ao parque de exposições foi uma opção um sábado após o outro, buscar a roupa na lavanderia e ajeitar a desordem sempre lhe pareceram mais urgentes. Como resultado, perdeu uma oportunidade para um dia inesquecível com seu filho.

Talvez você diga que também não tem vivido para as suas prioridades. Todos encaramos numerosos obstáculos que nos impedem de estabelecer metas e de ordenar a vida da maneira que gostaríamos. Você pode identificar-se com os três grandes contra os quais luto em minha vida:

1. Circunstâncias. Até que decidamos, é vital que separemos uma hora para refletir sobre o que é importante para nós, antes que o curso natural da vida nos tire o controle e nos coloque num caminho de realizações mínimas, atividades insignificantes, frustração e mediocridade.

2. Expectativas e pressões alheias. Todos somos propensos a sucumbir à agenda dos outros, a apropriarmo-nos das metas de nossa cultura e nos comprometermos. Sejamos honestas — a pressão dos amigos não é apenas um problema de adolescentes. É uma questão para a vida toda. E nunca é tarde para estabelecer e manter as próprias prioridades.

3. Amor pelo conforto. Tendemos a ajeitar a vida o melhor que podemos para evitar dor e manter o conforto pessoal. O problema é que, até que saiamos da zona de conforto, não experimentaremos mudança significativa para melhor, nem crescimento pessoal e não desenvolveremos relacionamentos. Talvez seja tempo de sacrificar agora para lucrar futuramente.

Se deseja que as coisas mudem, não há melhor tempo que agora para incorporar algumas novas táticas e atividades à sua vida, que produzirão mudanças positivas.

Primeiramente, para cada um dos sete departamentos, você precisa escolher suas prioridades e decidir viver de acordo com elas. A forma como gasta tempo em cada departamento diz tudo sobre quais são, verdadeiramente, as suas prioridades — e se não estiver usando o tempo como gostaria, deve se perguntar para quais prioridades está vivendo agora.

Talvez concorde em que viver para prioridades seja uma grande ideia, mas se sente tão sobrecarregada pela vida, que não consegue determinar o que é mais importante. Talvez esteja pensando: *Sou tão ocupada, que sequer tenho tempo para escolhê-las, quanto mais viver para elas.* Recomendo-lhe que não caia nesta armadilha.

Sugiro que pense em um dia de cada vez. Você pode usar um bloquinho para listar suas prioridades. Assim, enquanto fizer escolhas durante o dia, simplesmente tome nota de algumas palavras sobre a escolha que fez, e sobre como ela ajustou-se ou não às prioridades estabelecidas. Você não fará isso para punir-se, mas para conscientizar-se de suas ações.

Diretrizes para Tomar Decisões

Estabelecer prioridades lhe dará um padrão para comparar as muitas decisões que tem de tomar sobre como gastar tempo e recursos. Seja uma pequena, mas importante decisão, como matricular-se numa aula de Pilates ou pedir a uma vizinha que caminhe com você três vezes por semana, ou uma escolha séria, como trabalhar por meio período para melhorar o orçamento ou passar mais tempo ajudando o filho cujas notas estão despencando em matemática e ciências, estes nove passos a ajudarão a navegar através das decisões e a modificar os acontecimentos o mais suavemente possível.

1. Liste as opções. Apenas pense e deixe a tinta fluir. Não edite nesta etapa.
2. Pense nas suas escolhas. Classifique seus sentimentos quanto às opções que listou.
3. Relacione as opções às suas prioridades. Qual é realmente mais importante para você?
4. Pense em como as suas escolhas afetarão os demais membros da família.
5. Decida e comprometa-se a seguir apesar de tudo.
6. Ajude a si mesma a cumprir o que decidiu contando a alguém as escolhas que fez e apresentando-lhe suas justificativas.
7. Seja realista sobre quando poderá fazer a mudança ou começar seus novos hábitos e ações.
8. Lance sua nova prática da forma mais forte e vigorosa possível. Faça disso um acontecimento.
9. Evite muitas mudanças simultâneas. Se puder, planeje para que as maiores — casa, trabalho, aumentar o número de pessoas que vivem em sua casa — não aconteçam ao mesmo tempo.

DO CORAÇÃO

Quando o planejamento ficar sobrecarregado, dê uma breve pausa. Por exemplo, faça uma caminhada de 10 a 15 minutos ou sente-se para ler algo inspirador por alguns instantes. Então poderá voltar às tarefas renovada, com mais energia e mais focada..

ETAPA 2: ESTABELEÇA UMA BASE DE OPERAÇÕES EM CASA

Central de Controle

Todo gerente precisa de uma Central de Controle; seja uma escrivaninha, um balcão ou escritório. Numa empresa, este é o lugar de onde ele age. No lar, é o lugar de onde a Gerente Familiar organiza, estabelece a rotina, percebe as mudanças, responde mensagens, faz listas e mantém em ordem todos os papéis importantes. Estabelecendo sua própria Central de Controle, poderá supervisionar melhor as idas e vindas da sua família e gerenciar as inúmeras tarefas, responsabilidades e decisões tomadas diariamente. Em resumo, tornando-se mais eficiente, poupará momentos preciosos que poderão ser remanejados em prol das suas prioridades.

MOVIMENTO ESTRATÉGICO
Não sobrecarregue a agenda. Planeje algum tempo livre para atividades que a renovem. Agende-as como se fossem compromissos importantes.

Aqui temos ideias a considerar ao estabelecer a base de operações:

- Escolha um lugar central em sua casa. Certifique-se de que haja uma mesa ou balcão onde possa trabalhar. Instale um quadro de avisos nesta área e uma lata de lixo fácil de alcançar. Se possível, deverá haver uma gaveta acessível.
- Fixe a rotina da família numa parede adjacente. Registre os compromissos, atividades e datas importantes de cada um.
- Abasteça a Central de Controle com canetas, lápis, marcador de texto e bloco de notas para registrar ideias e mensagens da secretária eletrônica.
- Reúna os suprimentos a seguir e mantenha-os na Central de Controle: clipes, grampeador, grampos, removedor de grampos, etiquetas, tesoura e abridor de cartas. Comunique aos membros da família que estes suprimentos deverão ficar neste novo lugar.
- Ponha um catálogo telefônico local, bem como uma lista com os números para onde sua família telefona regularmente (escola, igreja, associação de moradores, clubes e outros grupos).
- Mantenha uma lista de supermercado e de utensílios de uso pessoal para que os membros da família sempre saibam onde solicitar os itens que você deverá providenciar.
- Tenha um arquivo de fácil acesso com menus e cupons.

GERENCIAMENTO FAMILIAR

LISTA DO DIA Data:

6:00 ______________

____

7:00 ______________

____

8:00 ______________

____

9:00 ______________

____

10:00 ______________

____

11:00 ______________

____

12:00 ______________

____

13:00 ______________

____

14:00 ______________

____

15:00 ______________

____

16:00 ______________

____

17:00 ______________

____

18:00 ______________

____

19:00 ______________

____

20:00 ______________

____

21:00 ______________

LAR e BENS	ALIMENTAÇÃO	AMIGOS e FAMÍLIA
FINANÇAS	EVENTOS ESPECIAIS	AUTOGERENCIAMENTO

Caixas da Família

Adquira caixas e etiquete uma para cada filho. Disponha-as próximo à Central de Controle. Quando as crianças chegarem da escola, peça que tirem as mochilas imediatamente e que coloquem os papéis importantes e formulários em suas caixas. O papai ou a mamãe deverá analisar o conteúdo das caixas todas as noites, assinar e devolver os papéis que precisarem retornar à escola.

Lista do Dia

Um dos maiores desafios das mães é recordar de todas as tarefas do dia. Anos atrás, projetei a Lista do Dia para gerenciar minhas responsabilidades. É diferente de outras listas de afazeres porque a capacita a categorizar seus muitos trabalhos através de cada departamento do Gerenciamento Familiar. O uso da Lista do Dia irá:

- disciplinar a mente providenciando um meio sistemático de escolher entre as miríades de tarefas e responsabilidades de cada manhã
- clarear sua perspectiva, revelando o que é trivial e o que é prioritário
- definir quais tarefas são somente suas e quais podem ser delegadas ou partilhadas
- aprimorar sua mente por meio do exercício de escrever detalhes
- ajudá-la a lembrar quais passos fazer hoje para que os afazeres de amanhã ocorram mais suavemente

☆

MOVIMENTO ESTRATÉGICO

A vida é previsivelmente imprevisível. Por isso, sempre separe um pouco a mais de tempo para os afazeres. Se acha que algo precisa de 30 minutos, planeje 40 para a tarefa.

Ao usar a Lista do Dia, aceite o fato de que nem sempre conseguirá cumprir todas as atividades ao final do dia. Transfira as tarefas não realizadas para a lista do dia seguinte ou delete as que julga não serem mais importantes.

Gosto de preencher a Lista do Dia cedo de manhã. Algumas mães afirmam que preenchê-la na noite anterior funciona melhor. Seja qual for a hora que escolher, há três passos para fazer a Lista do Dia funcionar:

Fazer. Pense e liste *tudo* o que precisa ser feito. Isso inclui coisas óbvias como preparar refeições, abastecer o carro e fazer um depósito, bem como outras responsabilidades, como limpar e anotar compromissos na agenda.

Delegar. Olhando para a lista, pergunte a si mesma, *O que posso delegar?* Um adolescente pode deixar a roupa na lavanderia antes de ir ao ensaio da banda? Uma criança pequena pode dobrar suas roupas ao chegar da escola? O seu esposo pode adiantar o jantar quando chegar do trabalho? Delegue sempre conforme as habilidades, idades e disponibilidades — nunca pelo sexo.

Delete. Havendo delegado, dê outra olhada na lista. Alguma das tarefas é desnecessária? Realmente precisa lavar o chão da cozinha todos os dias? O que é verdadeiramente desnecessário, pelo menos hoje?

ETAPA 3: MAXIMIZE SEUS MOMENTOS

A etapa final em tomar o controle sobre o planejamento diz respeito a incluir em sua vida técnicas inteligentes e simples de gerenciamento do tempo. Essas são coisas que todos, até os mais distraídos e criativamente fora de controle, podem fazer.

BOM SABER
Em média, um americano passa 27 horas por ano parado em sinais de trânsito.

10 Princípios para o Gerenciamento do Tempo

1. *Anote.* Não confie na memória. Usar listas e riscar as tarefas completadas livra a mente de ter de armazenar mais coisas.
2. *Faça isso agora.* Sempre que possível, faça disso o seu lema — especialmente com os afazeres árduos que se tornarão piores deixá-los para mais tarde.
3. *Tenha as ferramentas certas.* Os projetos para os quais temos as ferramentas e recursos ficarão prontos primeiro que aqueles para os quais não estamos preparadas. Se planejou organizar o armário das crianças, tenha à mão caixas organizadoras de vários tamanhos, embalagens para cobertores, um saco de lixo e caixas para acomodar itens que serão guardados ou doados.
4. *Acredite em imprevistos.* Considere o trânsito, a fila do supermercado e o fato das crianças serem mais lentas do que você gostaria, e ajuste suas expectativas.
5. *Estabeleça prazos.* Prazos são a melhor garantia de que um trabalho será feito. Marque na agenda a hora ou o dia em que gostaria que a tarefa fosse concluída. Se preciso, peça a uma amiga ou membro da família que lhe cobre satisfações.
6. *Trabalhe com antecedência — não espere até o último minuto.* Se pretende oferecer um grande jantar em sua casa, decida o que pode ser feito uma

MOVIMENTO ESTRATÉGICO
Quando for ao cabeleireiro, pense em seu próximo compromisso enquanto faz o pagamento.

semana antes, na véspera, e assim por diante. Estime quanto tempo será preciso e planeje as tarefas; preveja possíveis roubadores de tempo. Finalmente, estabeleça prazos para atingir as metas.

7. *Trabalhe com seu relógio biológico.* Se for uma pessoa matinal, faça nestas horas o trabalho mais importante. Planeje as tarefas que não demandem muita atenção para as horas do dia de menor energia.
8. *Crie limites.* Estabeleça prioridades e não permita que outras pessoas culpem-na ao querer interferir. Permita-se "simplesmente dizer não" a pedidos que tomem o tempo separado para a sua família e para nutrir a si mesma. Ao dizer sim, está dizendo não a alguma outra coisa.
9. *Cuide da sua vida e de seu planejamento.* Faça as coisas no seu tempo. Não atenda o telefone toda vez que tocar; use o correio de voz ou a secretária eletrônica. Desligue no computador o alerta "você tem e-mail". Responda mensagens quando lhe for conveniente.
10. *Não espere que o tempo surja.* Se tiver um grande projeto a executar, planeje horários de trabalho em blocos de 30 minutos ou de 1 hora. Leve este tempo tão a sério quanto levaria se fosse outro compromisso. Quando menos perceber, terá concluído o projeto.

Planejando Estratégias

Ir, vir e aguardar por certos compromissos podem consumir horas preciosas. Estas dicas a ajudarão a locomover-se e a perder o mínimo possível de tempo.

MOVIMENTO ESTRATÉGICO

Separe alguns minutos no fim de semana para organizar as roupas de trabalho da semana seguinte.

- Muitos serviços e comércios oferecem agendamento on-line — um grande poupador de tempo.
- Tente marcar compromissos no primeiro horário do dia, ou no primeiro após o almoço. É menos provável que tenha de esperar.
- Agende as consultas com o dentista e o pediatra em horários próximos, e dê menos viagens.
- Evite marcar consultas de rotina com médicos ou dentistas em maio, agosto ou dezembro — os meses mais cheios para as mães.
- Planeje com antecedência a volta às aulas das crianças e o acampamento de verão.
- Ao marcar um compromisso, anote o telefone do escritório, consultório ou número pessoal em sua agenda, para não ter de procurá-lo se desejar fazer uma mudança. Se nunca esteve no local, anote as

referências ao marcar o compromisso e tenha consigo o número do telefone ao dirigir-se para lá.

- Se precisar de uma babá enquanto estiver em um compromisso, providencie assim que firmá-lo.
- Telefone antes de ir ao cabeleireiro ou ao consultório médico. Se os profissionais estiverem atrasados, use o tempo extra para adiantar outra atividade.
- Tenha consigo brinquedos e livros para as crianças pequenas.
- Tenha sempre à mão sua agenda para marcar as próximas consultas enquanto estiver no consultório ou salão. Assim, não se esquecerá de transcrever o novo compromisso.
- Se estiver atrasada para um compromisso, seja cortês e telefone para informar que está a caminho e a que horas chegará.

☆

MOVIMENTO ESTRATÉGICO

Use o tempo ao volante para abordar assuntos difíceis com seu filho. Às vezes é menos ameaçador discutir um tema delicado quando ambos olham para o para-brisa. Abaixe o volume do rádio e faça comentários que o edifiquem. Pergunte como pode ajudá-lo a fazer algo ou em um experimento. Faça-lhe algum sinal positivo que confirme suas palavras.

Usando Bem o Telefone

O telefone pode ser seu melhor amigo ou pior inimigo. Você decide determinando se o verá como uma ferramenta sob seu controle ou como um mestre que precisa ser atendido cada vez que chama. Veja alguns meios simples de poupar tempo e fazer melhor uso do telefone.

- Ponha o celular ou o *Pager* para vibrar em vez de tocar. Não permita que interrompam o que estiver fazendo (a não ser que um membro da família esteja na linha).
- Limite seu tempo ao telefone e faça chamadas apenas em determinadas horas do dia. Mantenha por perto um relógio ou timer. Se fizer uma chamada e lhe pedirem que espere na linha quando não puder, não tenha medo de dizer não.
- Contrate serviços pelo telefone às quartas e sextas, quando o movimento é menor. (Os dias mais cheios são segundas e terças). Ligue nas horas de menor movimento. As horas mais cheias das empresas são de 10:00 às 14:00, e das 17:00 às 19:30. Quando possível, faça os agendamentos on-line.
- Pense em adicionar um segundo toque diferente ao telefone. Por uma tarifa mínima ao mês, a companhia telefônica pode fornecer o Identificador de Chamadas. Assim, você saberá quando alguém da família estiver ligando.

- Programe o contador de minutos no telefone fixo e no celular.
- Corte as vendas por telefone dizendo: "Obrigada por ligar, mas não estou interessada".
- Ligue para amigos ou familiares que falem bastante apenas após o almoço ou ao fim do dia.
- Gentilmente guie pessoas que falem sem parar ao ponto em questão. Lembre-as de que tem apenas alguns minutos, faça-lhes perguntas diretas, ou marque um tempo para que possam conversar mais.
- Destaque todos os números que procurar na agenda telefônica. Será mais fácil encontrá-los novamente.
- Crie a agenda telefônica da família. Mantenha uma perto de cada extensão, no carro e no escritório.
- Use telefone sem fio ou fones de ouvido para que possa caminhar enquanto fala.
- Tenha adesivos, livros de atividade e brinquedinhos próximo ao telefone para distrair crianças pequenas quando estiver numa ligação importante.
- Encare certos telefonemas como compromissos cara a cara. Inclua-os na sua agenda e anote o que deseja falar. Pense que são reuniões — e de fato são. Antes de ligar, prepare todas as informações que precisará fornecer.
- Quando precisar retornar uma ligação muitos dias depois, escreva o nome e o número na agenda para não ter de procurá-los novamente.
- Use email em vez de telefone sempre que possível. Geralmente é mais rápido.
- Ao esperar na linha:
  Arrume a carteira
  Tire do arquivo os cupons que não forem mais válidos
  Organize uma gaveta
  Lixe as unhas
  Arrume a escrivaninha
  Limpe os óculos
  Organize a caixa de costura
  Arrume sua bolsa

Jogos de Memória

Diariamente você lida com inúmeras informações. Enquanto a Lista do Dia pode ajudá-la a ficar por dentro dos detalhes, aqui temos outras dez dicas para lembrar de coisas que não pode se dar ao luxo de esquecer.

1. Cole um bilhete no espelho do banheiro, na porta de saída, ou no volante do carro.

2. Ao receber os calendários da escola ou do time de futebol, escreva as datas e locais dos eventos *imediatamente* em sua agenda. Use um marcador de texto para destacar os eventos importantes.
3. Use um programa como o *Outlook* ou o alarme do celular para alertá-la quando precisar lembrar que está na hora de sair ou de ligar o forno para o jantar.
4. Quando a caminho de casa ou do escritório lembrar-se de algo que precisa fazer lá, ligue para seu correio de voz ou secretária eletrônica e deixe uma mensagem para si mesma.
5. Leve um bloquinho na bolsa ou no carro. Tire um minuto para anotar informações pertinentes assim que pegar a bolsa ou entrar no carro.
6. Crie seu próprio jogo de memória e torne-o uma brincadeira com seus filhos. Por exemplo, certo outono vinha tendo problemas para lembrar de fechar a porta da garagem ao voltar para casa. Isso significava que as folhas poderiam entrar na garagem, dando mais trabalho para os meninos quando tivessem de varrê-la. Colocamos uma jarra no balcão, e todas as vezes que eu esquecia de fechar a porta, tinha de depositar um dólar na jarra. Meus filhos dividiam o dinheiro.
7. Tenha um calendário perto do telefone e anote as ligações no dia em que acontecerem. Isso ajudará você a focar-se na chamada, além de lhe dar informações como a data que fez determinada ligação.
8. Se tiver uma festa para ir, escreva não apenas o horário, mas o endereço, na agenda. Também anote tudo o que terá de levar, como um presente ou uma sobremesa.
9. Tenha bloquinhos e canetas em locais convenientes, como perto de cada telefone e em sua mesa de cabeceira. Mas não deixe que estas informações causem uma bagunça. Prenda os papéis no quadro de aviso da sua Central de Controle, arquive-os ou jogue-os fora.
10. Se guarda o carro numa garagem fechada, coloque as roupas que tiverem de ir à lavanderia e os cds a devolver no assento do motorista, na noite anterior. Não haverá risco de esquecê-los ao sair de casa no dia seguinte.

> ☆
> **MOVIMENTO ESTRATÉGICO**
> ***Peça às crianças que arrumem as mochilas à noite, antes do dia de aula.***

A Tática do *Timer*

Um timer de cozinha pode ajudá-la a regular o planejamento e a reduzir reclamações. Veja os exemplos:

- Se deseja gastar apenas determinado tempo numa tarefa, ligue o timer para lembrá-la quando o tempo acabar.
- Se há algum vídeo game ou brinquedo pelo qual as crianças estejam sempre brigando, ligue o timer de cozinha por 11 minutos (ou pelo tempo que decidir), e quando ele tocar, o jogador automaticamente saberá que não é mais sua vez.
- Coloque o timer no banheiro para limitar o tempo do banho pela manhã, assim terá os membros da família entrando e saindo do banheiro na hora certa.
- Quando pedir ao filho que faça uma tarefa e ele docemente perguntar se pode
- fazê-la daqui a cinco minutos, ok. Ligue o timer e ele saberá quando os cinco minutos acabarem.
- Algum de seus filhos ama desafios? Coloque um timer em seu quarto. Divida a rotina da manhã em tarefas de cinco minutos e desafie-o a vencer o relógio.
- Crie a advertência dos 10 minutos. Pelas manhãs, ligue o timer para que toque dez minutos antes da hora de sair.
- Se estiver com a mente cheia de coisas, como sempre, e com medo de se esquecer de sair para deixar sua amiga no aeroporto como prometeu, ligue o timer para saber a hora certa de buscá-la em casa.

Planejando à Frente

Para manter o lar e a família funcionando efetivamente, o Gerenciamento Familiar tem de prestar atenção às demandas do dia, mas também olhar para os acontecimentos que virão. O bom gerenciamento familiar, como mencionei, significa aprender viver em dois tempos. Quando fiz essa afirmação num seminário de Gerenciamento Familiar, uma mulher da audiência gritou: "Devo estar fazendo um ótimo trabalho, porque estou sempre em dois tempos". Todos apreciamos seu alívio cômico, porém igualmente sentimos sua dor.

Mas é verdade. Desenvolvendo o hábito de olhar à frente em sua agenda, pensando no que está fazendo e no que terá de ver acontecer e então fazendo planos, estará preparada para tudo — e evitará muita dor de cabeça durante o processo. Eis algumas formas de fazer isso:

- No começo de cada mês, veja na agenda os dias em que precisará de uma babá. Marque com ela desde já.
- Mantenha atualizada a lista de babás. Peça referências a vizinhos e amigos para ter várias opções caso a babá habitual cancele o serviço. (Mantenha as informações de contato na agenda de telefones da família, bem como as horas em que estão disponíveis).

- Marque na agenda, ou programe o computador para alertá-la, um mês antes de feriados e aniversários. Comece cedo a planejar celebrações, comprar presentes e decoração.

MOVIMENTO ESTRATÉGICO

Cinquenta e um por cento das mães planejam as férias da família. A Lista de Checagem de Férias do Gerenciamento Familiar pode ajudá-la. (Veja a página 278).

- Comece a planejar as férias de verão e a checar as colônias de férias das crianças em agosto.
- Planeje um tempo na primavera para tirar fotos de seus filhos. Amplie uma para dar ao vovô e à vovó no natal.
- Planeje diversão. Busque informações e guarde dinheiro todo mês para aquela viagem que gostaria de fazer daqui a três anos.
- Tenha menus de restaurantes no arquivo do trabalho para poder fazer um pedido antes de sair e buscá-lo no caminho para casa.
- Tenha uma muda de roupas limpas para uma emergência, roupas íntimas e meias para as crianças usarem nos dias inevitáveis em que você teve de ir a algum lugar e não pôde lavar roupa.
- Tenha uma muda de roupa e acessórios no trabalho para reuniões e jantares não planejados.
- Estoque produtos de mercado mesmo que você não precise deles para um mês ou dois.
- Quando as liquidações de inverno começarem, compre casacos (um número a mais) para seus filhos usarem no próximo ano.
- Tenha notas de um real e moedas sempre à mão. Você nunca sabe quando precisará delas.

Cinco Minutos que Valem Ouro

Já sentiu medo de olhar a lista de coisas a fazer? Como mãe de filhos já crescidos, posso afirmar que ela nunca diminui. (Em vez de buscá-los na escola, agora pego-os no aeroporto). E ainda tenho de achar tempo para arrumar armários lotados, reorganizar gavetas e livrar o freezer de objetos congelados não identificados. Os grandes blocos de tempo para realizar estas tarefas são escassos e remotos, mas felizmente descobri um tesouro escondido.

Qual? Segmentos de cinco minutos. Você ficaria surpresa com o quanto pode fazer com pequenos 300 segundos, e quantos seguimentos de cinco minutos pode conseguir aqui e ali. Admita, você não se livrará de dez anos de desordem no porão em alguns minutos, mas fará progressos sempre que trabalhar nisso, o que fará com que se sinta melhor consigo mesma, e finalmente o projeto estará concluído!

Em cinco minutos podemos...

- Selecionar a bagunça de uma gaveta.
- Limpar duas prateleiras do armário de remédios.
- Selecionar as roupas das crianças de uma gaveta ou prateleira.
- Arrumar o cesto de revistas e catálogos, jogando fora os antigos.
- Arrumar a bagunça que está sobre o balcão.
- Limpar marcas de dedos do vidro da porta.
- Checar as baterias do detector de fumaça.
- Reunir as roupas sujas.
- Dobrar roupas limpas.
- Pregar um botão.
- Esvaziar lixeiras e jogar o lixo fora.
- Aspirar um cômodo.
- Varrer a varanda da frente.
- Regar as plantas.
- Checar os pneus e o óleo.
- Marcar uma consulta.
- Ordenar os e-mails.
- Pagar uma conta.
- Responder um ou dois e-mails.
- Organizar os arquivos do computador em blocos de cinco minutos.
- Acrescentar novos contatos à agenda telefônica da família.
- Fazer a Lista do Dia (veja a página 24).
- Colocar CDs e DVDs de volta em suas caixas.
- Recolher os brinquedos do chão da sala.
- Fazer algumas flexões ou abdominais.
- Tomar vitaminas e beber um grande copo de água.
- Hidratar a pele do rosto.
- Escrever uma nota de agradecimento.
- Orar por amigos ou ler um capítulo da Bíblia ou de algum livro inspirador.

☆

MOVIMENTO ESTRATÉGICO

Use viagens longas para conversar com seu marido sobre assuntos importantes, como metas e prioridades da família. Faça-lhe perguntas sobre seu mundo: do que gosta mais, o que é difícil para ele, e como pode apoiá-lo.

♡

DO CORAÇÃO

O segredo para o gerenciamento efetivo do tempo é usar bem pequenas porções dele. Mas a ideia não é apenas fazer mais. É criar tempo para o que importa.

- Descansar! Dedicar cinco minutos para relaxar e rejuvenescer pode ser o melhor uso do tempo.

Tarefas Simultâneas com Facilidade

Alguns gurus do gerenciamento do tempo não acreditam em tarefas simultâneas. Falam sobre "estar presente no momento", dando a algo total atenção. Talvez esta seja a reação de pessoas que se desgastaram tentando fazer duas ou mais coisas ao mesmo tempo... e tentando dedicar a todas a mesma atenção. Verdadeiras tarefas simultâneas são diferentes: envolvem fazer coisas que *não* requerem toda a atenção. E há muitíssimos afazeres que não merecem concentração total!

Fazer simultaneamente mais de uma coisa dá-nos mais tempo para diversão e para aquilo que requer atenção total. Comece listando tarefas que podem ser feitas simultaneamente. Fixe a lista num local bem visível. Sempre que "surpreender" alguém fazendo uma tarefa múltipla, elogie e recompense! Esse é um grande hábito a ser ensinado aos filhos.

Ideias para tarefas simultâneas

- Nunca caminhe pela casa com as mãos vazias. Pegue coisas sempre que sair do lugar. Se subir as escadas, leve consigo algo que precise ser guardado lá.
- Encoraje os adolescentes a colaborar com a roupa suja. Quando interromperem os deveres de casa para fazer um lanchinho, podem colocar as roupas da máquina de lavar que já estiverem prontas na secadora.
- No dia de trocar os lençóis, peça às crianças que desforrem as camas e levem os lençóis para a lavadora.
- Peça às crianças que dobrem roupas, organizem as meias, escovem o cachorro ou reúnam os brinquedos enquanto assistem desenhos (definitivamente, uma atividade que não requer foco total!).
- Divida e vença. Numa ida ao shopping, dê a cada adulto ou adolescente uma lista de coisas a fazer.
- Peça às crianças que lavem os móveis do quintal e as bicicletas, enquanto os mais velhos lavam o cachorro e o carro.
- Ensine aos pré-escolares as cores enquanto estiverem arrumando, primeiramente recolhendo os brinquedos azuis, depois os vermelhos, etc.
- Limpe o espelho e os acessórios do banheiro enquanto supervisiona o banho do seu filho.
- Guarde as compras enquanto fala ao telefone.
- Lave a louça ou guarde a que estiver no escorredor enquanto espera a água ferver.

- Ligue o cronômetro e faça exercícios de agachamento enquanto espera a água ferver.
- Faça a lista do mercado enquanto prepara o jantar. Cheque a despensa quando tiver de abri-la.
- Antes de sair, veja o que mais poderá levar consigo ou trazer para casa.
- Cozinhe duas, três ou mais refeições de uma vez. Apronte as cenouras do jantar, do lanche da tarde e da salada do jantar de amanhã.
- Prepare sopa e ensopado de carne ao mesmo tempo. Dobre a receita, e terá o jantar de amanhã, e mais um guardado no freezer.
- Veja catálogos enquanto se exercita na bicicleta ou na esteira. Planeje compras; tenha ideias para presentes.
- Lave o cachorro enquanto rega o jardim.
- Compre dois ou três dos seguintes artigos: desodorante, xampu, sabonete... Assim, não terá de sair logo para comprá-los.
- Durante os comerciais de TV, faça com que todos recolham a bagunça.
- Tire os amassados das roupas com vapor pendurando-as no banheiro enquanto toma banho.

☆

MOVIMENTO ESTRATÉGICO

Enquanto espera que lhe sirvam a refeição no restaurante, faça com que todos da família sonhem alto quanto ao que gostariam que acontecesse em suas vidas daqui a cinco anos.

Remédio para a Estagnação

Às vezes, todos precisamos de um empurrão que nos faça começar ou nos mantenha em curso. Mas se a estagnação for um problema constante para você, entenda porque protela as coisas. Se teme fazer um trabalho ruim, lembre-se de que fazer o seu melhor, sem pretender a perfeição, é a verdadeira meta. Se acha que "sucumbe sob pressão", veja se o estresse que enfrenta a impede de fazer o melhor.

Tente uma ou duas destas ideias para ajudá-la a realizar a tarefa que tanto teme. Lembre-se: o dia possui 24 horas, quer as usemos quer não. Uma pequena ação agora pode proporcionar um grande resultado ao final do dia.

Comece

- Prepare-se para a tarefa na noite anterior. Se planeja lidar com um projeto na manhã seguinte, separe os materiais ou ferramentas necessários e as roupas que irá usar. Vá para a cama um pouco mais cedo que de costume, para que acorde renovada e pronta para começar.

- Estabeleça etapas para tornar possível a realização da tarefa. Liste cada etapa. Sempre que terminar uma, dê a si mesma a satisfação de riscá-la da lista com caneta vermelha!
- Tenha disponíveis as ferramentas certas para tocar o projeto. Se pretende escavar a bagunça do porão, compre caixas organizadoras de diversos tamanhos. Mas guarde as notas fiscais; você poderá devolver as que não usar.
- Decida antecipadamente como recompensará a si mesma quando completar o trabalho.
- Peça a alguém com quem costuma divertir-se para ajudá-la com o projeto.
- Acelere o metabolismo. Antes de começar, revigore-se com 20 minutos de caminhada.
- Se tudo o mais falhar, use a regra dos 15 minutos. Passe 15 minutos por dia trabalhando naquilo que tem adiado. Quando menos perceber, terá a tarefa finalizada.

BOM SABER
Em 2006, assistir TV era a atividade que ocupava as horas vagas tanto de homens quanto de mulheres, segundo o Departamento de Estatísticas do Trabalho.

Durante o trabalho

- Faça primeiramente a pior parte. O restante lhe parecerá fácil.
- Coloque uma música animada, que faça com que queira se mexer.
- Ouça uma palestra motivacional.
- Parabenize a si mesma quando terminar alguma tarefa. Se tiver seis gavetas para organizar, congratule-se sempre que concluir uma.
- Peça a uma amiga ou membro da família para monitorar seu progresso e encorajá-la ao longo do processo.
- Dê a si mesma a liberdade de parar e descansar se preciso.
- Visualize os benefícios que terá ao terminar.

Recompense a si mesma!

- Compre algo para tornar a tarefa mais prazerosa. Se não gosta de passar o dia na cozinha preparando e congelando as refeições da semana, compre um avental divertido ou aquelas vasilhas que tanto cobiça quando vai a alguma loja.
- Prepare para si uma "festa" para que não desanime. No dia de faxinar a casa, prepare uma fruteira bem atraente. Quando sentir fome, poderá comer alguma coisa.
- Coloque citações inspiradoras em sua área de trabalho. Leia-as quando a motivação enfraquecer.

CAPÍTULO 2

GERENCIANDO LAR E BENS

Cada lar é diferente. Podemos entrar em casas tão arrumadas e limpas, a ponto de nos perguntarmos se alguém vive lá de verdade. Então percebemos que as crianças já cresceram e saíram de casa. Podemos entrar em outra e, pelos brinquedos espalhados nos cômodos, concluirmos que é a residência de um pré-escolar. Ainda outra casa pode simplesmente parecer confortável; alguma desordem aqui e ali, mas aparentemente sob controle: um modelo inacabado de avião sobre uma mesa, pilhas de roupa dobrada esperando que o encarregado as leve para o lugar, uma pintura do mapa da América do Sul secando sobre o balcão da cozinha.

A despeito de todas as diferenças em nossas casas, provavelmente partilhamos desejos semelhantes ao analisarmos o departamento Lar e Bens: queremos cuidar de nossos pertences para desfrutarmos deles e para que durem o máximo possível. Também queremos criar, com a decoração e os acessórios de nossas casas, uma atmosfera confortável e receptiva para a família e os amigos.

Queremos criar uma atmosfera confortável e receptiva para familiares e amigos.

Muito de como você lida com esta grande parte de seu trabalho de Gerente Familiar tem a ver com a singularidade de sua família — fatores como número de filhos, suas idades, animais de estimação (se os tiver), a localização da residência (cidade, periferia ou zona rural), seu emprego fora de casa, e seus critérios de limpeza — e com aquilo que você decidiu ser mais importante na vida.

Ainda não importando como seja o seu lar, a não ser que possua o luxo de ter empregados domésticos, manter a casa e cuidar dos pertences pode consumir enormes fatias de tempo. Descobri que uma boa forma de reduzir o tempo gasto para gerenciar este departamento — limpar, organizar, lavar roupa e tudo o mais — é criar Procedimentos Padrões de Operação (PPO), que nada mais são que rotinas, que podem ser os blocos construtores da eficiência em seu lar, assim como o são nas empresas.

Quando você tiver PPO, como sempre esvaziar a lavadora de louças antes de ir para a cama, trocar os lençóis das camas no primeiro e no décimo quinto dia do mês, ou dar na geladeira uma rápida limpeza semanal na noite anterior à coleta do lixo, não gastará tempo decidindo quando fará isso.

Decidir o que quer fazer, e então estabelecer uma rotina estratégica para executar o trabalho, ajudará você a concluí-lo. Rotinas também darão aos seus filhos um senso de segurança, porque saberão o que é esperado e o que esperar. Você descobrirá que eles apreciarão não ter de procurar as chuteiras, porque possuem um lugar designado para pegá-las e guardá-las após os treinos. Guardarão os brinquedos mais rapidamente antes de irem para a cama porque sabem que quando terminarem você os cobrirá e lerá um livro para eles.

Lançar rotinas poupadoras de tempo em casa envolve três etapas simples. Primeiro, identifique o que deseja mudar. Por exemplo, imagine que o cachorro esteja soltando tantos pelos, que quando termina de aspirar a casa, já precisa aspirar de novo. Isto a está deixando irritada. Então, você passa à segunda etapa, que é perceber o que deseja em vez disso, e determinar os recursos com os quais tem de trabalhar. Neste caso, gostaria de ver menos pelos de cachorro no chão — e também encarar menos vezes o aspirador de pó. Quanto aos recursos, hummm... você tem uma escova para cachorros e duas crianças capazes.

Certo. Agora você encaminha-se para o terceiro passo e tenta uma solução. Se ela funcionar, pode transformá-la em rotina. Você decide que, nesta semana, seus filhos se revezarão dando uma boa escovada no cachorro fora de casa todas as tardes quando chegarem da escola. Eles cooperam (encare a verdade; certifique-se de haver lido as páginas 177-179) e *voila*! Você aspirará menos, e seus filhos aprenderão responsabilidades. Até o cachorro ficará feliz.

A chave para o sucesso com qualquer tipo de rotina nova é a palavrinha *etapa*. Algumas mães ficam atrasadas e acuadas porque querem mudar tudo – *agora*! Exageram, criando uma lista que cobre toda a limpeza e manutenção de que conseguem lembrar-se, e terminam sobrecarregadas. Lembre-se: Rome e Microsoft não foram construídas num dia.

O objetivo dos PPO é facilitar a vida da família, e não criar regras rígidas que façam com que a casa pareça mais com um campo de treinamento de recrutas. Algumas mães tratam da limpeza tão seriamente, insistindo em que o chão do banheiro seja esfregado às terças, e as escadas da frente, lavadas às quartas, logo pela manhã. Precisam relaxar e lembrar-se de que uma limpeza razoável e um lar divertido são mais saudáveis do que uma casa hiper limpa e tensa.

O Mais Importante a Lembrar

1. Pessoas são mais importantes que coisas.
2. Não há regras, a não ser as suas. Cada família tem de decidir o quão limpa deseja que a casa esteja.
3. Quanto mais acumular, mais terá de limpar e manter — e mais tempo levará fazendo isso.
4. Quando seus filhos crescerem e saírem de casa, não se lembrarão se as toalhas estavam perfeitamente dobradas em armários impecáveis; lembrarão se a casa era um bom lugar para estar e se a mamãe era uma pessoa divertida.
5. Se tiver de escolher entre tirar férias em família ou comprar mobília nova, escolha as férias. A mobília terminará numa venda de garagem algum dia; a lembrança das férias durará para sempre.
6. Todos os que vivem sob o teto de uma casa devem contribuir com sua conservação.
7. Se um adolescente é especialista em mensagens de texto, pode ser um perito no uso da máquina de lavar. Um homem que consegue programar o celular para lembrá-lo da hora de seu programa favorito pode programá-lo para não se esquecer de tirar a louça da lavadora.
8. Bagunça causa estresse. Manter a casa em ordem ajudará a manter a vida em ordem.
9. Perfeição não existe. Desistir de tornar a casa perfeita é o primeiro passo rumo a fazer dela um bom lugar para estar.
10. As escolhas que faz sobre sua casa envolvem mais que a cor das paredes e o acabamento das janelas. O lar é onde a existência humana se desenvolve. É um lugar para restaurar almas, encontrar abrigo para as pressões exteriores, oferecer apoio aos talentos e receber inspiração, conforto e ajuda.

Não importa qual seja sua situação, pode fazer mudanças que beneficiarão a todos. Mas tenha em mente que a sua missão é ganhar eficiência para si e para a família — as pessoas que vivem lá 24 horas por dia, 7 dias por semana, 52 semanas por ano — e não para visitantes ocasionais, vizinhos intrometidos ou a sogra. Ter armários impecáveis não é importante. Saber o que possui e ser capaz de encontrar e guardar coisas sem a ajuda de uma escavadeira é.

A verdade é: não há uma forma certa de gerenciar o departamento de Lar e Bens. Além disso, todos temos de mudar nossos critérios e métodos em certas ocasiões, porque as pessoas e as circunstâncias estão sempre mudando. Bebês tornam-se pré-escolares, e uma vez que você não consegue tolerar marcas de dedo no vidro da porta da frente, agora percebe que mal consegue enxergar através das manchas, mas tudo bem. Crianças viram adolescentes, e quando considera os tipos de problema em que alguns deles se metem, você decide deixar passar alguma negligência de seu filho sobre arrumar o próprio quarto, antes da altercação matinal de praxe.

Seja qual for a situação, você pode fazer mudanças que beneficiarão a todos.

Talvez volte ao trabalho após a licença maternidade e perceba que precisará de mais ajuda com o básico, como a lavagem de roupas e a limpeza semanal. A mudança é inevitável, mas o objetivo básico é o mesmo: conduzir o lar mais eficientemente sem se desgastar. Ao ler as sugestões sobre gerenciar o lar, tenha em mente que não foram feitas para serem aplicadas de uma vez. Suas prioridades no cuidado do lar mudarão de acordo com a fase da vida. Assim, enquanto deseja que a casa funcione tranquilamente, certifique-se de haver dado a si mesma perdão ao longo do caminho.

O departamento Lar e Bens abarca boa parte do território (literalmente). Por isso este capítulo cobre muitos assuntos. Nele você aprenderá a organizar, estocar e acabar com a bagunça, descobrirá atalhos e planos de limpeza poupadores de energia, aprenderá a reduzir custos com reparos e a prolongar a vida útil da sua casa, carro e outros bens através da manutenção adequada, e encontrará ideias úteis para usar na hora de redecorar, mudar ou criar um plano familiar de emergência.

ESTRATÉGIAS E SOLUÇÕES PARA O GERENCIAMENTO DO LAR E BENS

Organizando e Armazenando

Numa escala de um a dez, qual é o status de pilhas na sua casa? Montes de papéis e correspondências tomam conta da escrivaninha? Montanhas crescentes de roupa multiplicam-se no chão do banheiro esperando serem arrumadas?

Gasta minutos diariamente procurando itens que sabe apenas que estão em *algum lugar* — você só não sabe onde? Se for assim, os seis passos seguintes a ajudarão a trazer ordem a casa e ampliar os lugares de guardar coisas.

1. *Faça um inventário dos lugares disponíveis para guardar coisas.* Caminhe devagar pela casa anotando os possíveis locais de armazenagem. Não omita os locais menos óbvios, como sob uma cama ou atrás de um gabinete. Localize também os itens que aparentam estar fora de lugar (por exemplo, os que estiverem longe do local onde geralmente os usa). As ideias a seguir podem ajudá-la a reconhecer outros locais de armazenagem em sua casa:

    - Coloque o gaveteiro no closet. Ganhará espaço no quarto e fará uso do vão sob os cabides das camisetas e jaquetas, que não precisam, como os vestidos, tocar o chão.
    - Use um "varal" para organizar o quarto das crianças. Muitos brinquedos podem ser pendurados em ganchos. Também pode fazer isso na parede de uma área de serviço para pendurar utensílios.

> **MOVIMENTO ESTRATÉGICO**
>
> ***Ao procurar espaço para guardar algo, pense: Quando usarei isto? E não: Onde posso guardá-lo?***

    - Aproveite bem o espaço sob a pia da cozinha armazenando compras.
    - Prenda ganchos acima dos balcões e pendure canecas de café, que estarão sempre à mão.
    - Ponha outra prateleira dentro dos armários mais altos para elevar alguns itens e criar espaço abaixo para outros.
    - Prenda suportes de toalha de banho atrás das portas dos closets para pendurar gravatas e cintos. Também coloque estes suportes atrás das portas dos armários de roupas de cama e mesa para pendurar toalhas e passadeiras.
    - Monte pequenas prateleiras dentro dos closets para guardar os livros e DVDs das crianças.
    - Coloque caixas ou prateleiras dentro dos armários, para molhos e outros pequenos itens difíceis de guardar.
    - Gaveteiros com rodinhas que caibam sob a escrivaninha ou nos closets funcionam bem para guardar e acessar facilmente materiais de artesanato e costura.
    - Numa fruteira com prateleiras você pode armazenar batatas, cebolas, pimentas e frutas.

- Guarde atrás da cristaleira as peças de madeira que servem para expandir a mesa de jantar. Uma mesa de jogos desmontável pode ficar atrás do sofá, na sala de estar. Um cavalete pode ser pendurado na parede, atrás da porta do closet das crianças. O espaço atrás dos móveis é geralmente esquecido.
- Pendure numa parede caixas de som para liberar espaço no chão.
- Transforme um armário antigo num gabinete para a TV e equipamentos eletrônicos.
- Acrescente uma saia ao colchão do berço do bebê ou da cama de seu filho para criar um espaço de armazenagem oculto.

2. *Tenha ferramentas de estocagem apropriadas.* Use gavetas organizadoras baratas para evitar que miudezas fiquem misturadas. Caixas plásticas transparentes são boas para itens de tamanho médio, como suprimentos de artesanato e brinquedos. Barris plásticos são ótimos para guardar coisas grandes, como equipamentos esportivos e ferramentas de jardinagem.

3. *Guarde juntos itens semelhantes.* Pense em categorias. Reúna todos os itens usados para o mesmo tipo de projeto e disponha-os num local conveniente para o usuário.

Exemplos de coisas a serem guardadas juntas:

- acessórios do aspirador de pó
- artigos de costura
- artigos de festa
- artigos de piquenique
- artigos de primeiros socorros
- brinquedos
- câmera, bateria e carregador
- cartões e artigos de papelaria
- CDs
- cosméticos
- decoração de datas festivas
- DVDs
- equipamentos de jardinagem
- equipamentos esportivos
- ferramentas para a manutenção da casa
- fotos e álbuns
- garantias e manuais
- itens de acampamento

- itens de cozinha
- itens do seu passatempo predileto
- itens para cuidar do animal de estimação
- jogos
- lanternas e pilhas
- malas e kits de viagem
- medicamentos
- notas fiscais
- papéis da escola das crianças
- porcelanas, cristais e velas
- prataria — talheres e travessas
- registros financeiros
- roupas de cama
- roupas sazonais
- softwares e equipamentos do computador
- suprimentos de arte e artesanato
- suprimentos de escritório
- suprimentos de limpeza
- troféus
- vasos e suprimentos para arranjos de flor

4. *Guarde itens o mais perto possível do local onde geralmente são usados.* Não coloque as coisas no primeiro lugar que vir, pois isso a impedirá de manter a organização. Pense em como usará o objeto.
5. *Use o espaço mais acessível para os itens que usa com frequência.* Prateleiras na altura dos olhos e na altura da cintura são os melhores lugares de armazenagem na cozinha. Não coloque a panela de pressão, menos usada, à frente das que são necessárias diariamente.
6. *Achar deve ser tão fácil quanto guardar.* Use caixas transparentes sempre que possível; quando não puder, rotule as caixas. Ao guardar algo apressadamente — e todos fazemos isso — caixas sem rótulo dificultarão identificar o conteúdo mais tarde.

Banheiros

Um banheiro desorganizado e bagunçado é o lugar perfeito para a umidade, onde as bactérias criam um *resort* — não é o que você quer para o cômodo para onde se dirigem as pessoas quando querem ficar limpas. Além do mais, um banheiro organizado significa menos coisas para limpar. As dicas a seguir ajudarão:

- Mantenha acessíveis pequenos objetos das gavetas usando recipientes ou bandejinhas plásticas para organizá-los.
- Use recipientes plásticos para guardar os itens de uso pessoal de cada membro da família.

☆

MOVIMENTO ESTRATÉGICO

Tenha um spray ou bastão removedor de manchas em cada banheiro para que os membros da família possam aplicá-lo antes de depositar as roupas no cesto.

- Numa parede, instale um porta-revistas, que poderá ser usado para qualquer material de leitura.
- Uma sapateira atrás da porta do banheiro pode servir para guardar rolinhos de cabelo, escovas ou esponjas.
- Mantenha a paz identificando toalhas e esponjas pela cor. Separe uma cor para cada membro da família para acabar com as brigas entre irmãos e desvendar o mistério sobre quem esqueceu de pendurar a toalha. Monogramas servem para o mesmo propósito.
- Guarde brinquedos de banho em bacias debaixo da pia, ou em redes penduradas na torneira do chuveiro, para que possa escorrer toda a água.
- Instale ganchos atrás da porta para pendurar roupões e toalhas molhadas.
- Certifique-se de que as crianças alcancem os ganchos e suportes de toalha.
- Faça um varal com fio encapado no interior de um armário com portas para pendurar itens de banho.
- Considere comprar um suporte de parede para alcançar facilmente o secador de cabelo.
- Guarde remédios nas prateleiras mais altas, em caixas transparentes etiquetadas, fora do alcance de crianças. Você também pode colocar um suporte de temperos dentro do closet de roupas de cama para os vidros de remédio.

Quartos das Crianças

Facilite o máximo possível que seus filhos mantenham suas coisas organizadas e seus quartos, limpos. Todos ficarão felizes!

- Ao guardar os objetos das crianças, coloque os itens usados com maior frequência nos lugares e prateleiras mais acessíveis.
- Divida os armários das crianças em duas partes: uma para pendurar roupas, e outra para guardar objetos em prateleiras. Tenha duas varas no lado de pendurar: uma mais alta para roupas fora da estação e raramente usadas, e outra na altura das crianças para as roupas do cotidiano.

- Compre tamanhos variados de caixas plásticas transparentes para que as crianças categorizem seus pertences.
- Certifique-se de que os livros das crianças estejam acessíveis. Ajude-as a arrumá-los por assunto ou autores, para que fiquem orgulhosas e sintam que são proprietárias de uma biblioteca em crescimento.
- Instale ganchos na altura das crianças para que pendurem casacos, mochilas e chapéus.
- Designe os itens usados com frequência para as gavetas mais acessíveis. Por exemplo, se espera que seus filhos calcem as meias e os sapatos todas as manhãs, não coloque as meias numa gaveta que não possam alcançar. Para os pequeninos, rotule a frente das gavetas com detalhes de seus conteúdos. (Use desenhos para os que não sabem ler). Assim, não revirarão as gavetas procurando o que precisam.
- Não lote as gavetas a ponto de as crianças não conseguirem tirar roupas sem causar uma bagunça. Separe regularmente as peças que não lhes servem mais. Use organizadores de gaveta para separar meias e roupas íntimas.
- Evite caixas de brinquedo e baús. Objetos pequenos caem no fundo, sendo preciso esvaziar todo o conteúdo para pegá-los.

MOVIMENTO ESTRATÉGICO

Pense em inaugurar o Dia Anual da Limpeza dos armários em sua casa. Designe um dia específico, como o primeiro sábado de janeiro, ou a primeira segunda-feira de outubro. Marque o dia na agenda como faria com qualquer outra ocasião.

Quarto Principal

Se seu próprio quarto é desorganizado, tente usar mais eficientemente os espaços dos armários e gavetas. As dicas a seguir a ajudarão a maximizar estes espaços e a fazer de seu quarto um refúgio mais confortável.

Closets

- Pendure as roupas de trabalhar, de ficar em casa e de sair conforme suas respectivas categorias, dando as posições privilegiadas às peças que mais usa.
- Agrupe os mesmos tipos de roupa dentro de cada categoria: camisas com camisas, saias com saias e assim por diante.

AVISO!

Closets acarpetados são ideais para a proliferação de traças e ácaros, que comem cabelos, fios de linha, poeira e roupas. Um sinal de que há traças no carpete é a pele que deixam para trás, geralmente nas beiradas do carpete. Após aspirar, pulverize bórax nas bordas do carpete, e também sobre o piso descoberto, antes que um novo carpete seja instalado.

MOVIMENTO ESTRATÉGICO

Transforme um closet comum num de cedro instalando painéis de cedro nas paredes e no teto. Revista a porta com isolante térmico para que o cheiro permaneça no closet. Se o odor de um closet de cedro já estiver fraco, passe uma lixa fina nas paredes.

- Substitua os cabides de arame por de plástico tubular, que não deformam as peças, nem deixam amassados.
- Mantenha os cabides vazios numa das extremidades da arara. Assim, sempre os terá à mão.
- Pendure tecidos delicados e roupas para ocasiões especiais em cabides forrados.
- Se tem problemas em lembrar-se qual peça combina com o que, ponha uma lista das combinações possíveis, incluindo acessórios, no interior da porta do armário.
- Não guarde roupas que estiverem no tamanho errado, de cores inapropriadas, fora de moda ou que tenham danos ou manchas irreparáveis. Se estiverem em boas condições, doe. Caso contrário, jogue-as fora. (Mantenha nos armários uma grande bolsa de compras de papel para coletar as roupas a serem doadas).
- Coloque as roupas que precisam de ajustes num local designado.
- Guarde as roupas que não sejam da estação em outro closet, ou envolva-as com papel e pendure-as numa parte mais escondida do armário.
- Use uma sapateira de prender na porta para organizar meias, roupas íntimas, bolsinhas e luvas.
- Deixe no assoalho do closet apenas os pares de sapato mais usados. Guarde os outros numa caixa transparente na prateleira acima dos cabides. Enrole revistas e coloque-as dentro das botas para mantê-las na posição certa.
- Tenha no closet um banquinho ou uma pequena escada para alcançar as prateleiras mais altas.
- Tenha uma caixa plástica transparente ou um cesto para colocar as meias cujos pares aparecerão algum dia. Em outra caixa, guarde

meias finas desfiadas, mas que ainda possam ser usadas sob calças. (Evite frustrar-se, separando-as das meias finas novas).

- Pendure um pequeno saco de lavar roupas para coletar as peças delicadas que estiverem com manchas. Feche o saco e lave-o na lavadora com as demais roupas.
- Tenha à mão uma sacola para coletar as roupas que precisem ser lavadas a seco.
- Tenha um cabide para cintos, lenços, cachecóis e faixas.
- Fixe um gancho de xícaras numa das paredes do closet para pendurar uma tesourinha para cortar fios de linha e etiquetas de preço.
- Tenha uma lixeirinha em seu closet para etiquetas, sacolas da lavandeira e lixinhos que tire das bolsas e dos bolsos.
- Ponha num cestinho itens de ajuste de última hora: escova ou rolinho de tirar pelos, almofada de alfinetes, alfinetes com bolinhas e um rolo de fita crepe (para bainhas de emergência, quando não houver tempo de trocar de roupa).

MOVIMENTO ESTRATÉGICO

Compre etiquetas numa papelaria. Você poderá identificar prateleiras, agendas, os pertences das crianças e muito mais..

MOVIMENTO ESTRATÉGICO

Use spray de silicone ou sabão nos trilhos das gavetas se elas emperrarem.

Gavetas

Gavetas bagunçadas podem gerar frustração. As dicas a seguir a ajudarão a manter sob controle este espaço de armazenamento:

- Ao limpar uma gaveta, remova o conteúdo, então aspire o interior usando um aspirador de mão, uma escovinha de poeira, ou encaixe no aspirador um acessório que seja pontudo. (Se deseja sugar apenas a poeira, e não pequenos itens que tenham restado no fundo da gaveta, cubra o bocal do aspirador com um retalho de meia fina amarrado com uma tira de tecido ou elástico). Limpe a gaveta com pano úmido ou com algum produto desinfetante.

BOM SABER

Ramos de alecrim são ótimos para o controle do mofo. Eles funcionam melhor se as portas dos armários forem mantidas fechadas.

Sistema de Arquivamento do Gerenciamento Familiar

Um meio lógico de guardar papéis é categorizá-los dentre os sete departamentos do Gerenciamento Familiar.

Tempo e Planejamento. Dicas e artigos sobre gerenciamento do tempo, agenda do último ano, horários dos transportes públicos.

Lar e Bens. Ideias para decoração, informações sobre saneamento e reciclagem, informações sobre o carro, planos e fotos da casa dos sonhos, informações sobre jardinagem, inventário dos objetos da casa, avaliações, recibos de todas as melhorias feitas no imóvel, ampliações e reparos.

Alimentação. Informações nutricionais, menus de restaurantes que entreguem em casa, menus de festas, fornecedores, notas fiscais.

Amigos e Família. Designe a cada membro da família uma pasta de uma cor, e guarde o seguinte dentro do arquivo de cada um: certidão de nascimento, carteira de vacinação, histórico escolar, currículos, informações esportivas e sobre hobbies, prescrições para óculos e lentes de contato, registros do animal de estimação.

Finanças. Registros bancários (cheques e depósitos), papéis de empréstimos, seguros, notas fiscais de compras, papéis de hipoteca ou de aluguel, informações sobre impostos, investimentos, organizações para as quais contribua anualmente, informações sobre retiradas e sobre seguro saúde.

Eventos Especiais. Pesquisas sobre viagens, férias, mapas e informações turísticas, registros de vendas de garagem (o que deu certo e o que falhou na última venda), ideias para festas de aniversário e feriados, lista de familiares para receberem cartões em datas especiais.

Autogerenciamento. Interesses pessoais e hobbies, registros médicos pessoais, dicas de perda de peso, informações sobre moda e beleza, trabalho voluntário da igreja ou comunidade.

- Empilhe no máximo três peças de roupa, e de forma que as mais delicadas fiquem sobre as mais duráveis. Deixe pelo menos três centímetros entre o alto da gaveta e a altura do conteúdo.
- Evite amassados dispondo roupas nas gavetas das seguintes formas. Dobre-as pela largura. Os amassados somem mais rapidamente do que quando dobradas longitudinalmente. Se guardar saias e calças na gaveta, enrole-as ao redor de sacolas plásticas ou papéis para prevenir amassados.
- Não coloque objetos pesados demais em gavetas. O peso fará muita força no fundo.

AVISO!
Segundo o Relatório sobre Roubos de Identidade da Comissão do Departamento Federal, a cada ano aproximadamente 10 milhões de consumidores americanos descobrem que suas informações pessoais foram usadas para a abertura fraudulenta de contas bancárias, cartões de crédito ou usadas para cometer outros crimes.

Escritório de Casa

Quer use uma escrivaninha, balcão ou um cômodo como escritório da casa, as sugestões a seguir ajudarão a manter seus suprimentos organizados. (Para mais dicas, veja "Salvadores da sanidade do escritório em casa", páginas 234-235).

- Coloque apenas os itens usados com mais frequência nas gavetas de sua mesa, agrupando os similares.
- Mantenha um "lugar para bagunça" na escrivaninha, que pode ser uma gaveta ou cesto para coisas variadas que tendem e se acumular. Esvazie-o e organize-o pelo menos uma vez por mês.
- Guarde pastas vazias perto de sua mesa ou de um armário, para que possa criar novos arquivos assim que surgirem documentos ou itens relacionados a um novo assunto.
- Não sobrecarregue tomadas elétricas. Um filtro de linha permitirá que você plugue vários componentes do computador e protegerá o sistema de

MOVIMENTO ESTRATÉGICO
Resolva mais rapidamente a pilha de papéis colocando por cima os mais antigos. Você progredirá com mais velocidade, porque tipicamente jogamos fora a maioria dos papéis antigos.

oscilações na corrente elétrica. Disponha computadores e laptops numa superfície estável, longe da luz solar direta, com ventilação abundante ao redor.

- Evite o pesadelo de perder seus trabalhos, fazendo regularmente cópias de seus arquivos. Grave-os num dispositivo móvel.

MOVIMENTO ESTRATÉGICO

Rasgue tudo o que não quiser mais e que possua números de seus documentos, contas bancárias, datas de aniversário ou nome de solteira.

Organize a Escrivaninha

Quando as coisas saírem de controle na sua escrivaninha ou área de trabalho, separe alguns minutos, posicione um saco de lixo, e jogue fora os seguintes itens:

- cartões de visita de que não precisa
- catálogos da última estação
- revistas e jornais com mais de dois meses
- propagandas por correspondência
- canetas que não escrevem e lápis com a borracha estragada
- papéis escolares de que você e seus filhos não precisam
- cupons vencidos
- lembretes antigos
- artigos que guardou ou copiou, mas que não teve tempo para ler
- receitas que não teve tempo de experimentar

DIVERSÃO PARA AS CRIANÇAS

Deixe que as crianças organizem uma das prateleiras baixas dos armários com seus copos e pratos plásticos.

Pilhas de Papel

Vença as pilhas de papel com este plano de escavação de sete passos.

1. Ponha num lugar todos os papéis com os quais precisa lidar ou arquivar. Pegue um cesto de lixo ou uma caixa de reciclagem, ou fragmentadora de papéis portátil, se tiver uma, pastas, etiquetas, canetas e grampeador.
2. Comece com os papéis de cima: Decida se são valiosos ou necessários. Se não forem, jogue-os fora ou recicle-os. (Ou destrua-os se contiverem números de contas bancárias, endereço de casa ou outras informações de identificação). Se o papel tiver de permanecer, siga o passo 3.
3. Escolha um tema de arquivamento para ele, etiquete a pasta e arquive-o. Você pode usar alguns dos temas sugeridos no "Sistema de Arquivamento do Gerenciamento Familiar" na página 48.

4. Se dois ou mais papéis tiverem de permanecer juntos, grampeie-os. Não use clipes de papel. Eles se perdem facilmente.
5. Pegue o próximo papel e siga o mesmo procedimento, criando um novo arquivo ou colocando-o em algum já existente. Faça o máximo que puder.
6. Quando terminar de organizar os papéis, disponha os arquivos de acordo com os departamentos do Gerenciamento Familiar. Então, arrume-os em ordem alfabética dentro dos departamentos. Disponha as pastas numa gaveta de arquivo ou caixa.
7. Inspecione regularmente. Sempre que acessar um arquivo, analise-o e descarte qualquer papel que não seja mais necessário.

MOVIMENTO ESTRATÉGICO

- ***Disponha folhas de louro ou alguns chicletes de menta na dispensa e no guarda-louça para ajudar a mantê-los livres de insetos. Uma folha de louro na farinha ajuda a prevenir gorgulhos.***
- ***Desencoraje as formigas aplicando em todas as frestas em que possam entrar vinagre branco ou ácido bórico. Ou misture partes iguais de pimenta vermelha e açúcar, e salpique nos lugares que as formigas frequentam.***

Cozinha

A cozinha é o centro da casa. Muito tráfego flui por este cômodo, por isso, mantê-lo organizado é essencial. Se isso não descreve a sua cozinha agora, arranje algumas horas para repensá-la e reorganizá-la. O tempo que investir agora trará benefícios em longo prazo.

- Deixe apenas os copos usados regularmente num local privilegiado. Guarde-os virados para baixo para prevenir sujeira e insetos.
- Guarde potes, panelas, caçarolas e travessas numa parte alta e pouco usada do armário. Deixe na linha de frente apenas os itens usados ao menos semanalmente.
- Use apenas recipientes de vidro ou plástico transparente para guardar comida no refrigerador, para que sempre saiba o que tem guardado.
- Use bandejas giratórias nas prateleiras muito profundas e armários de quina.
- Pendure um porta-papel toalha, papel alumínio e sacos no lado de dentro da porta da despensa.
- Doe livros de culinária roubadores de espaço, que você nunca usa. Recorte as receitas favoritas e arquive-as em álbuns de foto.

- Guarde enlatados e conservas por categoria, com o rótulo virado para frente, para que veja de relance o que tem disponível.

AVISO!
Evite guardar temperos acima do forno; além de atrapalhar a limpeza, o calor pode afetar a qualidade dos temperos.

- Guarde os condimentos por ordem alfabética. Agrupe-os conforme o uso: temperos para assados, para massas, etc. Um porta-tempero com degraus ajuda a ver rapidamente os temperos dispostos. Você também pode pendurar um porta- tempero no lado de dentro da porta da despensa.
- Acrescente outra prateleira dentro de um armário alto para elevar alguns itens e criar espaço abaixo para outros.
- Não estoque alimentos próximo à tubulação de aquecimento, canos de água quente ou outras fontes de calor. A maioria dos alimentos deve ser guardada em ambientes frescos e secos.

MOVIMENTO ESTRATÉGICO
Encarregue cada membro da família de colocar no lugar certo as roupas sujas. Crianças de cinco anos podem cuidar de suas meias. Quando crescerem, poderão ser responsabilizadas por outras coisas. Aos doze, poderão cuidar de toda a sua roupa, do começo ao fim. Este é um meio de ensiná-las e de trabalhar com elas pacientemente enquanto aprendem a fazer o serviço da forma certa.

- Alterne alimentos e suprimentos. Guarde itens novos atrás dos mais velhos. Se comprar em grandes quantidades, certifique-se de etiquetar todas as caixas. Indique o conteúdo e a data de validade.
- Descarte todas as latas estufadas e amassadas — sem experimentar o conteúdo.
- Se usou parcialmente embalagens do mesmo produto, verifique as datas de validade. Se ainda estiverem boas e vencerem aproximadamente na mesma época, junte os produtos.
- Guarde apenas cinco bolsas de mercado por vez. Não deixe que se multipliquem sobre os balcões e pela despensa.
- Economize tempo etiquetando as prateleiras da geladeira: Pães e Refeições Rápidas, Frutas e Vegetais, Sobremesas e Bebidas e Carne.
- Mantenha os utensílios de prata longe da lavadora de louças.
- Guarde os acessórios de mesa — guardanapos, louças, copos e talheres, descansos de panela e saleiros — de forma que possam ser facilmente dispostos sobre ela.
- Mantenha utensílios para cozinhar e luvas térmicas localizados de forma que não precise

afastar-se do fogão para pegá-los. Mas não disponha as luvas térmicas perto das bocas do fogão. Alinhe objetos finos e longos, como conchas e espátulas, evitando que fiquem misturados. Ou guarde-os numa caixa sobre o balcão.

- Tenha apenas uma gaveta de bagunça e mantenha-a sob controle. Quando tiver cinco minutos extras, como por exemplo, quando estiver esperando a água ferver ou a pipoca estourar, organize-a aos poucos.

BOM SABER
De acordo com o Departamento Americano de Energia, a média dos lares é de sete lavagens de roupa semanais.

Área de Serviço

A vida é muito curta para se gastar mais tempo que o necessário na área de serviço. Organizar este espaço tornará o trabalho mais rápido e prazeroso. (Para mais ideias sobre a lavagem e o cuidado com as roupas, veja as páginas 87-89).

- Abasteça a área de serviço com detergente, alvejante, removedor de manchas, amaciante, sabão para lavagens à mão, goma, um saco com zipper para lavar peças delicadas, um medidor, uma escova de dente velha para as manchas difíceis, cabides, cestos de roupa e suprimentos para passá-las.
- Para o bem de todos os membros da família, escreva instruções próximo à máquina de lavar sobre como proceder com diferentes tipos de roupa.
- Deixe um cestinho perto da máquina para coisas achadas em bolsos, e botões que tenham caído durante a lavagem.
- Tenha por perto um cestinho de lixo para fios de linha e lixinhos dos bolsos.
- Tenha à mão algumas agulhas e alfinetes numa almofadinha para reparos rápidos.
- Tenha na área de serviço uma caixa para meias que perderam o par.

Centros de Trabalho

Crie centros de trabalho para guardar todos os itens necessários a uma tarefa num único lugar. Centros de trabalho ajudam a abolir a bagunça, fazem com que o armazenamento seja pensado, e com que você trabalhe de forma inteligente, e não árdua, já que não precisa procurar por algo necessário para completar o projeto. Aqui temos ideias para criar centros de trabalho em casa.

Centro de Correspondência. O Centro de Correspondência pode ser usado para organizá-las diariamente. Tenha uma lata de lixo ou recipiente para coleta de material reciclável, por perto para jogar fora imediatamente as correspondências inúteis. Use um porta-revistas para classificar itens. Você pode etiquetar um para cada membro da família, um para contas, outro para revistas e catálogos, ou qualquer outra seção que seja útil para a sua família. Conforme o espaço disponível em sua casa, a área da Central de Controle pode também ser o lugar para organizar a correspondência e pagar contas.

Centro de Trabalhos Manuais e de Artes das Crianças. Separe uma prateleira, um engradado plástico ou uma caixa organizadora próximo à área de brincar das crianças para guardar papéis coloridos, blocos de papel, cola, glitter, tesoura, marcadores, giz de cera, limpadores de cachimbo e pompons. (Uma cortina de banheiro vira uma excelente proteção para os projetos que fazem mais bagunça).

DIVERSÃO PARA AS CRIANÇAS

Deixe seus filhos se revezarem sendo os Policiais da Garagem, coletando multas quando o equipamento não for "estacionado" corretamente.

Centro de Embalar Presentes. Designe uma grande gaveta, engradado plástico ou parte de um armário para estocar tudo o que precisa para embrulhar presentes (papéis de presente, fita, tesoura, enfeites, etc.). Tenha também à mão alguns presentes genéricos para adultos e crianças. Tenha neste centro cartões em branco para aniversários, nascimentos, datas comemorativas, graduações, casamentos, noivados, pêsames e aposentadoria.

Centro de Pagamento de Contas. Guarde numa gaveta ou caixa organizadora canetas, carimbos, envelopes, etiquetas com o endereço e uma calculadora para o pagamento de contas. Se paga algumas de suas contas online, disponha estes itens perto do computador para que possa fazer tudo no mesmo instante.

Centro de Estudos. Ter um espaço designado para as lições de casa dá às crianças um senso de rotina. Cada criança precisa de um lugar próprio onde fazer as tarefas. Se não tiverem mesas, reserve uma área específica (como a mesa de jantar) onde cada uma possa trabalhar. Guarde tudo o que as crianças precisam num recipiente para que não percam tempo revirando em busca de marcadores de texto ou apontadores. Tenha suprimentos de escritório, como réguas, canetas e papéis; diferentes cores de caneta e lápis; pastas para reportagens; e cartolinas para projetos e pesquisas.

Centro Culinário. O espaço da cozinha pode ser dividido em áreas de trabalho. Pense na cozinha relacionando-a às tarefas que desempenha (cortar, cozinhar e assar), e arrume-a de acordo. Quando possível, cada centro da cozinha deve girar em torno de um aparelho principal, alguma área de armazenagem, e uma superfície de trabalho. Guarde equipamentos e alimentos perto do lugar onde serão usados — ingredientes e acessórios perto da batedeira, louças perto da lavadora.

Garagem

Se bicicletas, ferramentas de jardinagem e equipamentos esportivos dominaram o espaço na garagem, antes ocupado pelo carro, é hora de reclamar este território e organizá-lo para um uso mais favorável.

- Reúna os itens semelhantes — equipamento esportivo, ferramentas, ferramentas de jardinagem.
- Instale prateleiras nas paredes para guardar coisas como suprimentos de jardinagem, inseticidas, tintas e materiais de manutenção. (Certifique-se de haver colocado numa prateleira alta produtos venenosos, ou tranque-os com chave). Designe as prateleiras mais baixas para os membros da família guardarem suas botas de trabalho e equipamentos esportivos.

BOM SABER

Estima-se que numa casa comum 40% do tempo dedicado ao trabalho doméstico refere-se a lidar com bagunça.

- Instale armários baratos de cozinha para armazenagem, e ganchos nas paredes para itens que puderem ser pendurados.
- Marque suas ferramentas pintando nelas suas iniciais com cor vibrante. Desta forma, quando vizinhos pegarem alguma emprestada, as iniciais farão com que se lembrem de devolvê-las.
- Instale um apoio para pendurar a mangueira do jardim.
- Use caixas transparentes e etiquetadas para que não tenha de revirar o conteúdo todas as vezes que quiser algo. Potes de geleia e de papinha de bebê servem para organizar os diferentes tipos de parafusos, pregos e porcas.
- Use uma porta-talheres para dispor coisas como fios, tesouras e ferramentas de corte.
- Guarde pincéis em canecas de café com as cerdas para cima, ou pendure-os.
- Prenda folhas soltas de lixa de parede numa prancheta e pendure-a num gancho de parede.
- Prenda navalhas e lâminas cortantes em um bloco de isopor. (E mantenha-o longe do alcance das crianças).
- Pense "alto". Pendure bicicletas e outros equipamentos esportivos no teto da garagem. Se tiver vigas, instale pranchas ou tábuas entre

Lista de Inspeção da Segurança da Garagem

- ❑ Os disjuntores estão bem assinalados?
- ❑ Se tiver crianças pequenas, as tomadas estão bem tampadas?
- ❑ Os armários com produtos químicos estão trancados?
- ❑ Há um extintor de incêndio em local acessível?
- ❑ As portas e janelas são seguras contra arrombamentos?
- ❑ Há sinais de atividade de roedores?
- ❑ O cortador de gramas e outras máquinas que cortem estão em bom estado e devidamente protegidos?
- ❑ Produtos com embalagens de segurança estão devidamente tampados?
- ❑ A gasolina reserva está em galões apropriados e devidamente identificada?
- ❑ Há sobras de madeira, serragem ou outros materiais espalhados pelo chão da garagem?
- ❑ Solventes e tintas estão em galões de metal bem fechados, e armazenados longe de fontes de calor, como o aquecedor e a tubulação de água quente?
- ❑ Alguma ferramenta elétrica está com os fios ou o plugue danificado?
- ❑ As ferramentas elétricas estão fora da tomada e bem guardadas quando não estão em uso?

elas para criar um mini sótão em parte da garagem. (Este é um local particularmente bom para guardar coisas que precisamos apenas sazonalmente — decorações para datas festivas, pás de neve e mobília do jardim.

- Use grandes baldes plásticos de lixo com tampa para armazenar terra, adubos e fertilizantes. Mantenha-os fechados, longe dos brinquedos das crianças e da água. Não guarde fertilizantes e gasolina perto um do outro.
- Mantenha uma lixeira na garagem, no lado do motorista, para que os lixinhos de dentro do veículo possam ser rapidamente descartados.
- Instale uma lâmpada acima da sua área de trabalho principal.
- Pendure no teto uma bolinha de tênis, de forma que ela encoste no para-brisa quando tiver entrado com o carro o suficiente.
- Designe uma prateleira especial para itens e ferramentas que precisem ser reparados.

BAGUNÇA

O lar torna-se um abrigo quando inspira uma vida confortável. Livrar a casa da bagunça desnecessária e organizar as coisas que usa e com as quais se importa ajudará a fazer dela um lugar agradável a todos. Use estas estratégias para manter a bagunça sob controle.

Livre da Bagunça em um Dia

- Agende um dia em que possa varrer a bagunça de toda a casa. Assim, poupará o tempo da largada e das paradas bruscas.
- Agende com o Exército da Salvação, ou com outra organização, para que venham à sua casa logo após seu dia de arrumação. Isso lhe dará um prazo.
- Vista-se de forma que concentre todas as energias no trabalho. Use roupas confortáveis.
- Prepare-se. Você precisará de todos os tipos de recipientes: caixas com as etiquetas "Doar", "Venda de Garagem" e "Guardar", caixas plásticas organizadoras (as transparentes são as melhores), e um grande saco de lixo para cada cômodo. Se acha que ficará distraída com algumas coisas por não saber o que fazer delas, coloque-as numa caixa também. Etiquete esta caixa como "Questionável" e dê a si mesma um prazo para decidir o destino destes itens difíceis. Também

MOVIMENTO ESTRATÉGICO

Se para você for difícil desfazer-se das coisas, peça a uma amiga que a ajude a atacar a bagunça por um dia, e devolva-lhe o favor. O tempo passará rápido quando estiverem trabalhando juntas, o trabalho será feito mais rapidamente, e ela será mais objetiva quanto à sua tralha. Depois que ambas tiverem aliviado suas casas da desordem, poderão encorajar uma à outra e manterem-se disponíveis. Ou contrate um Técnico em Gerenciamento Familiar para ajudá-la.

tenha uma caixinha para coletar alfinetes e botões, uma caixa de sapatos para as fotos que achar, e outra, ou um cofrinho, para as moedas.

- Comece pelo cômodo mais bagunçado da casa. Trabalhe metodicamente por ele. Remova a bagunça das prateleiras, gavetas, do chão e das paredes.
- Jogue fora ou doe o máximo possível. Não tenha pena de coisas como caixas de presentes, sacolas de lojas, revistas velhas e catálogos, e material de artesanato que guardou, mas não usa. Doe os jogos que a sua família não usa e os livros que jamais lerá.
- Não permita que emergência alguma interrompa a sua hora de cuidar da bagunça. Elimine todas as distrações. Ligue a secretária eletrônica, desligue a TV e ouça uma música animada. Se achar o guarda-chuva que a sua amiga esqueceu há três meses, não ligue para ela agora para contar-lhe sobre isso.

Regras de Combate à Bagunça

Uma vez que tenha acabado com a desordem, siga estas normas para evitar que ela tome conta da casa outra vez.

BOM SABER
Dez minutos por dia procurando objetos fora do lugar desperdiçam 60 horas por ano.

Dentro e fora. Estabeleça a regra do Dentro e Fora. Sempre que um novo item entrar em casa, mostre a algum objeto antigo a porta de saída.

Ponha no lugar, e não aí. Faça disso o lema da família: "Ponha no lugar, e não aí". Estabeleça a rotina de colocar no lugar certo qualquer objeto que tenha sido usado.

Guarde fotos, não objetos. Apegue-se às memórias, e não a coisas que abarrotem lugares preciosos de armazenagem. Por exemplo, fique com a foto de seu filho com o uniforme de escoteiro. Quando o uniforme não couber mais nele, mantenha a foto e doe o uniforme.

Estabeleça um lugar para as chaves. Tenha um cesto específico, vaso ou gancho para as chaves de cada membro da família.

Elimine publicações antigas. Limite o tempo pelo qual deve manter jornais, revistas e catálogos que pretende ler. Designe para si um cesto para depositar aquilo que pretende ler, e esvazie-o semanalmente. Quando um catálogo novo chegar, jogue fora o velho.

Elimine e concentre-se. Elimine o que não quer, precisa ou usa. *Concentre-se* naquilo que usa, precisa e se preocupa. Para cada objeto pouco usado em sua casa, faça este questionário de Controle da Bagunça:

- Quando foi a última vez que isto foi usado?
- Isto merece espaço em nossa casa? Se isso não estivesse aqui, que outra coisa poderia estar em seu lugar?
- Alguma recordação está ligada a isto? (Se a resposta for sim, lembre-se de que pode capturar a memória tirando uma foto do item).
- O que farei com isto? Consertarei, venderei, guardarei, jogarei fora ou doarei?

Conquiste a Bagunça de Papel

Previna pilhas de papel

Use as ideias a seguir para criar áreas livres de bagunça em sua casa.

- Superfícies planas, como os balcões da cozinha, a mesa de jantar e as mesas de cabeceira atraem a bagunça de papel. Tente questionar a si mesma antes de depositar papéis nestas superfícies: *Para onde estes papéis vão? Preciso deles?* Se a resposta for não, jogue-os fora.
- Mantenha organizadas a mesa de jantar e a da cozinha para desencorajar os membros da família a depositar suas bagunças lá.
- Designe lugares específicos para os papéis e treine a si mesma e à família a colocarem-nos no lugar certo agora, não depois. Por exemplo, convites devem ser postos no quadro da sua Central de Controle, e os papéis da escola deverão ser depositados nas caixas de seus filhos; você também deve providenciar lugares para cupons e notas fiscais.
- Crie uma Prisão para a Bagunça de Papel para aqueles que os membros da família deixaram para trás. Faça com que paguem uma fiança para tê-los de volta.

BOM SABER

O Serviço Postal Americano processa e distribui quase 703 milhões de correspondências todos os dias.

CORRESPONDÊNCIAS E JORNAIS

- Estabeleça uma Central de Correspondência — um lugar para selecioná-la diariamente (veja as páginas 53-54).
- Não permita que os jornais se empilhem. O jornal de ontem já é velho, então, jogue-o fora.

REVISTAS E CATÁLOGOS

- Se permitiu que suas revistas saíssem de controle, reserve um tempo para organizá-las. Marque isso em sua agenda.

- Antes de começar, prepare os suprimentos necessários para executar a tarefa eficientemente: caixas, tesouras, pastas de arquivo, etiquetas e capas plásticas — ou aquilo que usar para guardar suas receitas. Designe uma caixa com revistas apropriadas para serem doadas para uma escola, asilo ou hospital. Use outra para as revistas que devem ser recicladas ou jogadas fora.
- Vá de cômodo em cômodo e reúna todas as revistas e catálogos. Se houver algum artigo de revista que queira ler, mas que ainda não teve oportunidade, recorte-o e guarde-o numa pasta rotulada como "Ler". Se desejar guardar receitas, corte-as e guarde-as em seu arquivo ou caixa de receitas ou passe-as para o computador. Retire os cupons e guarde-os num arquivo; lide com eles noutra ocasião.
- Se você não quer mais receber determinados catálogos, recorte deles a etiqueta com o seu endereço e remeta-a de volta à companhia, pedindo que o seu endereço seja retirado da lista de correspondência. Caso receba duplicadamente algum catálogo que aprecia, envie à companhia a etiqueta da duplicata, pedindo que o seu endereço seja retirado da listagem extra.
- Ao terminar, coloque imediatamente as caixas no carro e dê a si mesma o prazo de 24 horas para levá-las para onde devem ir.
- Estabeleça prazos firmes para todas as revistas e catálogos que pretendia ler, mas que nunca conseguiu. Se por dois meses não foi capaz de ler um artigo, recorte as matérias que realmente deseja ler e jogue a revista fora. Dê a si mesma duas semanas para passar para o computador as matérias úteis, para arquivar as que auxiliarem os trabalhos escolares das crianças, e jogue fora o que restar.
- Visite o site www.stopthejunkmail.com para reduzir a quantidade de correspondência inútil que recebe. Por 20 dólares por ano você pode retirar seu nome de milhares de listas usadas por telemarketings, malas diretas e bancos de dados.

MOVIMENTO ESTRATÉGICO

Use uma pá de lixo limpa para recolher brinquedos com muitas peças.

Diminua as pilhas aos poucos

Se derrotar as pilhas de papel em sua casa parece ser uma tarefa estafante, tente fazê-la aos poucos. E chegará o momento em que terá concluído o trabalho.

- Escave as pilhas de papel em blocos de cinco minutos. Crie uma caixa "Para Arquivar", para os papéis importantes que deve guardar. Quando tiver um bloco de cinco minutos, arquive um pouco dos papéis desta caixa em seu sistema de arquivamento.

- Pratique as tarefas simultâneas quando estiver assistindo TV. Reúna pastas vazias, etiquetas, um saco de lixo e uma pilha de papéis que deseje organizar. Reduza a pilha enquanto assiste a um filme.

Táticas de Combate à Bagunça para Crianças

Os quartos das crianças geram bagunça. Criando normas como as que apresento a seguir, ensinará a seus filhos lições valiosas sobre cuidar bem de seus pertences.

Regras do Quarto

Estabeleça para as crianças as "Regras do Quarto", como estas:

1. Não leve alimentos para o quarto.
2. Mantenha a roupa suja num cesto.
3. Não deixe no chão objetos perigosos como bolinhas, bloquinhos de construção e skates.
4. Antes de comprar algo novo, livre-se dos brinquedos não mais usados.
5. Arrume o quarto antes de ir para a cama.

Se acreditar que os esforços para fazer com que seus filhos controlem a própria bagunça não darão em nada, tente uma ou duas das ideias a seguir.

Multa do Porquinho. Crie o cofre da Multa do Porquinho para ajudar seus filhos a aprenderem a ter responsabilidade. Se não arrumarem seus pertences, grite "Multa do Porquinho!", e peça que depositem no cofre uma determinada quantia em dinheiro.

Torneio da Bagunça. Brinque de "Bagunça Vai embora". Dê a cada membro da família um saco de lixo. Caminhem pela casa e vejam quanta bagunça conseguem coletar em 15 minutos. O vencedor é aquele que recolher em sua sacola mais bagunça.

Cela da Bagunça. Treine sua família a recolher suas coisas criando a Cela da Bagunça. Se algo for deixado fora do lugar, irá para a Cela da Bagunça (uma caixa ou cesto de roupa) e não poderá ser reclamado até o domingo à noite, quando todos pagarão uma multa para reaverem seus objetos.

Sistema de arquivamento. Dê a cada criança uma caixa de arquivo ou engradado. Ajude-as a criar arquivos como trabalhos escolares, desenhos, prêmios e certificados, cartões e correspondências pessoais, histórias, artigos úteis para trabalhos escolares e passatempos.

Desenhos das crianças. Eis uma solução para todas as incontáveis obras de arte que seus filhos trazem da escola. Compre caixas organizadoras transparentes, etiquete uma para cada filho. Depois que um desenho ou pintura for exposto na geladeira ou no quadro de avisos por alguns dias, guarde-o nesta caixa. Mantenha as caixas em lugares acessíveis, como num armário da cozinha ou perto de algum closet. Ao final do ano escolar, faça com que selecionem um favorito, e guarde-o na caixa de recordações que você tem no sótão ou no porão.

Ainda melhor, escaneie as obras de arte das crianças para o computador e use-as como plano de fundo da área de trabalho. Assim, suas obras-primas estarão "guardadas" num lugar seguro, e eles apreciarão bastante vê-las na tela. O melhor de tudo é que você terá menos papéis para lidar.

MOVIMENTO ESTRATÉGICO

Tenha uma caixa de luvas descartáveis. Assim, se o bebê chorar quando você estiver fazendo um trabalho que mexa com sujeira, poderá tirar as luvas e segurá-lo com as mãos limpas.

LIMPEZA

Limpeza em Porções Manejáveis

Poucas mães têm grandes blocos de tempo para fazer uma limpeza profunda completa, e deixar todos os cômodos limpos ao mesmo tempo. Eis um plano para limpar um pouco de cada vez. Todos os dias lide com três ou quatro tarefas de 10 minutos e um grande afazer (nos dias que tiver tempo), para não desanimar nesta tarefa amedrontadora.

Tarefas de 10 minutos

Áreas de convivência

- Limpe vidros, espelhos, TV, telas de computador e tampos de mesa.
- Remova a poeira das mesas, prateleiras, quadros e da moldura da lareira. (Agora é um ótimo momento para se livrar das bugigangas. Elas gastam muito tempo para serem limpas, e você terá de livrar-se delas de qualquer forma se tiver bebês engatinhando ou crianças pequenas. Tenha uma flanela para limpá-las rapidamente e guardá-las aos poucos).

- Remova os livros da estante, limpe os livros e a prateleira e recoloque-os no lugar.
- Use um pincel de cerdas macias para remover o pó de venezianas e as pregas do abajur.
- Tire o pó de folhas de planta colocando a mão dentro de uma meia.
- Limpe o sofá e as almofadas. Use um rolinho para tirar rapidamente os pelos de animais.
- Dê polimento em uma ou duas mobílias de madeira.
- Lave o chão de um cômodo.
- Limpe o lustre e o ventilador de teto.
- Esfregue os espelhos dos interruptores.
- Limpe as portas e caixonetes.

☆

MOVIMENTO ESTRATÉGICO

Em média, 20 quilos de poeira saem de uma casa anualmente. Coloque capachos dentro e fora de todas as portas para ajudar a capturar a poeira.

Quartos

- Limpe espelhos, vidros e mesas.
- Tire as roupas de cama e leve-as à lavadora. Cuide da lavagem dos lençóis e da mudança dos ciclos da lavadora com os minutos que conseguir aqui e ali.
- Tire o pó do quarto e limpe os porta-retratos.
- Limpe os espelhos de tomada e os puxadores das portas com um produto multiuso e um paninho.
- Limpe os móveis e as molduras das janelas.
- Aspire ou passe pano no carpete ou piso.

⚠

AVISO!

Não espane a poeira. Isso agita o pó e deposita-o em algum outro lugar. Use um espanador estático que captura as partículas de poeira ou limpa pelos das roupas. Se isso não estiver disponível, use um pano umedecido.

Banheiros

- Espirre um limpador de vidros e esfregue torneiras e espelhos.
- Limpe as molduras das janelas, porta-toalhas e ganchos.
- Varra ou aspire o chão, e então limpe-o com pano úmido.
- Use uma esponja para lavar a banheira e os ladrilhos. Isso prevenirá dores nas costas.
- Organize uma ou duas prateleiras do armário do banheiro.

Corrida Noturna de Sete Minutos

Inicie uma rotina de limpeza noturna de sete minutos. Em algum momento após o jantar e antes da hora de dormir, ligue o cronômetro da cozinha por sete minutos. Ligue alguma música e faça com que os membros da família guardem coisas por sete minutos. Jogue fora os papéis que se acumularam hoje, arrume as almofadas do sofá, arquive algo e arrume a bagunça do dia. Em sete minutos é possível até aspirar um cômodo, limpar a pia e o espelho de um banheiro ou tirar o pó de um móvel. Se iniciar esta rotina todas as noites, se surpreenderá com o bom trabalho que fará estando no domínio do lar e da bagunça.

Liste algumas tarefas que a sua família pode fazer em sete minutos todas as noites, que ajudem a manter a limpeza e a organização do lar.

____

____

____

Cozinha

- Livre a despensa dos alimentos que nunca usa, uma prateleira por vez.
- Limpe o exterior dos equipamentos grandes — um por vez.
- Faça brilhar o exterior dos pequenos equipamentos — dois por vez.
- Limpe os balcões e a pia.
- Espirre água no interior do micro-ondas com um spray de jardinagem, então ligue-o por alguns segundos. Deixe agir por um ou dois minutos e remova com pano limpo. Você também pode limpar o micro-ondas esfregando algumas colheres de bicarbonato de sódio misturado a um copo de água. Aplique a mistura com um papel toalha. Use uma escova de dentes para esfregar as sujeiras difíceis.
- Limpe as molduras e lave as cortinas — uma janela por vez.
- Lave e desinfete a lixeira.
- Varra ou aspire o chão.
- Limpe por partes os armários, prateleiras e gavetas.
- Lave o chão.
- Limpe uma prateleira do refrigerador.

Tarefas de limpeza de uma hora

Quando tiver mais tempo para dedicar ao trabalho doméstico, vale a pena dedicar-se a um dos projetos de limpeza mais profunda listados abaixo.

- Limpe a superfície do fogão, recoloque as folhas protetoras de alumínio e as chapinhas; lave os botões do fogão com sabão neutro, água morna e uma escova de dentes.
- Arraste os grandes eletrodomésticos e aspire a sujeira que houver abaixo e atrás deles. Dê atenção particular às serpentinas.
- Remova os objetos que estiverem sobre o refrigerador. Pulverize um limpador multiuso e deixe a gordura e a poeira "marinando" enquanto aspira a parte de trás. Então, limpe em cima com papel toalha e cubra a superfície com filme plástico. (Umedeça-a levemente para que o filme plástico se ajuste melhor). Desta forma, jamais terá de limpar este local novamente. Terá apenas de retirar periodicamente o plástico sujo e substituí-lo. Da próxima vez, esta tarefa de uma hora levará apenas 10 minutos.
- Limpar móveis de madeira.
- Limpar lustres e maçanetas. Cuidadosamente, remova as caixas de lâmpadas fluorescentes. Lave-as com sabão e água morna.
- Limpe a ventilação do banheiro. Sujeira e fios na ventilação podem prejudicar sua eficiência, fazem proliferar os fungos e diminuem a vida útil da unidade — então, não deixe para trás esta tarefa. Remova a cobertura da ventilação e limpe o interior com um pano. Use uma escova de dentes para limpar as lâminas. Como em qualquer instalação elétrica, não use água na limpeza.
- Limpe e organize o armário de roupas de cama.
- Limpe o piso da lareira e remova as cinzas.

MOVIMENTO ESTRATÉGICO

Eis outra forma de limpar persianas. Usando um par de luvas de trabalho de algodão, mergulhe uma das mãos numa solução de limpeza multiuso e água. Use os dedos dessa mão para limpar as folhas da persiana. Seque-as com a outra mão.

Limpe enquanto dorme

Se você iniciar algumas tarefas de limpeza antes de dormir, elas estarão prontas na manhã seguinte.

- Deixe a pia branca do banheiro impecável com toalhas de papel encharcadas de alvejante de roupas. Pela manhã, jogue fora as toalhas e admire sua pia branquíssima. (Não permita que o alvejante encoste nas peças de metal, nem use alvejante em pias coloridas, pois desbotaria a cor).
- Se desejar remover resíduos do fundo de um vaso ou garrafa térmica, simplesmente encha-os de água e ponha dentro um comprimido de enfervecente. Enxágue-os na manhã seguinte.
- Dê ao vaso sanitário um banho semanal de vinagre branco. Pela manhã, estará completamente desinfetado. Simplesmente dê a descarga.
- Limpe ralos grudentos. Coloque em cada um ½ copo de bicarbonato e sal, e um copo de água bem quente e deixe passar a noite. Na manhã seguinte, enxágue com água quente.
- Pulverize o forno com um limpador multiuso pela noite e deixe-o fazer seu trabalho. Você também pode remover manchas difíceis do fundo do forno aplicando sabão de máquina de louça e cobrindo-o com toalhas de papel. Limpe no dia seguinte.
- Encha a chaleira com partes iguais de água e vinagre. Espere ferver, apague o fogo e deixe passar a noite. Isso removerá sujeiras acumuladas com o tempo.
- Grelhas e assadeiras saturadas de gordura? Coloque-as num saco plástico com um copo de amônia. Não é preciso cobrir a grelha ou a assadeira, porque os vapores farão o trabalho. Feche o saco, ponha-o fora de casa durante a noite e lave os objetos com água e sabão na manhã seguinte.
- Limpe manchas de óleo de pisos de cimento durante a noite. Faça uma pasta de sabão da lavadora de louças e água quente. Esfregue a mistura sobre as manchas e deixe agir durante a noite; enxágue com água. Repita o processo se preciso.

MOVIMENTO ESTRATÉGICO

Limpe o tapete de borracha ou de vinil da banheira colocando-o na máquina de lavar com duas ou três toalhas de banho. Lave da mesma forma uma cortina de box.

Plano de Limpeza Geral em um Dia

Quando precisar limpar a casa toda, dois são melhores do que um. Negocie com uma amiga que também queira ter a casa limpa. Ela vem à sua casa para o seu dia de limpeza, e você devolve o favor. Eis um plano para pôr em prática.

Manhã: lide com as áreas de convivência e quartos

- Tire as roupas de cama e coloque-as para lavar. Enquanto faz o serviço, supervisione a lavagem das roupas.
- Comece aspirando. Vá de cômodo em cômodo. Use o acessório com escova para aspirar teias de aranha do teto e dos cantos. Use o acessório para tapeçarias para aspirar sofás e cadeiras.
- Limpe os móveis e prateleiras de livro com uma flanela. Use um pano úmido para limpar marcas de dedo nas molduras das portas e dos espelhos de tomada.
- Limpe espelhos e o tampo de vidro dos móveis.
- Aspire o chão.

No começo da tarde: lide com a cozinha

- Aspire o teto e os cantinhos, frestas, persianas e instalações elétricas com o acessório com escova.
- Aspire a parte de traz da geladeira.
- Limpe as prateleiras da geladeira.
- Limpe o interior do micro-ondas. (Ponha dentro uma xícara de água quente para que o vapor amoleça as sujeiras. Limpe as paredes e o fundo com um pano úmido).
- Limpe a parte de cima do fogão, e termine limpando o forno. Torne a colocar no lugar todas as peças.
- Limpe os balcões, a pia e o exterior de todos os aparelhos.
- Retire o lixo e desinfete a lixeira.
- Limpe os móveis de madeira, gaveteiro e puchadores.
- Limpe o chão

Fim da tarde: limpe os banheiros

- Lave os tapetes.
- Aspire o teto e os cantos, as instalações elétricas, trilhos das janelas e rodapés.
- Aplique no box, na banheira e no vaso um removedor de sujeiras difíceis. (Certifique-se de haver aberto as janelas ou ligado o exaustor antes). Deixe o produto agir.
- Use uma esponja para lavar o box e a banheira, e outra para enxaguá-los.
- Após lavar o exterior do vaso sanitário, higienize a esponja.
- Limpe o interior do vaso sanitário com uma escova.
- Limpe os móveis de madeira e os espelhos das tomadas.
- Limpe os espelhos e os acessórios de metal com um limpador multiuso.

- Limpe a balança do banheiro e as miudezas.
- Quando as superfícies estiverem secas, aspire o chão para remover fios de cabelo.
- Lave o chão (um esfregão esponjoso seria mais apropriado) com um desinfetante para limpeza pesada.
- Para remover manchas da banheira, umedeça uma esponja com vinagre branco não diluído e esfregue. (Futuramente use um banho de espuma para eliminar estas manchas).

Atalhos e Limpeza Inteligente

- Borrife um protetor de tecidos em tudo o que for propenso a manchas — sofás, cadeiras, almofadas das crianças, toalhas de mesa, tênis.

BOM SABER
Muitas fábricas de brinquedo repõem peças perdidas por preços baixos. Consulte o fabricante do brinquedo para maiores esclarecimentos.

- Antes de aspirar, sempre cheque se o saco do aspirador está preso com firmeza à base. Se não estiver, o aspirador espalhará a mesma quantidade de sujeira que recolher.
- Não permita que o reservatório do aspirador atinja um nível crítico. Pode reduzir a sucção e vazar sujeira.
- Troque ou limpe os filtros do ar-condicionado pelo menos uma vez ao mês (dependendo da estação). Se o filtro estiver cinza quando você o remover, é sinal de que deve substituí-lo com ainda mais frequência. Um filtro limpo evitará que a poeira gelada se espalhe pela casa.
- Certifique-se de que as portas e janelas estejam bem ajustadas em suas estruturas. Se não estiverem, acrescente guarnições contra o tempo para manter longe a sujeira e os alérgenos.
- Pinte o chão do porão e da garagem com um selador de concreto para que não soltem sujeira.
- Use passadeiras de cores escuras nas passagens de entrada da casa, na pia da cozinha e nos lugares onde houver muita circulação. Elas aparentam menos sujeira e não precisarão ser lavadas tantas vezes quanto as de cores claras.
- Use divisórias de gavetas para dispor itens variados. Certifique-se de que as divisórias tenham pelo menos a metade da altura da gaveta, ou os objetos continuarão a misturar-se.
- Da próxima vez que pintar as paredes interiores, escolha um acabamento definitivo (como uma tinta semi-brilho) que seja durável e fácil de limpar.

- Disponha as vasilhas dos animais de estimação sobre tapetes de vinil.
- Confine os projetos envolvendo giz, pintura a dedo, cola e outros materiais que causem transtorno a uma mesa com toalha plástica. Use uma cortina de banheiro velha abaixo da mesa para proteger o chão.
- Limpe a tela da televisão com uma folha de tecido amaciante. Isso ajudará a diminuir a eletricidade estática, que atrai poeira.
- Habitue seus filhos a tirar os sapatos assim que entrarem em casa. Se na entrada houver espaço para uma sapateira, compre uma. Use uma parte da sapateira para chinelos e calçados de usar em casa, e a outra, para os sapatos de usar na rua.
- Ao comprar móveis, carpetes ou tapetes novos, lembre-se de que texturas e padrões discretos aparentam menos sujeira do que os de tecidos lisos.
- Use sabonetes líquidos, e não em barra, para lavar as mãos. Assim, não terá de limpar sabonetes derretidos nas saboneteiras.
- Aplique cera de carro nas portas de vidro do box a cada dois ou três meses para uma limpeza mais fácil.
- Mantenha acessível um rolinho para remover rapidamente os pelos de animais de estimação que ficarem nos móveis.
- As janelas ficarão menos manchadas se forem limpas num dia com nuvens. O sol direto faz com que sequem mais rapidamente e de forma desigual. Limpe-as usando jornal (em vez de toalhas de papel). Papel de jornal deixa o vidro realmente brilhante.
- Limpe os vidros horizontalmente pelo lado de dentro e verticalmente pelo lado de fora. Durante a limpeza, será capaz de localizar facilmente se a mancha está no interior ou no exterior.
- Lave as paredes de cima para baixo.
- Tenha flanelas nos armários de todos os quartos. Sempre que tiver uns minutinhos, tire o pó.
- Cole adesivos de feltro na parte de baixo de vasos, abajures e de outros acessórios pesados de metal para prevenir arranhões em móveis de madeira.
- Aplique removedor de manchas das beiradas para o centro para que ela não se espalhe.
- Nunca borrife limpador de vidros diretamente sobre porta-retratos e quadros. O líquido pode vazar para dentro das molduras e danificar a foto ou a pintura. Em vez disso, pulverize o limpador num pano e esfregue gentilmente o vidro com movimentos circulares. Evite limpar espelhos com água, que pode escorrer para a parte de traz e danificar a pintura prateada. Limpe-os com álcool e um pano macio.

- Atente para as oportunidades espontâneas de fazer tarefas domésticas. Se as crianças espirraram água por todo o chão do banheiro, é uma grande oportunidade de limpá-lo com pano úmido. Num dia de chuva, coloque as plantas no lado de fora, e ficará livre das folhas velhas — deixe que a chuva as regue.

Atalhos para a limpeza da cozinha

- Limpe imediatamente respingos das panelas; limpe respingos dos balcões assim que acontecerem.
- Mantenha vegetais frescos em sacos plásticos com furos que permitam a circulação do ar. Se estragarem, você poderá tirá-los da geladeira sem causar tanta bagunça.
- Forre as pequenas gavetas da geladeira com papel toalha para não ter de limpá-las. Bastará jogar fora o papel a cada duas semanas.
- Unte o compartimento de ovos da geladeira com spray de cozinha (óleo em spray). E nunca mais terá ovos quebrados grudados.
- Disponha tampas plásticas, como as das latas de leite em pó, sob objetos grudentos (como geleia, gelatina ou mel) no refrigerador ou despensa.
- Sempre ligue o exaustor quando estiver cozinhando.
- Antes de trabalhar com alimentos que causem desordem, como lidar com peixe, frango ou descascar batatas, cubra o balcão ou a pia com papel ou uma sacola de supermercado aberta, para depois recolher a bagunça. Quando terminar, enrole o papel e jogue-o fora.
- Forre o prato do forno micro-ondas com papel toalha para capturar os pingos.
- Sua primeira tarefa ao cozinhar deve ser encher a pia com água morna e sabão. Mergulhe as tigelas e utensílios na água ao terminar de usá-los.
- Diminua o trabalho árduo. Mergulhe as panelas sujas em água morna e detergente enquanto come. Após a refeição, as vasilhas e panelas estarão muito mais fáceis de limpar. Para utensílios realmente engordurados, use sabão de lavadora de louças em vez de detergente comum.
- Não suje pratos a mais. Rale queijo sobre uma toalha de papel ou papel culinário. Misture os temperos diretamente na tigela de saladas. O mesmo é válido para os ensopados. Misture os ingredientes na panela em que pretende cozinhá-los. Marine frango ou carne em sacos ziploc, e não em tigelas e assadeiras.

AVISO!
Ao usar produtos fortes de limpeza nos banheiros, certifique-se de haver aberto a janela ou ligado a ventilação.

- Após usar o liquidificador, encha-o parcialmente com água morna, acrescente detergente e pulse esta mistura por alguns segundos. Enxágue e deixe que escorra sobre um pano.
- Tenha uma pequena pá com escova na cozinha para recolher gentilmente as migalhas de alimentos do chão e da bancada.
- Semanalmente, limpe o refrigerador na noite anterior à coleta do lixo.
- Mantenha alguns sacos de lixo limpos no fundo da lixeira da cozinha. Quando for a hora e esvaziá-la, os sacos limpos estarão à mão.

Poupadores de tempo no banheiro

- O melhor momento para limpar o banheiro é imediatamente após o banho, quando o vapor amoleceu o limo.
- Quando terminarem o banho, encoraje as crianças a passarem as mãos e os pés nas marquinhas que a água e o sabão deixaram em torno da banheira.
- Instale um chuveirinho de mão para enxaguar a banheira ao terminar o banho.
- Ligue o exaustor quando tomar banho para extrair o excesso de umidade e prevenir mofo.
- Tenha uma escova de limpeza perto do vaso sanitário. Treine os membros da família a limpá-lo com frequência.
- Tenha uma caixa de luvas descartáveis sob a pia do banheiro para as tarefas de limpeza mais desagradáveis.
- Dê aos limpadores uma chance de agir. Em vez de esfregar assim que aplicar os produtos, faça alguma outra tarefa por alguns minutos.
- Remova o limo dos rejuntes dos azulejos embebendo uma bola de algodão em alvejante. Pressione-o nas áreas sujas e deixe agir por alguns minutos.
- Envolva uma chave de fenda num tecido absorvente para limpar os trilhos do box. Aplique generosamente algum limpador multiuso e percorra o trilho com a chave de fenda várias vezes.
- Antes de passar pano no chão do banheiro, aspire ao redor da banheira, do vaso e da pia, para remover fios de cabelo e de linha (o chão deverá estar seco para ser aspirado).

Eliminando Cheiros e Odores

Ao selecionar fragrâncias para a sua casa, escolha os perfumes suaves e neutros para as áreas de convivência. Reserve os aromas mais fortes para o seu quarto, banheiro, gavetas de roupas e armários. Se usar fragrâncias na cozinha e nos banheiros, certifique-se de que elas não encubram os odores que merecem atenção. Não use aromatizantes na sala de jantar durante as refeições.

- Erradique cheiros ruins checando as origens prováveis: fundo de lixeiras, tênis e equipamentos esportivos, cesto de roupa suja, caixa de areia de animais, a cama do cachorro ou mofo no porão. Esteja alerta ao procurar a origem.
- Sempre forre as latas de lixo com sacos plásticos. Pulverize a lixeira com um desinfetante de aroma agradável sempre que esvaziá-la, ou disponha uma folha de tecido amaciante no fundo da lixeira antes de recolocar o saco plástico. Duas vezes ao mês, lave as lixeiras com desinfetante, água morna e sabão, e seque-a bem antes de repor o saco plástico.
- Mantenha ralos livres de odores. Aplique três colheres de sopa de bicarbonato de sódio uma vez por semana, e despeje lentamente, por um minuto, água bem quente.
- Elimine odores do triturador da pia depositando nele cascas de frutas cítricas e água quente.
- Sempre drene qualquer líquido de panelas, travessas e potes na pia para manter a lixeira relativamente seca. Esvazie o saco frequentemente.
- Ferva algumas fatias de limão numa panela com água por 20 minutos para dissipar cheiro de alimentos queimados.

MOVIMENTO ESTRATÉGICO

Plante um arbusto de verbena perto de uma janela para levar ao interior uma adorável fragrância.

- Ao fritar alimentos, coloque perto do fogão uma tigela com vinagre branco para combater o cheiro.
- Refresque a lavadora de louças espalhando bicarbonato de sódio sob a prateleira de baixo entre as lavagens.
- Mantenha aberta no refrigerador uma caixa de bicarbonato de sódio para que absorva os odores. (Anote a data na caixa e a substitua a cada dois ou três meses).
- Mantenha fechada a porta do banheiro, mas abra a janela para renovar o ar. Em banheiros sem janelas, use um aromatizante apropriado, mas que não seja forte demais.
- Polvilhe bicarbonato de sódio abundantemente em sapatos com mau cheiro. Deixe passar a noite, e sacuda o bicarbonato antes de usá-los.
- Deixe do lado de fora os sapatos que cheirem realmente mal.
- Transfira prontamente as roupas lavadas para a secadora. Se as roupas passarem a noite na lavadora, dê mais um enxágue antes de secá-las para eliminar qualquer possibilidade de mofo.
- Para neutralizar odores de carpete, polvilhe bicarbonato de sódio sobre ele, aguarde 15 minutos e aspire.

GERENCIAMENTO FAMILIAR

Quem É Responsável pelo que?

1. **Lar e Bens**

- ❑ Recolher a bagunça ____________
- ❑ Limpar a cozinha ____________
- ❑ Limpar os banheiros ____________
- ❑ Limpar a sala de estar ____________
- ❑ Varrer/passar pano/encerar o chão ____________
- ❑ Tirar o pó ____________
- ❑ Aspirar ____________
- ❑ Arrumar as camas ____________
- ❑ Trocar os lençóis ____________
- ❑ Lavar roupa ____________
- ❑ Colocar as roupas na secadora ____________
- ❑ Reparos ____________
- ❑ Comprar roupas e acessórios ____________
- ❑ Comprar itens para o lar ____________
- ❑ Organizar armários e gavetas ____________
- ❑ Organizar a garagem ____________
- ❑ Coletar e levar o lixo para fora ____________
- ❑ Reciclar ____________
- ❑ Realizar reparos e manutenções no lar ____________
- ❑ Contratar serviços de manutenção ____________
- ❑ Decorar ____________
- ❑ Jardinagem ____________
- ❑ Zelar pelas mobílias e equipamentos do quintal ____________
- ❑ Manutenção do carro ____________
- ❑ Regar as plantas ____________
- ❑ Limpar tapetes ____________
- ❑ Limpar janelas ____________

2. **Alimentação**

- ❑ Planejamento de refeições ____________
- ❑ Criação da lista de mercado ____________
- ❑ Ir ao mercado ____________
- ❑ Preparar o café da manhã ____________
- ❑ Preparar o almoço ____________
- ❑ Preparar o jantar ____________
- ❑ Limpar após as refeições ____________
- ❑ Preparar os lanches das merendeiras ____________
- ❑ Planejar e orquestrar jantares comemorativos ____________
- ❑ Lidar com os cupons ____________
- ❑ Alimentar o bebê e as crianças pequenas ____________
- ❑ Organizar a despensa ____________
- ❑ Planejar e providenciar alimentos para funções especiais ____________

3. **Amigos e Família**

- ❑ Cuidar das crianças pequenas ______
- ❑ Planejar o cuidado das crianças ______
- ❑ Gerenciar o transporte à escola ______
- ❑ Dar banho nas crianças ______
- ❑ Ler para as crianças ______
- ❑ Colocar os pequeninos na cama ______
- ❑ Procurar e matricular as crianças em atividades ______
- ❑ Transportar as crianças para as aulas, práticas, etc. ______
- ❑ Ajudar com os deveres de casa ______
- ❑ Adquirir os materiais escolares ______
- ❑ Ensinar o certo e o errado aos pequeninos ______
- ❑ Disciplinar as crianças ______
- ❑ Planejar atividades criativas para os filhos ______
- ❑ Monitorar a televisão, músicas e a internet ______
- ❑ Agendar dias de diversão ______
- ❑ Ensinar boas maneiras e comportamentos sociáveis ______
- ❑ Levar as crianças ao médico e ao dentista ______
- ❑ Supervisionar o processo de teste e admissão na universidade ______
- ❑ Viajar para visitar possíveis universidades ______
- ❑ Organizar as saídas da família ______
- ❑ Organizar noites para o casal ______
- ❑ Preparar-se para a velhice de pais e sogros ______
- ❑ Lidar com a parentela ______
- ❑ Comprar presentes para familiares e amigos ______
- ❑ Enviar cartões em datas especiais ______
- ❑ Escrever notas de agradecimento ______
- ❑ Cuidar dos animais de estimação ______
- ❑ Supervisionar relacionamentos com vizinhos ______

4. **Finanças**

- ❑ Revisar periodicamente as prioridades financeiras da família
- ❑ Organizar as contas ______
- ❑ Pagar as contas ______
- ❑ Equilibrar a conta bancária ______
- ❑ Selecionar os investimentos apropriados
- ❑ Estabelecer crédito ______
- ❑ Pesquisar e contratar seguros ______
- ❑ Contar com um jurisconsulto na atualização do testamento ______
- ❑ Criar planos de poupança para acontecimentos importantes como a universidade ______
- ❑ Pesquisar as compras mais vantajosas

- ❑ Preencher os reembolsos do plano de saúde ____________
- ❑ Lidar com recibos ____________
- ❑ Manter o estoque de suprimentos do escritório de casa
- ❑ Estabelecer a mesada das crianças ____________
- ❑ Selecionar para onde fazer doações ____________
- ❑ Organizar as informações sobre impostos e preencher a declaração ____________

5. Eventos Especiais

- ❑ Planejar e coordenar celebrações de aniversários
- ❑ Planejar e coordenar o Natal ____________
- ❑ Planejar e coordenar outros feriados e celebrações, como a Páscoa, Dia das Mães, dos Pais, formatura, chás de bebê e reuniões familiares ____________
- ❑ Decoração para datas comemorativas
- ❑ Organizar atividades na vizinhança ____________
- ❑ Planejar e orquestrar as férias ____________
- ❑ Comprar presentes ____________
- ❑ Manter o estoque da central de presentes
- ❑ Planejar as saídas dos fins de semana ____________

6. Tempo e Planejamento

- ❑ Supervisionar a agenda da família ____________
- ❑ Marcar consultas com o dentista e o médico ____________
- ❑ Planejar as atividades após as aulas ____________
- ❑ Coordenar caronas e saídas de carro da família ____________
- ❑ Orquestrar o cronograma das manhãs ____________
- ❑ Fazer trabalhos avançados para eventos futuros ____________
- ❑ Ajudar as crianças a gerenciar o tempo ____________
- ❑ Providenciar babás ____________
- ❑ Supervisionar a rotina da noite ____________
- ❑ Lidar com a hora de ir pra cama e o toque de recolher ____________
- ❑ Responder a convites ____________

7. Autogerenciamento

- ❑ Cuidar de si mesma — física, espiritual, mental e emocionalmente ____________

8. Outros

- ❑ ____________ ____________
- ❑ ____________ ____________
- ❑ ____________ ____________
- ❑ ____________ ____________
- ❑ ____________ ____________
- ❑ ____________ ____________
- ❑ ____________ ____________
- ❑ ____________ ____________

Crianças e o Trabalho Doméstico

Muitas mães sentem-se culpadas ao pedir que as crianças ajudem em casa. Creia em mim, você lhes faz um favor ao envolvê-las na manutenção do lar. Você irá ensinar-lhes habilidades para a vida — como passar o aspirador — de que precisarão. Mas também lhes transmitirá o trabalho em equipe e a colaboração em tarefas que lhes servirão em qualquer área da vida. Delegar equilibra as responsabilidades e os fardos num relacionamento. E isto firma a ideia de que a casa pertence a todos; além do mais, todos têm um papel no cuidado do lar. A lista a seguir inclui tarefas apropriadas a várias idades.

Pré-escolares podem...

- forrar a cama com edredom
- dobrar toalhas de rosto e de banho
- distribuir roupas nas gavetas
- pendurar roupas em ganchos
- colocar roupa suja nos cestos
- ajudar a alimentar animais
- recolher brinquedos
- limpar o batente de janelas e venezianas de madeira usando meias velhas nas mãos
- esvaziar lixeiras pequenas
- limpar a frente de aparelhos domésticos grandes com um borrifador de água e pano.
- ajudar a limpar respingos
- secar pratos de plástico
- varrer com uma vassoura adequada para crianças
- levar o jornal para dentro
- recolher folhas do quintal

DO CORAÇÃO

Não pense que seus filhos são tão ocupados com a escola e suas atividades, que não tenham tempo para ajudar nas tarefas do lar. De acordo com a pesquisa de 2007 da Harris Interactive, crianças americanas jogam 13,5 horas de vídeo game semanalmente. Os meninos, em média 17 horas semanais, e as meninas, 9.

Crianças do Jardim de Infância podem...

- aspirar pequenas áreas com um aspirador de mão leve
- varrer a varanda e outras pequenas áreas com uma pá e vassoura.
- limpar a pia do banheiro
- pendurar a toalha após o banho
- guardar os brinquedos de banho

- ajudar na cozinha — agitando, cortando alface e acrescentando ingredientes às receitas
- arrumar a mesa com guardanapos e talheres
- retirar pratos da mesa
- ajudar a carregar a lavadora de louças
- arrumar pratos de plástico num armário baixo
- arrumar potes e panelas
- separar as roupas limpas dos membros da família
- colocar no cesto sua própria roupa suja
- ajudar a rastelar o jardim e a remover ervas daninhas
- tirar o pó
- dar brilho nas janelas (que você já lavou) com um apagador de quadros brancos limpo
- tirar lençóis da cama
- arrumar livros numa prateleira
- colocar peças de jogos nas caixas certas
- escovar estofados para remover pelos de animais
- ser responsável pela arrumação do quarto

Crianças do Ensino Fundamental podem...

- arrumar suas camas
- pôr fora o lixo
- varrer degraus e corredores
- limpar o carro
- aspirar o próprio quarto
- organizar e guardar brinquedos
- dobrar e guardar roupas
- tirar roupas da máquina de lavar
- alimentar e cuidar de animais domésticos
- colocar e tirar a mesa (desde que usando pratos e copos inquebráveis)
- separar roupas para lavar
- ajudar na jardinagem
- limpar a mobília do quintal
- lavar brinquedos e equipamentos do quintal
- ajudar a lavar o carro

Crianças mais velhas do Ensino Fundamental podem...

- limpar espelhos do banheiro
- aspirar

- limpar o vaso sanitário
- limpar balcões e a pia da cozinha
- passar pano no piso de pequenas áreas
- usar a lavadora e a secadora
- lavar, secar e tirar roupas das máquina
- dobrar e guardar roupas
- arrancar ervas daninhas
- recolher folhas
- limpar a área dos animais de estimação
- jogar fora o lixo
- limpar teias de aranha do teto com um cabo apropriado (para fazer um, ponha na extremidade de um cabo de vassoura, meias soquetes grossas uma dentro da outra e amarre com um elástico)
- ajudar a organizar a garagem
- varrer a garagem

☆

MOVIMENTO ESTRATÉGICO

Às vezes os gerentes de loja estão autorizados a reduzir o preço de produtos com a embalagem aberta, ou levemente danificados, para liquidá-lo logo da loja. Não custa perguntar.

Adolescentes podem...

- lavar janelas
- consertar roupas
- lavar o carro
- trocar as roupas de cama
- lavar as próprias roupas
- passar roupa
- limpar a banheira e o box
- polir a mobília e limpar lustres
- esvaziar o saco do aspirador de pó
- dobrar e organizar roupas de cama
- limpar azulejos e o vaso sanitário com desinfetante
- limpar o refrigerador
- degelar o freezer
- limpar o forno e o fogão
- limpar e organizar a garagem
- aparar a grama e podar as plantas
- limpar lustres
- trocar lâmpadas
- encerar o carro

Hora de Trocar o Aparelho?

A idade de um equipamento ajuda a determinar sua longevidade. De acordo com a Associação Nacional das Indústrias de Remodelagem e a Sears Home Central, estes são os tempos de durabilidade de alguns dos aparelhos de seu lar:

- Máquina de lavar roupa: 13 anos
- Secadora: 13 anos
- Refrigerador: 15 anos ou mais
- Forno (a gás ou elétrico): 17 a 20 anos
- Micro-ondas: 16 anos
- Caldeira de calefação: 15 a 30 anos
- Aquecedor de água: menos de 12 anos
- Ar-condicionado: 12 a 15 anos
- Ar-condicionado central: 11 anos
- Máquina de costurar básica: 24 anos
- Lavadora de louça: 10 anos
- Abridor automático de porta de garagem: 10 anos

Lembre-se, estas são apenas médias de produtos americanos, e cada aparelho é diferente. Alguns podem durar mais ou menos que o tempo previsto.

TODAS AS SUAS COISAS

Aparelhos

Compra Inteligente

Descobrir que um queimador do fogão já não funciona ou que o refrigerador não deixa mais os alimentos gelados como antigamente cria um dilema: Consertar ou comprar um novo aparelho doméstico? As dicas a seguir a ajudarão a decidir.

BOM SABER
Mantenha o refrigerador numa temperatura entre 4 a 8 graus. O freezer deve ser mantido a menos de 0.

1. Às vezes é preciso pagar para ter o aparelho consertado, às vezes, não. Um produto novo paga por si mesmo ao economizar energia, e dependendo do problema, o reparo pode custar tanto quanto a compra de um novo.
2. Pesquise. Converse com amigos sobre suas experiências com as diversas marcas, e cheque na internet a avaliação dos produtos.

Fatos sobre Geladeira e Freezer

Antes de comprar uma geladeira ou freezer, considere seguir os seguintes passos para ter certeza de adquirir o aparelho certo — e estar preparado para instalá-lo e mantê-lo adequadamente.

- Um casal precisa de 3,6m cúbicos para armazenagem. Acrescente mais 61cm cúbicos para cada membro da família. Acrescente mais se receber convidados regularmente.
- Um casal precisa de 1,20m cúbicos de espaço no freezer. Acrescente mais 61cm cúbicos para cada pessoa extra. Aumente o espaço do freezer se estoca alimentos congelados ou não faz compras com regularidade.
- Analise suas compras e hábitos culinários antes de decidir qual geladeira comprar. Se faz compras com frequência e come mais alimentos frescos do que congelados, precisará proporcionalmente de mais espaço no refrigerador do que no freezer.
- Um modelo com freezer em cima e geladeira embaixo oferece maior flexibilidade de armazenamento. Modelos com portas lado a lado possuem maior espaço total de armazenagem, mas geralmente é difícil guardar itens maiores — pizzas, caixas de torta e bolo, travessas grandes onde caibam refeições tamanho família, como lasanhas. Uma das vantagens dos modelos com portas lado a lado é que é mais fácil ver o que há disponível de relance, já que não são tão profundos como o modelo com freezer sobre a geladeira (não é preciso escavar tanto).
- Se possível, coloque o refrigerador longe de fontes de calor, como fornos e até a luz do sol. Calor excessivo fará com que o aparelho tenha de trabalhar duro para permanecer frio.
- Se ainda não estiver, coloque sua geladeira sobre rodízios para que possa movê-la facilmente para limpar atrás dela.

3. Estabeleça a capacidade e o tamanho necessários, e as funções de que precisa.
4. Meça o espaço onde o equipamento irá ficar. E não se esqueça de medir a porta e o corredor por onde o aparelho terá de passar até chegar ao lugar certo.
5. Peça ao vendedor que lhe mostre o manual. Leia-o antes da compra para certificar-se de que não necessite de produtos especiais para a limpeza.

6. Informe-se sobre a garantia. Pergunte qual a cobertura e por quanto tempo. Se o vendedor oferecer-lhe a garantia estendida, considere:
    - A maioria dos produtos não quebra com frequência, e os que quebram podem estar bem cobertos pela garantia original.
    - Quais os termos de garantia do fabricante? Se cobrir a mão de obra e peças por alguns anos, você realmente não precisa da garantia estendida. Divida o custo pelo número de meses esperado que aquele aparelho funcione. Às vezes, boas garantias custam apenas alguns dólares por mês e valem o investimento, especialmente se o plano permitir solicitações ilimitadas de serviços.
    - Consulte o *Serviço ao Consumidor* quanto ao produto em questão. Geralmente é possível saber sobre a vida útil do produto e compará-la ao tempo de cobertura da garantia. Se for provável que o item dure muito tempo, considere adquirir a garantia estendida.
    - Se optar pela garantia estendida, cheque os termos e condições cuidadosamente. Descubra se o reparo é pago diretamente pela companhia ou se é preciso preencher um requerimento. Em média, quanto tempo é preciso para que o requerimento seja atendido? Qual a abrangência do reembolso?
    - Pergunte ao vendedor se há alguma garantia mais barata disponível — ele pode estar simplesmente oferecendo a opção mais cara. Veja que também é possível contratar este serviço diretamente de seguradoras. Entre em contato com empresas de seguro para procurar melhores ofertas.
7. Pergunte sobre a entrega e a disponibilidade do serviço.

MOVIMENTO ESTRATÉGICO

Coloque um apagador magnético de quadro branco na lateral ou na porta do refrigerador. Mantenha uma lista das sobras de alimento e das datas em que foram guardadas.

BOM SABER

Se a energia acabar, os alimentos congelados durarão por 48 horas, se você não abrir o freezer.

Conheça seu novo aparelho

- Uma vez que o aparelho esteja em sua casa, teste cada função e comando. A maioria dos defeitos manifesta-se durante os primeiros dias de uso.
- Leia e siga todas as instruções do fabricante.
- Use um circuito elétrico exclusivo para cada grande equipamento.
- Use uma pasta com divisórias ou arquivo para manter juntos os manuais de seus aparelhos. Assim, estarão facilmente acessíveis, e você ganhará pontos se puser sua casa à venda. Leia os manuais a fim de descobrir que tipo de manutenção é necessária para manter os aparelhos funcionando com todo seu potencial. Em cada manual, anote a data e a loja em que a compra foi feita, bem como o nome do vendedor. Grampeie a nota fiscal com o manual. Consulte essas anotações ao decidir se manterá ou não um equipamento velho.
- Compre o melhor dreno de máquina de lavar que puder. Inspecione os que possui, já que após três anos os de borracha tendem a ficar mais frágeis e propensos a quebrar. Drenos flexíveis de aço inoxidável são os melhores. (Feche os registros da lavadora de roupas quando se ausentar por longos períodos).
- Após cada ciclo, remova os fios de linha da secadora. O acúmulo de sujeira pode provocar incêndio.
- Se as prateleiras de seu refrigerador forem grades de aço, compre folhas acrílicas ou plásticas numa casa de jardinagem ou loja de ferragens. Corte as folhas para que se ajustem às prateleiras. Isso evitará que pequenos itens tombem. A limpeza também será mais fácil.
- Limpe as serpentinas do condensador da geladeira trimestralmente, e com mais frequência se tiver cachorro ou gato. Limpe a parte inferior da unidade uma vez ao mês. (Antes da limpeza, certifique-se de havê-la desligado).
- Mantenha limpa a borracha da porta da geladeira. Estas borrachas frequentemente precisam ser trocadas em razão do excesso de umidade, o que pode ser caro. Limpe a borracha com água e sabão, nunca com alvejante, que pode deixá-la quebradiça e ressecada.

Cama

Ao menos a cada década, invista em um novo colchão e travesseiro. Seu corpo apreciará o frescor deste suporte, e você dormirá melhor — um benefício importante para mamães ocupadas.

Travesseiros

Bons travesseiros ajudam a manter a coluna e a cabeça alinhadas, como se você estivesse em pé. Ao comprar um travesseiro, certifique-se de haver adquirido um que lhe ofereça o apoio de que precisa, bem como a maciez, densidade e firmeza que considera confortáveis. Os diferentes tipos incluem:

- Plumas: Cheios com plumas de ganso ou pato, a penugem mais próxima ao corpo da ave, que a mantém aquecida. Estes fornecem conforto espetacular, duram muito tempo e são ajustáveis. Mas também são geralmente caros e precisam ser afofados frequentemente. Podem provocar reações alérgicas em algumas pessoas.
- Plumas e Penas: Macio, porém não luxuoso, já que as penas, que servem para dar volume ao travesseiro, às vezes podem ser sentidas através da fronha. Estes travesseiros oferecem o conforto e a resistência dos de pluma, mesmo sendo de penas. Se não puder adquirir um de plumas, este misto é uma alternativa menos cara.

BOM SABER
Medidas de Travesseiros:
- ***Padrão (50x66 cm)***
- ***Queen (50x76 cm)***
- ***King (50x91 cm)***

- Penas: Penas de ganso são as melhores; as de pato vêm em segundo lugar. Estes podem causar problemas em pessoas alérgicas.
- Fibra sintética: Longa durabilidade e relativamente barato. Geralmente, estes travesseiros de poliéster duram tanto e são tão confortáveis quanto os de pluma. Se a alergia é uma preocupação, esta é uma grande alternativa.
- Látex: Menos caros, mais resistentes ao mofo e à poeira que outros tipos de travesseiro.
- Espuma elástica: Barato e hipoalergênico. Você pode esculpi-lo para que se adéque ao seu nível de conforto. Por serem muito firmes, pessoas que apreciam se afundar no travesseiro não gostarão destes.
- Palha de trigo: Moldáveis. Mas são geralmente menores que os travesseiros normais, e podem ser barulhentos e irritantes.

Edredons e Acolchoados

Edredons podem ser recheados de algodão, plumas, seda, lã ou sintéticos hipoalergênicos; não possuem coberturas removíveis. Acolchoados foram feitos para serem revestidos com uma capa, que pode ser retirada para lavagem ou trocada a cada estação ou nova decoração da casa.

- Escolha sabiamente. A menos que seja alérgico, considere um edredom de plumas; se for bem cuidado, durará entre 8 e 10 anos, conforme o fabricante. (O nosso tem 10 anos e ainda tem ótima aparência). Os de pluma de ganso são a melhor escolha porque são os mais fofos.
- Compre um edredom grosso. Experimente os com enchimento entre 600 a 700.
- Proteja com cuidado. A capa do acolchoado deve ser feita de tecido forte de algodão. Certifique-se de que o enchimento de plumas não fique amontoado em algumas áreas.
- Lave regularmente. Se o seu edredom não for lavável em máquina, lave-o a seco ocasionalmente, conforme a frequência de uso ou se aparentar sujeira.

BOM SABER

Tamanhos de lençol:

- ***Twin flat: 1.70 x 2.90m***

Lençol de elástico: 1 x 1.90m

- ***Full flat: 2.5 x 2.40m***

Lençol de elástico: 1.40 x 1.90m

- ***Queen flat: 2.30 x 2.60m***

Lençol de elástico: 1.50 x 2.5m

- ***King flat: 2.80 x 2.60m***

Lençol de elástico: 2 x 2.5 m

- ***Califórnia king flat: 2.60 x 2.80m***

Lençol de elástico: 1.90 x 2.15m

● ● ● ● ● ● ● ● ● ● ● ● ●

Lençóis

- Tenha apenas dois jogos de lençol para cada cama, e livre-se do restante.
- A contagem dos fios diz respeito ao conforto dos lençóis. Os de musselina têm entre 140 a 180 fios; os de percal, mais de 180. Prefira os que possuam mais de 200 fios.
- Saiba que os lençóis com cerca de 300 a 400 fios parecem gloriosos, mas não duram muito.
- Lençóis compostos igualmente por algodão e poliéster costumam ser rígidos. Uma mistura de 60% de algodão com 40% de poliéster oferece mais maciez.
- Se vive numa região fria, considere comprar lençóis de seda e cetim, que a manterão mais aquecida. São caros e precisam ser lavados a seco.
- Se vive em clima quente, experimente lençóis de linho. São caros, mas duram muito. Outro tecido respirável para lençóis é aquele usado em camisetas: malha de jersey e algodão. Mas cuidado com os de cores escuras, pois geralmente desbotam.

Materiais de colchão

- Vire o colchão uma vez por ano para prolongar seu uso.
- Invista numa capa acolchoada para colchão a cada três anos de uso.

Crie um Catálogo de Livros

Se empresta livros com frequência, crie um catálogo para que tenha pistas de para onde foram quando os emprestou.

LIVROS EMPRESTADOS

Título	Emprestado a	Data	Devolução

- Ao comprar um colchão, sempre cheque as marcas menos conhecidas. É possível usufruir do mesmo conforto que teria com os "colchões luxuosos", e ainda economizar cerca de 25%.
- As molas mantêm a forma da cama. O esperado é que um bom colchão king size tenha ao menos 450 molas; queen size, 375; full size, 300.
- Seja valente: Deite em cada colchão que considera comprar, e role neles. Apenas sentar não lhe dirá nada a respeito do conforto. Se ele deformar, ou se ouvir rangidos, continue procurando.

MOVIMENTO ESTRATÉGICO
Providencie um fio maior para o aspirador de pó e reduza o tempo gasto plugando e desplugando.

- Atente ao comprar uma capa acolchoada para o colchão. Se ela aumentar muito o volume dele, você terá de comprar lençóis novos — um gasto extra.

Livros e Estantes

Bons livros são como bons amigos. Há algo de consolador em tirar um velho livro da prateleira e ler uma passagem favorita. As dicas a seguir a ajudarão a cuidar dos estimados livros antigos e a criar espaço para novos.

- Quando começar a organizar seus livros, não tente arrumá-los de uma só vez. Em vez disso, designe uma prateleira para cada tipo e disponha-os conforme o trabalho avançar. Cada seção será desenvolvida à medida que trabalhar.

- Agrupe os livros em categorias — pelo assunto, pelo último nome do autor ou por tipos: brochura ou de capa dura, livros altos e baixos. Se você organizar por meio de assuntos, tente arrumá-los em ordem alfabética dentro de casa seção, por título ou autor. Escolha o método que deixe os livros que você usa fáceis de encontrar.
- Guarde os livros de colorir das crianças, os livros de atividade e partituras em caixas organizadoras de revistas.
- Previna o mofo esfregando óleo de cravo em estantes de madeira. Esfregue bem para não manchar as capas dos livros. Se tiver estantes com portas, abra de vez em quando para arejar.
- Guarde livros em locais secos, mas não próximo a aquecedores ou correntes de ar quente. O calor pode fazer esfarelar a encadernação dos livros.
- Combata o bolor colocando pequenos saquinhos absorventes de umidade nos lugares propensos ao mofo.
- Etiquete seus livros.
- Se algum livro for especialmente importante para você, considere encaderná-lo numa capa de couro.

Cuidado com o Carpete

- Compre um bom aspirador de pó, mas fique esperta quanto a isso. Você não precisa de dezenas de acessórios. Precisa de uma escova redonda, de um bocal pontudo e de uma escova de doze centímetros para estofamento. Antes da compra, verifique o peso do aspirador e se é fácil puxá-lo.
- Aspire ao menos duas vezes por semana — nas áreas de maior movimento, com mais frequência. Uma vez que a sujeira penetrou nas fibras, o carpete tende a gastar-se mais rapidamente.
- Limpe respingos imediatamente. Quanto mais demorar, maior a chance de a mancha tornar-se permanente.
- Ao limpar líquidos derramados, use apenas panos brancos, pois os coloridos podem soltar tinta e deixar a mancha ainda pior.
- Pulverize sobre a mancha um pouco de água gelada para ajudar a diluí-la, e então limpe. Repita o processo até a mancha sair.
- Mantenha as manchas úmidas. Se não puder remover uma mancha sozinha, ensope-a com soda ou mantenha-a úmida com água gelada até que possa ser removida profissionalmente. Uma mancha seca é mais difícil de limpar.
- Limpe o carpete com um produto adequado ou contrate uma limpeza profissional uma vez por ano. Seja cuidadoso com o serviço a

contratar. Pergunte se a empresa cobra extras — como remoção de manchas e outros itens que deveriam estar incluídos no preço total. (Certifique-se de que o profissional que fará a limpeza seja experiente, bem como assegurado, antes de contratar o serviço).

- Antes de lavar o carpete, aspire bem o cômodo. Improvise um apoio com um saco de sanduíche dobrado abaixo de cada perna de móvel para que a água não cause danos. Cuide para não sobrecarregar o carpete, pois isso poderia descolar os acabamentos e reforços, ou causar encolhimento ou descoloração.
- Para remover marcas deixadas por móveis pesados, disponha cubos de gelo, separados cerca de cinco centímetros um do outro. Conforme derreterem, a umidade será absorvida, fazendo com que as fibras do carpete se aprumem.
- Se o carpete desfiar, nivele o fio solto cortando-o rente aos demais. Se tentar arrancá-lo, poderá danificar parte do carpete.

MOVIMENTO ESTRATÉGICO

- ***Mantenha duas agulhas com linha e nó — uma com linha branca, outra, com linha escura.***
- ***Uma vez ao mês carregue sua máquina de costura com linha de nylon transparente para reparar rapidamente costuras rompidas. Funciona com todas as cores, além de ser forte***

Cuidado com as Roupas e a Lavagem

Lavando

- Cuide das manchas prontamente, antes que se firmem. Tenha guardado em cada banheiro um spray removedor de manchas.
- Salpique um pouco de soda numa mancha para impedir temporariamente que se fixe.
- Lave todas as peças de um mesmo conjunto na mesma lavagem. Se desbotarem, não ficarão desiguais.
- Vire peças de lã no avesso para evitar bolinhas e fios puxados.

BOM SABER

Uma barra de sabão ainda na embalagem é uma ótima alfineteira. Não apenas serve para guardar agulhas, mas faz com que deslizem mais suavemente.

- Use a quantidade de sabão em pó recomendada pelo fabricante da máquina. Muito sabão pode enfraquecer as fibras; pouco não removerá as manchas.
- Use alvejante apenas em roupas brancas ou nas de tecido *colorfast* (que não desbotam); sempre leia as etiquetas das roupas e os rótulos dos alvejantes.
- Se a água que chega a você contém grande quantidade de ferro, cuidado com o uso de alvejantes com cloro, pois eles podem fazer com que a roupas manchem.
- Não seque excessivamente as roupas. Calor demais enfraquece o tecido.

Passando

- Se passar roupas com ferro a vapor, use apenas água destilada para evitar manchas.
- Vire estampas pelo avesso antes de passá-las.
- Evite criar brilho em lãs e cores escuras virando-as para o avesso ou cobrindo-as com algum outro tecido antes de passar.
- Para não perder o volume de certos tecidos, ponha sob a peça de roupa uma toalha grossa e passe pelo avesso.
- Se achar uma mancha, não passe a roupa. O calor a tornará permanente.

Cuidados gerais com a roupa

- Para firmar os botões por mais tempo, passe no centro de cada um deles uma camada de esmalte de unha incolor. Use fio dental em vez de linha para segurar os botões no interior de sobretudos.
- Pendure roupas em cabides de madeira ou plástico, em vez de cabides de arame.
- Use cabides forrados para casacos, jaquetas e ternos.
- Após usar um terno, escove-o com cerdas naturais e deixe arejar durante a noite. Isso aumentará o tempo entre as lavagens a seco. (Lavagens a seco frequentes enfraquecem as fibras).

DECORAÇÕES QUE VOCÊ PODE FAZER

Decorar a casa é um dos meios de refletir a singularidade de sua família. Para alguns, escolher tintas, tecidos e mobília é divertido. Outros veem a decoração como uma necessidade cara. Compram papel de parede quando o antigo está descascando, e um sofá, porque precisam de um lugar para sentar.

Quer a decoração seja divertida quer seja frustrante para você, é importante fazer alguma pesquisa e escolhas bem pensadas, já que erros nessa área podem causar prejuízos. Os passos a seguir permitirão que transforme com confiança qualquer cômodo.

Seis Passos para Você mesma Decorar

1. *Pesquise sua casa e família.* Faça a si mesma as seguintes perguntas para ter melhor entendimento sobre como sua casa é usada, antes de sair comprando móveis e pintando paredes.
   - De que tamanho é a família? Qual a idade de cada membro?
   - Por quanto tempo cada um viverá na casa com você?
   - Quanto tempo você pretende permanecer na casa?
   - Com que frequência cada porta de entrada é usada?
   - Onde cada um dorme?
   - Quantas pessoas usam cada banheiro?
   - Para onde os indivíduos vão quando querem ficar sozinhos?
   - Onde os alimentos são consumidos? Na cozinha? Na sala de jantar? Em frente à TV?
   - Quantos armários para roupas, roupas de cama e casacos há na casa?
   - Há espaço para quantos carros na garagem?

Com as questões a seguir, liste as necessidades específicas de espaço e mobília:

- Onde a família se reúne para atividades de lazer?
- Com que frequência oferece recepções, e qual o seu estilo — bufês casuais ou jantares formais?

☆

MOVIMENTO ESTRATÉGICO

Se for ocupada demais para comprar, não confiar em seus olhos para escolher cores e tecidos, ou não apreciar o processo, trabalhar com um decorador profissional é, provavelmente, uma boa alternativa. Designers cobram por projetos ou por hora. Alguns cobram uma porcentagem dos produtos comprados por eles. Peça referência a amigos, e entreviste alguns candidatos para descobrir que estilo e conduta pessoal a deixam mais confortável. Não contrate pessoas que a façam sentir-se intimidada ou a pressionem a tomar decisões.

- É preciso uma central de mídias, área de serviço, espaço para brincar ou escritório? E quanto a uma oficina, sala de ginástica ou quarto de brinquedos?
- Sua família precisa de espaço para livros, equipamento esportivo, eletrônico ou coleções?
- Quantos equipamentos eletrônicos — TV, CD player, caixas de som, vídeo games — você possui? Com que frequência são usados? Onde são guardados?
- Que tipo de mesa seria útil, ou melhor: mesas de canto, de centro, de cabeceira, de jogos ou para artesanatos e passatempos?

☆

MOVIMENTO ESTRATÉGICO

Antes de comprar móveis estofados, leia o que diz a garantia quanto à estrutura, ao tecido, ao estofamento e acabamento. Descubra como a loja lida com defeitos e outros problemas.

2. *Crie um inventário.* Liste o que possui agora: mobília existente, iluminação, arte e todos os acessórios. Decida o que deseja que permaneça e o que deve ser substituído. Fotografe os itens que manterá para, mais tarde, simplificar a compra de peças que combinem.

Agora, a parte divertida — fazer a lista das peças dos sonhos e dos acessórios que gostaria de acrescentar. Certifique-se de que a lista priorize e determine as compras mais importantes. Esse processo ajuda a garantir que compre itens metodicamente e a minimizar compras feitas de forma impulsiva.

3. *Comece um livro de recursos e ideias.* Compre um álbum ou fichário com divisórias. Use-o para guardar propagandas, recortes de revistas, mostruários de cores e de tecidos. Dê a cada cômodo ou projeto uma seção no álbum. Separe uma página no começo para nomes, telefones e comentários acerca de referências profissionais, artesãos, empresas prestadoras de serviços e dicas de amigos.

Sempre que vir a foto de um cômodo ou de algum móvel de que goste, recorte-a da revista e coloque-a em seu livro. Depois que tiver colecionado 20 ou mais, espalhe-as e procure as similaridades. Pode ser que encontre traços orientais em muitas das fotos de ambientes de que gostou. Ou talvez tenha reunido recortes de mobílias provençais francesas, ou perceba que paredes amarelo-manteiga estão sempre presentes. Prossiga adicionando coisas de que gosta em seu livro, e periodicamente retire os itens que não mais a interessarem. O resultado será seu guia pessoal de estilo.

4. *Crie o envelope de decoração do cômodo.* Coloque amostras de todos os materiais existentes, separando um envelope grande para cada cômodo. Inclua cortinas e tecidos para estofados. Se não puder coletar uma pequena amostra do carpete, compre um carretel de linha de um tom que se aproxime da cor ou tire uma foto. Certifique-se de incluir as fotos da categoria "manter" em seu envelope correspondente. Atrás de cada foto, registre as dimensões das peças. Na hora de comprar, leve consigo os envelopes.

5. *Compre ampla e sabiamente.* Com os envelopes de decoração em mãos, visite lojas de móveis, decoração e tecidos, bem como lojas de seminovos, leilões locais e online, e mercados de pulga. Perceba aquilo de que gosta e o preço de tudo para planejar o orçamento. Se a casa em que estiver agora não for aquela em que deseja viver para sempre, invista apenas em móveis que possam ser levados consigo. Procure móveis e tecidos que funcionem em qualquer lugar — prefira cores neutras e fuja dos modismos. Outra forma de assegurar-se de que as novas aquisições funcionarão nas casas futuras é decorar usando cores das quais tem gostado solidamente através dos anos.

6. *Faça o teste dos 200 reais.* Antes de fazer uma compra acima de 200 reais, sempre pergunte a si mesma por quanto tempo imagina manter o item. Se a resposta for menos de três ou quatro anos, não compre. Seja paciente. Por mais dolorosa que seja a espera, valerá a pena. Produtos novos sempre chegam ao mercado e seu gosto pode mudar. Na próxima loja ou catálogo pode ser que encontre uma luminária de que gostou mais. Quando possível, compre produtos usados. Móveis custam caro, e conseguir algo de que gosta muito por menos causa uma sensação incrível.

Dicas de Decoração de Profissionais

Arrumando um Cômodo

- Antes de decidir onde dispor a mobília, determine o ponto central do ambiente — uma mobília alta, uma estante de livros ou janelas com uma bela vista — e planeje a disposição a partir disso.
- Se o cômodo que estiver decorando for pequeno, não caia na tentação de usar móveis em pequena escala para acomodar mais peças no cômodo. Ele aparentará estar bagunçado. Em vez disso, use poucas peças de tamanho normal.
- Não lote um ambiente com muitos móveis. Deixe o lugar "respirar", especialmente nos cantos.

- Em cômodos com o teto baixo, um carpete ou piso de cores mais escuras que a das paredes fará com que o ambiente pareça maior.
- Acrescente calor à cozinha usando o máximo possível de materiais orgânicos: madeira, pedra, cortiça, cestas de palha, potes de argila.
- Papel de parede com listras verticais fará qualquer cômodo aparentar possuir paredes mais altas.

Seleção da Mobília

- Para que o ambiente não pareça tão "pernudo", ache o equilíbrio entre os móveis estofados e os que deixem as pernas de fora.
- O sofá é uma das peças mais importantes a comprar. Se o cômodo for grande, um sofá de três lugares de 2,15m é ideal.
- Cada cadeira e sofá requer uma mesa ou superfície plana correspondente para livros, revistas, bebidas e alimentos.
- Disponha a mesa de centro a 45cm à frente do sofá, e deixe outros 45cm entre as costas do sofá e outra mobília para criar ampla área de circulação.
- Evite mesas de centro de vidro ou com pontas afiadas se tiver crianças pequenas, um marido desastrado ou familiares idosos morando com você ou visitando-a com frequência.
- Mesas de canto não precisam combinar, mas devem ter a altura aproximada — entre 66 e 76cm. Três centímetros de diferença na altura das mesas não são perceptíveis.
- Um banco na cozinha promoverá conversas lá. A altura padrão para bancos é entre 60 e 76cm. Escolha a altura que funcione melhor para você.

Tratamento das Janelas

- Quase todas as janelas parecem melhor acabadas com algum tipo de película, cortina ou painel.
- Belos panos de prato e lençóis podem ser transformados em adoráveis cortinas para cozinhas e quartos.
- Para janelas de quarto em cômodos ensolarados, pense em blecautes por trás das cortinas para dormir sem perturbação.
- Dosséis sobre as cortinas, feitos do mesmo tecido, criam um acabamento formal para as janelas.
- Rendas, fustão e varas são meios relativamente baratos de vestir as janelas.
- Cortinas com listras horizontais, que vão até o chão, fazem com que o teto pareça mais baixo, e o cômodo, maior.

Tipos e usos da iluminação

Há basicamente três tipos de iluminação: geral, funcional e decorativa. Um bom plano de iluminação incorpora os três tipos e leva em conta a função e o estilo de cada um. Eis um breve guia sobre como usar a iluminação.

- A iluminação geral substitui a luz do sol e provê claridade para que você caminhe seguramente pela casa. Pode ser instalada no teto ou nas paredes, candelabros, embutida ou em trilhos.
- A iluminação funcional provê claridade para ler, trabalhar ou pagar contas no computador. Esta iluminação deve ser livre de reflexos e sombras, e claras o suficiente para prevenir o cansaço dos olhos. Alguns exemplos são lâmpadas pendentes, abajures, luminárias para mesa e trilhos para lâmpadas.
- A iluminação decorativa provê visual interessante ou foco dramático, e acrescenta ânimo e personalidade ao ambiente. Este tipo de iluminação pode focar plantas e obras de arte, ou ressaltar a textura de uma parede ou cortina. Os exemplos são focos, lâmpadas instaladas no piso, sob prateleiras e lanternas baixas no assoalho, que iluminem o teto.
- Na sala de estar, arranje a iluminação de forma que cada área de assento fique clara o bastante para leitura.
- Você pode conseguir um brilho quente na sala de jantar ou corredor usando luminárias de parede.
- Bocais para três lâmpadas e lustres opacos dão-lhe opções fáceis de mudar. Com um clique, uma iluminada sala de estar pode converter-se num lugar convidativo para um café e uma conversa.
- Lâmpadas coloridas podem ser usadas para criar tipos diferentes de luz. Lâmpadas incandescentes lançam um amarelo caloroso, enquanto as de luz branca emprestam um ligeiro tom cinza. Refletores mostram as cores verdadeiras. Lâmpadas rosadas lançam iluminação mais suave que as tradicionais brancas.

Espelhos e painéis de parede

- Pendure um espelho entre duas janelas para acrescentar luz e espaço a um cômodo. Se fixado ao final de um corredor, o espelho dará a ilusão de que o espaço continua.
- Disponha uma pintura favorita ou espelho no hall de entrada para que todos desfrutem deles ao ir e vir. Certifique-se de fixar bem o quadro ou espelho para que permaneçam estáveis mesmo quando a porta bater.
- Antes de pendurar um espelho, cheque o que ele refletirá. Você não apreciará ver o interior de banheiros, a garagem do vizinho ou um canto escuro da sala de estar.

- Um espelho da bancada até o teto fará o banheiro parecer maior.
- Disponha os quadros na altura dos olhos. Um bom parâmetro é 1,50m do chão ao centro da pintura.

Tapeçaria

- Use um tapete colorido, como um capacho de boas-vindas, na porta de entrada. Certifique-se de que o fundo seja de uma cor média, que não aparente sujeira.
- Compre o carpete mais caro que puder para as áreas de maior tráfego, como as escadas, corredores e salas de estar. Carpetes baratos gastam-se rapidamente, e por terem de ser substituídos com maior frequência, acabam saindo mais caro que as opções de maior preço.

BOM SABER
Latas de tinta que não foram abertas podem ser devolvidas à loja, a não ser que estivessem em promoção.

- Carpetes mais baratos são aceitáveis em banheiros, desde que sejam pouco usados. Com cuidado e limpeza regulares, carpetes e tapetes podem durar até dez anos.
- Tapetes grandes e carpetes orientais aquecem imediatamente um cômodo, mas fundos escuros fazem o ambiente parecer menor.
- O tapete de algodão indiano acrescentará cor ao corredor ou ao aposento pequeno.
- Carpetes de fibras naturais, como sisal, juta e fibra de coco, possuem textura áspera, portanto devem ser usados somente em aposentos onde as pessoas provavelmente não andarão descalças. Se tiver crianças pequenas, evite tapetes de sisal. As fibras naturais irritam os pezinhos, além de serem difíceis de limpar.

Pintura

Um galão de tinta geralmente cobre 1,20 metros quadrados. Para calcular a quantia de galões necessários, multiplique o comprimento total das paredes pela altura do teto. Por exemplo, se tiver um cômodo de 3,60 x 3,60 (14.6m de paredes) com 2,4m de altura do teto, você tem 14,6m x 2,4m ou 1,17m quadrados de área a pintar. Então, deve comprar um galão. Considerando que há portas e janelas no cômodo, e que conseguirá o resultado desejado com uma demão, haverá uma pequena sobra para futuros retoques. É sempre bom guardar uma sobra de pelo menos meio litro para retocar.

Geralmente, é melhor usar nas paredes uma tinta fosca, mas a semibrilho deve ser aplicada nas áreas que costumam sujar. Você pode lavar paredes pintadas com tinta semibrilho, mas a desvantagem dela é que aparenta as falhas da parede. Use esmalte em portas, madeiras e molduras de janelas.

Selecionando uma cor

Muitas lojas de tinta e grandes lojas de material de construção possuem sistemas de combinação de cores sofisticados. Se deseja combinar com alguma cor que já possua, pegue uma amostra. Se a tinta que deseja combinar estiver numa lata, pode pintar um pequeno pedaço de papel cartão branco, deixar secar e levá-lo à loja.

Se estiver selecionando uma cor nova, certifique-se de levar para casa amostras de todas as nuances da cor que lhe chamou a atenção na loja. A iluminação da sua casa pode fazer grande diferença na aparência da cor. Ponha a amostra sobre a superfície que será pintada e observe-a lá. Então, decida.

Embora algumas marcas de tinta garantam uma cobertura perfeita na primeira demão, você invariavelmente precisará de camadas adicionais se estiver aplicando tons mais escuros ou mudando de cor — claras para escuras ou escuras para claras. Se tiver dúvida, peça ajuda na loja de tintas.

BOM SABER

Pinturas secam melhor quando a temperatura está entre 30 e 35 graus. Se houver possibilidade de chuva ou se o clima estiver realmente úmido, espere o tempo melhorar.

Dicas de pintores profissionais

- Comece tirando os móveis das paredes e cobrindo o chão e a mobília com lençóis ou lona plástica barata. Proteja as janelas e os batentes com jornal.
- Retire todos os equipamentos e espelhos de tomadas; não tente pintar ao redor deles. Recoloque-os quando a pintura estiver completamente seca.
- Prepare as paredes antes de começar. Repare os furos de parafusos com massa corrida, usando uma espátula para encher o buraco e remover o excesso. Preencha todas as rachaduras com calafetagem acrílica. Use o menos possível, então alise e remova o excesso com o dedo.
- Se for usar mais de um galão de tinta no mesmo cômodo, misture todos num balde de cinco galões (disponíveis na loja de tintas). Apesar da sofisticação no preparo das tintas, uma lata pode variar levemente da outra. Misturando-as, você elimina variações nos tons.

- Primeiramente pinte o teto, e então, as paredes. Depois, pinte os detalhes: molduras, janelas, portas. Por último, pinte os rodapés.
- Usando uma brocha de 7 a 10cm, comece pintando as quinas do teto ou paredes e ao redor nas molduras de portas e janelas. Então, use um rolo para completar o trabalho.
- Considere usar um balde de cinco galões e uma grade para tintas em vez de bandeja para rolos. Isso facilita muito o trabalho.
- Ao usar uma brocha, pinte a partir de uma pequena lata de tinta, e não com o balde. Pegue a quantia que julga ser necessária para as próximas horas — cerca de 5 cm — e feche a lata de tinta.
- Sempre tampe a lata de tinta após pegar a quantia necessária, para evitar que ela resseque, e também uma grande bagunça caso a lata vire.
- Mesmo que grandes avanços tenham sido feitos em esmaltes à base de água, nada supera a aparência e durabilidade dos esmaltes à base de óleo para os detalhes.
- Ao repintar, nunca aplique esmalte de látex a base de óleo. Ele não aderirá adequadamente e poderá descascar prematuramente.
- Bons pincéis produzem resultados superiores, especialmente na pintura de detalhes. Para não ter de limpar um pincel usado em tinta óleo todos os dias, pode embrulhá-lo em papel alumínio ou usar um saco plástico para fechá-lo, e colocá-lo no freezer até que volte a pintar (mas apenas por alguns dias).
- Mergulhe a ponta do pincel na tinta cerca de 2,5cm e retire o excesso na borda da lata.
- Quando fizer uma pausa, deixe o pincel na tinta para evitar que resseque.
- Quando chegar a hora de limpar os pincéis, faça-o completamente. Se estiver usando tinta óleo, certifique-se de estar num local ventilado e livre de chamas. Pendure os trapos ou estopas para secar, em vez de jogá-los num recipiente onde haveria risco de incêndio. Limpe as cerdas dos pincéis com uma escova de arame macia, e deixe secar. Quando estiverem secos, guarde-os deitados para que as cerdas não amassem e fiquem danificadas.

BOM SABER

Se agendou a visita de um técnico para ir à sua casa num fim de semana ou à noite, provavelmente terá de pagar mais. Além disso, se o técnico começar o reparo e não terminar até as 17 horas, talvez precise pagar taxa extra. Pergunte sobre os preços praticados nos fins de semana e as taxas por hora adicional ao ligar para agendar o serviço.

Gripe ou Envenenamento por Monóxido de Carbono?

Sintomas de envenenamento por monóxido de carbono são semelhantes aos da influenza, por isso é fácil errar o diagnóstico. Veja que a maior incidência de envenenamento por monóxido de carbono ocorre durante a época das gripes — também a estação mais quente.

Se percebe os sintomas a seguir, e eles desaparecem quando você sai de casa, suspeite de envenenamento por monóxido de carbono.

- dor de cabeça
- vertigem ou fraqueza
- lábios brilhantes e vermelhos
- respiração curta
- pele corada
- náusea ou vômito

Manutenção Geral

Erros comuns (e às vezes fatais) na manutenção do lar

Embora não possamos sempre prever ou prevenir emergências repentinas, saber o que fazer e o que não fazer em certas situações pode ajudar a não piorar um acontecimento ruim. Aqui temos 23 desastres domésticos comuns e o que fazer a respeito.

1. *Falha quanto à eletricidade.* Certifique-se de haver desligado o disjuntor ou removido o fusível certo antes de tentar efetuar reparos elétricos. Não sobrecarregue os circuitos. Disjuntores que desarmam frequentemente são um sinal de sobrecarga ou de outros problemas; lâmpadas tremeluzentes podem indicar um problema e um risco de incêndio. Nestes casos, chame um eletricista.
2. *Falha na manutenção anual do sistema de aquecedores.* Monóxido de carbono é um gás inodoro liberado quando algo queima. Mesmo em pequenas quantidades pode causar dores de cabeça e doenças, e se o volume aumentar, o monóxido de carbono pode tornar-se fatal. O seu sistema de aquecedores tem sido checado anualmente por um profissional antes da estação fria, e os detectores de monóxido de carbono estão instalados em locais estratégicos da casa, incluindo os quartos? E mais: os detectores não devem ser instalados a menos de 30 centímetros do teto ou das interseções de paredes, onde há pouca ou nenhuma circulação de ar.

3. *Falha na checagem do radônio.* O radônio é uma substância incolor e inodora que é a segunda causa do câncer de pulmão nos Estados Unidos. A EPA (Environmental Protection Agency) estima que uma em 15 casas americanas apresente níveis de radônio desfavoráveis à saúde. Kits de teste de radônio estão disponíveis em lojas de materiais para a manutenção do lar a menos de 50 reais. Se o teste indicar que a sua casa possui níveis perigosos de radônio, você deve contatar as autoridades locais para recomendações sobre o que fazer. Cuidar desse problema não costuma ser uma grande despesa.
4. *Falha ao procurar e reparar vazamentos de água.* Mesmo uma pequena quantia de água pingando pode causar grandes prejuízos com o tempo para coisas visíveis como um teto de gesso, armários e assoalho, bem como aos suportes estruturais não aparentes, como a estrutura interna das paredes e do chão. Áreas umedecidas pelo vazamento de água promovem o crescimento de mofo e bolor. Uma conexão da lavadora de louças ou de roupa vazando, o cano de esgoto, o registro de uma torneira, o vaso ou o ralo do chuveiro podem eventualmente custar-lhe centenas de reais em reparos. Umidade também atrai insetos e pestes.
5. *Esperar tempo demais para pintar a casa.* Se vir pequenas rachaduras, madeira exposta ou lascas de tinta descascada pela casa, já passou da hora de pintar. Quanto mais você espera, mais a água penetra nas superfícies de madeira. A água não apenas danifica a madeira com o tempo, mas exacerba as rachaduras e descascados da pintura.
6. *Falha ao preparar as superfícies antes da pintura.* Para que a pintura faça o seu serviço, deve aderir à superfície e selá-la contra a umidade. Antes de pintar, raspe ou lixe toda a tinta velha da superfície. Repare todos os danos e dê a primeira demão de tinta. Não pinte sobre ferrugem ou madeira podre. Nunca sele ou pinte madeira úmida.
7. *Colocar forro de má qualidade sob um carpete novo.* Isso pode reduzir grandemente a vida do carpete. E nunca coloque um forro realmente sujo sob um carpete novo. A sujeira e as manchas podem transferir-se para o carpete, bem como causar odores.
8. *Limpar demasiadamente pias, banheiras e assentos de vaso sanitário.* Esfregar muito com produtos abrasivos danifica o acabamento. Use limpadores não abrasivos.
9. *Contar com garantias duvidosas.* As garantias estendidas são tão boas quanto as empresas que estão por trás delas. Feche apenas com as empresas conhecidas — e leia as letras pequenas.

10. *Falhar ao seguir os procedimentos de manutenção do fabricante.* Não seguir todas as instruções do fabricante anulará a garantia. Cuidado ao tentar reparar um equipamento sozinha. Não apenas pode ser arriscado, mas pode anular a garantia.
11. *Gastar muito em encanamento.* Se tiver uma torneira vazando na cozinha ou banheiro, em vez de comprar uma nova (o que pode ser caro e não combinar com o cômodo e as instalações), leve a válvula da torneira a uma loja especializada. Há chances de que uma arruela de 1 real dê conta do recado. E se não der certo, a loja é capaz de substituir toda a válvula por menos de 20 reais.
12. *Falha ao manter as coisas limpas.* Sujeira e poeira são inimigos geralmente invisíveis, que causam prejuízos e mau funcionamento. Por exemplo, sujeira no carpete enfraquece as fibras. A poeira acumulada na parte de trás do refrigerador sobrecarrega o sistema, encurtando a vida do equipamento. Sujeira é o maior culpado pelos aparelhos que fazem os CDs pular.
13. *Falha ao substituir os filtros do ar-condicionado e do aquecedor.* Esquecer de limpar os filtros permanentes ou substituir os que precisem ser trocados periodicamente reduz a eficiência e, com o tempo, formará uma sujeira de má aparência nas saídas de ventilação.
14. *Não limpar a chaminé.* O acúmulo de creosoto pode ocorrer em qualquer chaminé que use combustível sólido, aumentando o risco de incêndios. Há também o envenenamento em potencial por monóxido de carbono. Limpe a chaminé anualmente na primavera.
15. *Falha ao manter as calhas desobstruídas.* Calhas entupidas podem fazer com que a água vá para onde você não gostaria que fosse, danificando as madeiras e o telhado da casa.
16. *Não retirar galhos de árvore de cima do telhado.* Galhos pendurados no telhado podem eventualmente danificá-lo.
17. *Falha ao preparar-se para temperaturas congelantes.* Uma rachadura de 20cm num encanamento pode fazer escoar mil litros de água num dia, causando um prejuízo de centenas de reais. Uma pequena manutenção pode prevenir isso. Remova e guarde mangueiras, e cubra torneiras e canos que fiquem expostos fora de casa, para protegê-los de temperaturas extremas. Abra as portas dos armários sob as torneiras e permita que tanto as de água quente quanto as de água fria escoem ligeiramente. Feche as passagens de vento da fundação da casa para impedir que os canos abaixo dela congelem. Sele qualquer brecha que permita que o ar frio corra por entre os canos. Se viajar, peça a uma amiga que cheque regularmente a casa, e nunca deixe o termostato abaixo de 12 graus.

18. *Não saber fechar a água da casa.* Apenas para as situações em que o pior acontece, todos da família precisam saber fechar a água. A água de uma pia ou descarga pode ser cortada girando a válvula abaixo do vaso sanitário ou da pia em sentido horário. Também é uma boa ideia comprar uma ferramenta que a auxilie na abertura do registro para poder cortar a saída geral de água da casa.
19. *Falha ao deixar coisas expostas à luz solar direta.* Raios UV não apenas danificam os olhos, mas também coisas dentro de casa. Carpetes e peças de madeira desbotam, e objetos brancos amarelam sob a luz solar direta. Considere instalar películas nas janelas expostas ao sol forte.
20. *Falha na substituição dos drenos da máquina de lavar a cada dois anos.* Isso causa milhões de reais em prejuízos a cada ano. Você pode trocar os drenos velhos por modelos modernos, de boa durabilidade. Mas não deixe de checá-los regularmente, nem de fechar as saídas de água ao sair de férias.
21. *Rejunte incorreto.* Antes de comprar material para rejuntar novamente a banheira, encha-a de água e entre. O peso aumentará a fresta ao redor da banheira, e você poderá aplicar uma quantia suficiente de rejunte. Use um pano molhado ao redor do dedo indicador para alisar o rejunte. Limpe frequentemente o excesso que ficar no pano. Deixe a água na banheira por mais um dia, e então drene.

Manutenção Trimestral

Primeiro trimestre (janeiro, fevereiro e março)

- Planeje qualquer grande projeto de reparo ou reforma. Comece fazendo orçamentos com empreiteiros e agende o serviço. Esta é uma ótima época para pinturas internas e reformas; os pedreiros geralmente estão disponíveis.
- Verifique se há vazamentos nos canos.
- Cheque os rejuntes ao redor de banheiras e boxes.
- Limpe depósitos minerais da lavadora de louças, colocando vinagre branco e fazendo um ciclo completo de lavagem.
- Mãos à obra com a pintura interna.
- Repare rachaduras nas paredes com massa corrida.
- Procure ninhos de vespas e remova-os enquanto os insetos ainda estiverem dormentes.
- Repare, torne a colar ou substitua papéis de parede, se necessário.
- Aspire a poeira da parte de trás do refrigerador. (Isso aumentará sua eficiência em 6%). Anote para não deixar de fazer isso mais três vezes em intervalos regulares este ano.

- Substitua os filtros dos sistemas de aquecedor. (Cheque no manual a frequência com que deve ser feito. Em geral, essa é uma tarefa mensal). Anote no filtro a data da substituição.
- Se tiver um sistema séptico, marque na agenda para tratá-lo mensalmente. Procure em lojas adequadas produtos que facilitem essa tarefa.

Segundo trimestre (abril, maio e junho)

- Inspecione o interior e o exterior da casa em busca de formigas carpinteiras e cupins. Limpe folhas e escombros que estiverem na fundação para evitar que insetos cheguem à estrutura. Chame um exterminador, se preciso.
- Troque os filtros do ar-condicionado agora, e muitas outras vezes durante a estação fria. Se seu filtro for permanente, limpe-o conforme as instruções do fabricante. Se tiver unidades nos cômodos, aspire as espirais atrás das grades das janelas. Um serviço profissional deve ser contratado para sistemas centrais de ar- condicionado.

MOVIMENTO ESTRATÉGICO
Afie tesouras de jardinagem cortando folhas de alumínio.

- Cheque o dreno condensador do ar-condicionado para certificar-se de que esteja limpo.
- Limpe o cortador de grama e as ferramentas de jardinagem.
- Remova qualquer ninho de vespas ao redor de sua casa à tardinha, um pouco antes de escurecer, quando estão menos propensas a atacar.
- Abra as ventilações da fundação se sua casa for como um píer ou cais.
- Vede bem as janelas para evitar contas de luz altas.
- Cheque a nivelação do quintal e do jardim quanto à erosão. Espalhe novo solo se preciso.
- Pode galhos que estejam perto da parte de trás de aquecedores ou de ar- condicionados para que não obstruam a circulação de ar.
- Certifique-se de que as janelas abram suavemente. Dê ao portão da garagem uma ligeira lubrificação com óleo.
- Procure danos nos revestimentos de madeira. Procure manchas de água, rachaduras novas, pinturas descascadas, empenamento e áreas ocas — o que pode significar podridão. Repare se necessário.
- Cheque cercas e plataformas, e repare se preciso.
- Teste os detectores de fumaça.
- Aplique fertilizante de grama com herbicidas para matar ervas daninhas antes que germinem.

Terceiro trimestre (julho, agosto e setembro)

- Substitua anualmente os drenos da máquina de lavar.
- Contrate um profissional para a limpeza dos carpetes, ou compre um removedor de manchas e faça o serviço.
- Limpe e organize a garagem.
- Lave a entrada da garagem e o exterior da casa.
- Leve o torne a impermeabilizar o deque de madeira. Isso remove a sujeira e prolonga a beleza e a durabilidade do deque.
- Apare galhos que estejam muito próximos ao telhado.
- Limpe a saída de ar da secadora de roupas. Com um aspirador, remova fios da saída de ar. Se a saída for flexível, procure por imperfeições e remende qualquer falha com fita adesiva.
- Desenrosque a saída de todas as torneiras, lave-as cuidadosamente e recoloque-as. Isso ajudará com a baixa pressão da água, que geralmente ocorre no verão.
- Rejunte qualquer rachadura ao redor de colunas, portas e janelas.
- Localize qualquer parte oca, rachada ou descascada na pintura exterior da casa. Se descobrir muitas áreas problemáticas, considere repintar todo o exterior.
- Cubra plantas delicadas, preparando-as para temperaturas baixas.
- Cubra o exaustor sobre o telhado.
- Prepare o cortador de grama para o inverno: limpe-o, troque o óleo e drene a gasolina do tanque.
- Vede portas e janelas, ou instale janelas resistentes a tempestades, se preciso.

Quarto trimestre (outubro, novembro e dezembro)

- Substitua os filtros do sistema de aquecedores; agende uma verificação profissional de vazamentos de monóxido de carbono.
- Drene os canos exteriores; guarde os drenos. Cubra as torneiras e canos expostos para protegê-los de temperaturas extremas.
- Varra folhas.
- Construa um depósito de produtos orgânicos para fazer adubo.
- Cheque os extintores de incêndio e detectores de fumaça.
- Limpe folhas e escombros de calhas e das aberturas das janelas do porão.
- Isole qualquer encanamento exposto dentro de casa.
- Verifique a cobertura externa do ar-condicionado para evitar que a unidade enferruje.
- Cheque a rede elétrica. Certifique-se de que o banheiro, a garagem e os circuitos externos estejam protegidos e preparados para longas faltas de energia.

Construindo e Reformando

Quer esteja reformando danos em sua casa, renovando um banheiro ou construindo uma casa nova, a maior decisão que terá de tomar será escolher um empreiteiro. Informe-se bem e peça referências. Aqui, apresento dicas que irão ajudá-la a tomar uma decisão sábia.

- Peça recomendações a amigos. Desconfie de empreiteiros que lhe façam visitas ou telefonemas não solicitados.
- Peça aos empreiteiros recomendados que lhe forneçam uma lista com telefone das últimas pessoas a quem prestaram serviços, para que você possa ligar em busca de referências. Dê uma volta de carro para ver as casas. Se os proprietários estiverem por perto, diga oi e explique que está checando o trabalho de um empreiteiro que lhe foi recomendado. Pergunte se estão satisfeitos com suas casas. Tiveram algum problema? Os problemas foram devidamente resolvidos? Contratariam esta pessoa novamente ou comprariam uma casa feita por este profissional?
- Peça orçamentos de pelo menos três empreiteiros. Não permita que a pressionem a decidir apressadamente, mesmo que um desconto seja oferecido. Perguntas a fazer:

☆

MOVIMENTO ESTRATÉGICO

Antes de reformar ou aumentar sua casa, cheque com um advogado ou na associação de moradores se há algum regulamento a que deverá submeter-se.

Há quanto tempo faz este serviço?
Quanto tempo durará a obra?
Quanto custará, e o que está incluído nesta estimativa?
Quantos ajudantes o acompanharão?
Que materiais serão usados?
Você tem seguro contra negligência profissional para si e seus ajudantes?
Pertence à associação local de construtores (afiliada à Associação Nacional de Construtores de Casas)?
Que instalações elétricas você faz?
Que garantia oferece em seus projetos? (Peça uma cópia por escrito).
Quem levará o entulho embora?

Quem corrigirá os problemas, e para quem devo ligar se algo der errado?

- Lide apenas com profissionais licenciados. Contate a lista de licenciados do seu estado para confirmar a licença do empreiteiro. Cheque se há queixas contra a construtora que pretende contratar.
- Cheque cuidadosamente os contratos. Peça a alguém com experiência em construções que leia o contrato para você. Ele deve incluir:

  uma definição completa do trabalho a ser feito
  uma descrição dos materiais que serão usados, e o seu custo
  o custo da obra
  o nome dos ajudantes
  data de início e de conclusão
  detalhamento financeiro
  cláusulas da garantia
  responsabilidades quanto à limpeza

- Proteja seus investimentos. Não pague nada até que ambas as partes tenham assinado um contrato por escrito. Nunca use dinheiro vivo, nem pague um adiantamento de mais de um terço do valor do contrato. E certifique-se de que está totalmente satisfeito com o trabalho antes de pagar a parcela final.

Construindo a casa dos sonhos

- Comece coletando ideias sobre o que gosta e o que não gosta em casas. Recorte fotos de revistas que exemplifiquem os conceitos — estilos arquitetônicos, equipamentos, instalações, cores — que gostaria de incorporar à sua casa dos sonhos.
- Determine quantos quartos e banheiros quer. O quão grande a sala de estar deverá ser? Você precisa de um escritório, sala de ginástica ou espaço para algum hobby? Precisa de espaço extra para armazenagem? Pense em toda a manutenção que terá de fazer no interior e no exterior.
- Avalie as necessidades da sua propriedade. Precisa fazer muita manutenção? E quanto à localização? Que áreas são convenientes quanto ao transporte, compras, escolas e outros locais de seu interesse?
- Frequente lojas de construção e feiras de decoração. Assim, poderá examinar casas modelo e fazer contato com construtores.
- Lembre-se de que o mais caro nem sempre significa melhor qualidade.

MUDANÇA

Preparando-se para mudar

Seis semanas antes

- Analise ao menos três orçamentos de transportadoras profissionais. Peça recomendações a amigos. Se possível, visite os escritórios das companhias de transporte. Se não tiverem uma equipe prestativa, caminhões limpos e conservados, e recursos adequados de estocagem, elimine-as de sua lista.
- Decida se deixará que a transportadora empacote seus pertences ou se você o fará. Se pagar para embalá-los, ela será responsável por cristais quebrados, móveis lascados, etc. Compare o preço final do serviço incluindo o empacotamento de todos os itens, com o preço do empacotamento apenas parcial. Se decidir fazer sozinha este serviço, use materiais adequados e de boa qualidade.
- Se decidir contratar um seguro total para proteger seus pertences, determine o valor de restituição de tudo o que possuir.
- Tenha uma cópia assinada do orçamento que aceitar. Veja se o preço está garantido, ou se há alguma condição.
- Faça uma lista de checagem de tudo o que precisará ser feito antes e depois da mudança. Comece a juntar caixas.
- Converse com seus filhos sobre a mudança. Deixe que expressem seus medos e expectativas.
- Se ainda não definiu a casa em que ficará, viaje para a cidade destino e comece a procurar. Leve toda a família se puder.

DIVERSÃO PARA AS CRIANÇAS

Minimize a dor pela mudança. Organize uma festa de despedida para seus filhos e os amigos. Deixe que as crianças decorem as caixas com papéis coloridos, pinturas... permita que seus amiguinhos os ajudem a empacotar seus brinquedos e livros.

Quatro semanas antes

- Designe um cômodo em cada andar de sua casa com espaço suficiente para servir como lugar de empacotamento. Mantenha todo o material de embalar — caixas, tesouras, plásticos, fitas e canetas — neste cômodo.
- Empacote primeiramente o que estiver no cômodo de empacotamento; depois, faça um cômodo por vez, começando pelas coisas

que não usará nas próximas semanas. Mesmo se conseguir arrumar apenas três caixas por dia, elas realmente contarão muito com o tempo.

- Elimine tudo o que não quiser levar — e não quiser pagar para ser transportado desnecessariamente. Prepare caixas para doar estes itens ou para uma venda de garagem.
- Ponha sacos de lixo em cada cômodo. Se tiver sempre um por perto, não sentir-se-á tentada a embalar coisas que na verdade deveriam ser jogadas fora.
- Se preciso, prepare o necessário para transferir seus fundos para outro banco e estabelecer crédito na nova cidade.
- Providencie um seguro para a nova casa ou apartamento.
- Prepare a documentação necessária para a transferência escolar de seus filhos.
- Peça aos médicos, dentista, etc., que providenciem a transferência de seus registros e prescrições, ou que preparem uma cópia para que você leve consigo. Certifique-se de que possui os remédios necessários para passar pelo menos a primeira semana na nova cidade.
- Notifique os correios quanto à mudança de endereço.
- Encomende etiquetas com o endereço de sua nova residência. Você poderá deixá-las com seus amigos e contatos de trabalho.
- Contate prestadoras de serviço, seguradoras e qualquer outra empresa com que lide regularmente para informá-las sobre sua mudança.
- Se mudar-se para um novo estado, cheque a carteira de motorista e os seguros requeridos.
- Feche contas em bancos locais.
- Se planeja uma venda de garagem, faça isso agora.
- Use conservas, alimentos congelados e outros itens alimentícios. Compre-os, de agora em diante, em pequenas quantidades.
- Se for de avião à nova cidade, reserve as passagens e acomodações em um hotel.

Duas semanas antes

- Providencie a instalação de equipamentos em sua nova casa.
- Faça visitas de despedida em família a parques e outros lugares favoritos.
- Ofereça uma festa informal de despedida. Faça tudo de forma simples para que realmente possa passar o tempo com os amigos.
- Deixe que seus filhos vejam com frequência os amigos.
- Se for dirigir até a nova cidade, faça a revisão do carro.

- Leve os animais ao veterinário. Certifique-se de que a identidade do animal e demais informações sobre ele estejam devidamente fixadas em sua coleira. Se o animal for transportado de avião, peça ao veterinário a documentação exigida pela companhia aérea.
- Devolva qualquer item que tenha pegado emprestado com amigos, e os livros, à biblioteca. Recolha objetos pessoais guardados em armários de academias de ginástica, clubes ou escolas.
- Contrate um serviço de limpeza para que a casa nova esteja em ordem antes da sua chegada.

Três dias antes

- Faça maletas com roupas e itens pessoais de que irá precisar em seu primeiro dia na nova casa.
- Numa caixa especial, coloque os itens necessários nas primeiras horas na casa nova — sabonete, papel higiênico, toalhas, pratos descartáveis, utensílios plásticos, café, panelas, lençóis, travesseiros, etc. Marque esta caixa com os dizeres: "Descarregar Primeiro".
- Marque as caixas que não devem ir no caminhão.
- Se não combinou com a transportadora, retire prateleiras, antenas de TV e qualquer outro item instalado que deverá levar consigo. (Certifique-se de não levar embora itens que o comprador da casa espera encontrar nela, segundo o contrato de compra).

MOVIMENTO ESTRATÉGICO

Dê à professora de seus filhos seu novo endereço, selos e envelopes para que os amiguinhos de classe possam escrever-lhes quando se mudarem.

- Prepare kits com atividades para as crianças durante o trajeto de carro ou avião, e ao chegarem à casa nova. Inclua o bicho de pelúcia favorito ou cobertor, lanchinhos saudáveis e lenços umedecidos.
- Contrate o serviço de uma babá para o dia da mudança. Veja se algum amigo ou parente pode levar as crianças menores a algum lugar durante parte do dia.
- Providencie cheques de viagem e dinheiro.
- Certifique-se de que as gavetas não contenham qualquer produto derramável ou quebrável.
- Descarte tudo o que for inflamável. Muitas cidades possuem um local apropriado para o descarte de produtos inflamáveis em centros de reciclagem. (Informe-se no site do governo de sua cidade).

- Esvazie a geladeira e o freezer pelo menos 24 horas antes da mudança.
- Providencie acomodações para a noite anterior à mudança: em casa, com tudo empacotado, com amigos ou parentes, ou num hotel.
- Reúna um pequeno kit de ferramentas. Você precisará dele muitas vezes ao desembalar a mudança.
- Verifique o horário de chegada da transportadora. Confirme a reserva do caminhão.

Um dia antes

- Prepare-se para a chegada dos empacotadores. Esteja por perto para que possam fazer-lhe perguntas.
- Se estiver embalando sozinha, termine tudo até a chegada do caminhão. Embalar pratos e outros itens de última hora consumirá a maior parte do dia.
- Termine de empacotar pertences pessoais. Deixe de fora um despertador.
- Planeje um café da manhã simples para o dia seguinte.

Dia da mudança

- Esteja disponível para responder as perguntas dos empregados da transportadora e assinar formulários. Certifique-se de que tudo tenha entrado no caminhão e que o motorista tenha o endereço de entrega.
- Quando o caminhão houver sido carregado, empacote o telefone e os demais itens de última hora.
- Dê a última conferida. As janelas foram fechadas? Algo foi deixado para trás? A fornalha e as luzes foram desligadas? Você providenciou a desconexão de equipamentos? Deixe uma nota para os novos residentes, junto com cópias das chaves, seu novo endereço e número telefônico.

Dicas para Embalar e Desembalar

- Identifique as caixas segundo a importância de seus conteúdos:
  1 = essencial
  2 = necessário, mas não essencial
  3 = baixa prioridade
- Papel de jornal solta tinta; experimente embalar objetos em papéis lisos, disponíveis em empresas de transporte.
- Considere identificar as caixas com adesivos que representem um código de cor, para saber a que cômodo os objetos da caixa pertencem. Faça uma lista do que cada cor representa.

- Pequenos sacos plásticos são bons para guardar parafusos, ganchos e outras pecinhas. Prenda-os seguramente com fita adesiva no interior de gavetas para que possa encontrá-los facilmente na nova casa.
- Não sobrecarregue as caixas; tente não deixá-las com mais de 25 quilos. Usar diversas caixas pequenas e poucas grandes ajuda.
- Sempre que possível, embale itens como TV, DVD player e computador em suas caixas originais.
- Não tenha medo de identificar bem as caixas para não ter de movê-las a fim de saber seu conteúdo.
- Utilize um dispenser apropriado para a fita adesiva, para facilitar sua tarefa de empacotar. Ao selar uma caixa, certifique-se de que a fita chegue até a metade dela, em ambos os lados.
- Ponha uma camada de papel amassado no fundo de cada caixa, com mais amortecimento no meio e no topo.
- Não empacote objetos quebráveis com itens pesados.
- Escreva "Frágil" nas caixas que contiverem itens delicados.
- Se alguma caixa não puder ser virada, escreva claramente do lado de fora: "Este Lado para Cima", e desenhe setas.
- Já na nova moradia, não permita que ninguém escolha aleatoriamente caixas para desembalar. Planeje quem comandará qual cômodo, e estabeleça regras, como: Esvazie completamente uma caixa antes de abrir a próxima.
- Monte os móveis antes de abrir as caixas.
- Ordene primeiramente a cozinha, os banheiros e os quartos; você precisará destes cômodos durante o processo de desempacotamento.

SEGURANÇA

Emergências Domésticas

Não podemos prever emergências repentinas, mas um bom preparo e saber o que fazer pode evitar que uma situação ruim piore.

Incêndio no fogão. Nunca jogue água sobre o fogo. Se o fogo for o pequeno bastante, desligue a boca do fogão e abafe as chamas com uma tampa ou toalha úmida. Bicarbonato de sódio também extinguirá a chama, por isso mantenha-o por perto. Guarde um extintor de incêndio (químico ou de espuma, e não à base de água) na cozinha, onde possa ser facilmente alcançado — não no armário acima do fogão em chamas. (Cheque os extintores regularmente, seguindo as instruções do fabricante, para ter certeza de que as mangueiras não estejam entupidas e a pressão seja suficiente). Fique a dois metros de distância das chamas ao usar o extintor.

Incêndio elétrico. Desconecte o aparelho e use um extintor de incêndio (químico ou de espuma, e não à base de água) para extinguir as chamas. Ou abafe o equipamento com um cobertor pesado, ou tapete. Nunca jogue água sobre um aparelho em chamas.

Vaso sanitário transbordando de água. Feche o registro sob o vaso. Retire metade da água com um caneco e um balde. Use um desentupidor para desobstruir o vaso. (Passe vaselina na borracha do desentupidor para estabilizar sua posição no dreno do vaso, então o posicione no dreno e pressione-o subindo e descendo). Se o desentupidor não funcionar, use o *toilet auger* (ferramenta longa e flexível, também conhecida como cobra) para empurrar o bloqueio. Muitas empresas que alugam ferramentas cobram o aluguel do *toilet auger* por hora.

Cano estourado. Feche o registro de água (abaixo da pia) ou o registro geral, geralmente localizado no porão, em algum local oculto ou perto do medidor de água. (Descubra onde ele fica antes que ocorra alguma emergência). Chame um encanador. Desligue o aquecedor de água para evitar um superaquecimento e rachaduras. Se possível, sele a abertura no cano com um pano ou fita adesiva. Mantenha um balde sob o cano. Feche as portas do cômodo onde o cano estourou e disponha toalhas sob as portas para impedir que a água vá para o resto da casa. Se o emboço do teto estiver caindo, remova móveis e tapetes e coloque baldes sob a área. Perfure a saliência para deixar que a água acumulada escoe. Isso limitará o prejuízo a apenas uma área.

Cano de água congelado. Quando, numa temperatura congelante, você abrir uma torneira e ela apenas pingar ou nem isso, é porque se formou gelo dentro do cano. Desligue o registro geral. Aplique calor ao cano congelado com um secador de cabelo ou uma lâmpada de calor, da torneira rumo à área congelada. Mantenha a torneira aberta para liberar a pressão do descongelamento da água. Torne a ligar o registro geral.

Porão inundado. Nunca pise na água acumulada no porão. Mesmo que possa ver que não há tomadas submersas, pode haver se esquecido de alguma oculta sob a água. Primeiramente, ligue para a empresa de energia elétrica e de gás, e peça que cortem o fornecimento da sua casa. Retire a água com baldes e termine o serviço com panos. Se o volume de água for muito grande, alugue uma bomba. Quando a água for escoada, posicione ventiladores para terminar de secá-la.

Mantenha os Ralos Limpos e Desobstruídos

Evite o desprazer de ralos entupidos:

- Derrame semanalmente água fervente pelos ralos.
- Limpe os ralos das pias todo mês. Ponha meio copo de bicarbonato de sódio no ralo, seguido de um copo de vinagre. Deixe agir por alguns minutos, e despeje água quente. Isso também evitará o mau cheiro nos ralos.
- Coloque uma peneirinha de ralo na pia para evitar que grandes restos de comida desçam para os canos.
- Nunca jogue pó de café e gordura nos ralos.

Dreno da máquina de lavar quebrado. Desligue a torneira conectada ao cano da máquina de lavar, atrás de equipamento. (Cuidado com qualquer aparelho elétrico que esteja na água).

Remova móveis e tapetes que possam ser danificados. Seque a água. Se a água houver escoado para cômodos acarpetados, pressione os carpetes para absorver a água e termine de secá-los com um ventilador. Substitua o cano da máquina de lavar.

Pia entupida. Retire a água com um balde ou caneco. Ferva uma panela grande de água e derrame-a no ralo da pia. Se isso falhar, posicione um desentupidor sobre o ralo e pressione-o três vezes. Repita se necessário. Se o bloqueio estiver no sifão, posicione um balde sob ele e desconecte-o. Cuidadosamente empurre um arame por dentro do sifão até remover o entupimento. Se isso não funcionar, tente uma ferramenta profissional apropriada.

Vazamento de água quente. Feche o registro de água quente. Se não houver um, ou você não conseguir localizá-lo, feche o registro principal da casa. Desligue o suprimento de gás ou eletricidade destinado ao aquecimento da água, e chame um encanador.

Triturador de alimentos entupido. Aperte o botão reset no fundo da unidade. Se isso não der certo, desligue a energia do aparelho. Então, use uma colher de pau ou cabo de vassoura para mover as lâminas para trás e para frente, para deslocar o objeto. Nunca coloque a mão dentro do aparelho.

Vazamento de gás. Apague todos os fogos, cigarros e qualquer outra chama, e abra quantas janelas puder. Se sentir forte cheiro de gás, tire imediatamente todos de casa. Ligue, da casa de um visinho, para a companhia de gás. Corte o suprimento de gás da casa na válvula localizada atrás do medidor de gás. Se o cheiro diminuir, cheque as chamas piloto para ver se alguma apagou. Se isso houver acontecido, espere o cheiro de gás passar, e então religue o gás. Se não conseguir achar a origem do cheiro, chame o serviço de emergência.

Falta de energia. Cheque se a energia da vizinhança acabou. Se apenas a sua casa estiver sem luz, desligue o disjuntor principal na caixa de luz, e então torne a ligá-lo. (A caixa de luz, ou de distribuição, fica geralmente na área de serviço). Se o quadro de energia possuir fusíveis de vidro, retire o fusível principal do painel. Talvez seja preciso substituir. Nunca encoste no painel se o chão ao redor estiver molhado, ou suas mãos, úmidas. Retire da tomada todos os aparelhos elétricos; seus circuitos podem sobrecarregar-se com o restabelecimento repentino do fluxo de energia. Torne a ligar os aparelhos e a acender as luzes, um por vez.

Sem linha telefônica. Verifique se os vizinhos também estão sem linha telefônica. Se não estiverem, e se a sua casa foi construída após 1982, haverá um local de testes na caixa de onde a sua linha provém. Plugue um telefone nesta saída; se ouvir o som de que há linha, o problema é dentro de sua casa. Cheque seus acessórios — telefones sem fio, secretária eletrônica, modem — para ver se estão funcionando apropriadamente. Se o telefone funcionar sem que o acessório esteja plugado à linha, o problema provavelmente é com o acessório. Se isso não funcionar, será preciso marcar uma visita com um técnico da operadora de telefone.

Perda de calor. Para o aquecimento a gás, verifique se a chama piloto está acesa. Se não estiver, acenda-a seguindo as instruções do fabricante. Para aquecedores elétricos, procure fusíveis queimados ou disjuntores desarmados. Chame um técnico, se preciso. Para manter a casa o mais aquecida possível, feche todas as portas e cortinas, exceto as das janelas que recebem luz solar direta.

Prepare-se para Desastres

Desastres naturais — furacões, inundações, incêndios naturais, tornados, terremotos — ocorrem repentinamente. Tomar com antecedência as medidas necessárias pode fazer, para a sua família, a diferença entre viver ou morrer.

- Duas vezes ao ano, estabeleça o Dia da Segurança no Lar. Troque as baterias dos detectores de fumaça e cheque se os extintores de incêndio e lanternas estão em ordem.
- Faça um inventário de todos os seus bens e mantenha uma cópia em um lugar seguro fora de casa. Tire fotos dos itens mais valiosos.
- Certifique-se de que cada adulto, adolescente ou criança mais velha saiba desligar a água, o gás e a eletricidade nos registros gerais.
- Mantenha os seguintes telefones de emergência à mão para o caso de uma crise:

  serviços de emergência (bombeiros, polícia e ambulância)
  hospital mais próximo
  médico, dentista e farmacêutico
  serviço especializado em envenenamento tóxico
  números de emergência das companhias de gás, eletricidade e água
  vizinhos
  parentes próximos
  taxi
  veterinário
  seguradoras

☆

MOVIMENTO ESTRATÉGICO

Compre e instale estes produtos:

- ***detectores de fumaça e baterias (ao menos um detector para cada nível da casa)***
- ***detectores de monóxido de carbono***
- ***extintores de incêndio***
- ***escadas de incêndio***
- ***cofre à prova de fogo***
- ***protetores de tomada***
- ***grades para a lareira***

- Informe-se com a Defesa Civil a respeito dos desastres para os quais deve preparar-se em sua região. Ela dispõe de folhetos informativos para enviar-lhe? Pergunte como pode preparar-se para uma emergência e aprenda a rota de evacuação da sua cidade. Pergunte sobre assistência especial para idosos ou pessoas fisicamente incapazes.
- Discuta com seu cônjuge e filhos as formas de reagir a vários desastres — incêndio, temperaturas extremas e outras emergências.
- Identifique os lugares mais seguros em sua casa em caso de tornados ou terremotos.
- Instrua os membros da família a ligar o rádio para obter instruções de emergência. Certifique-se de manter pilhas em um ou mais rádios.

- Esboce rotas de escape para cada cômodo de sua casa.
- Marque dois pontos de encontro: um próximo à sua residência, para um caso de incêndio, e fora da vizinhança, no caso de não poder voltar para casa após um desastre.
- Treine evacuações de emergência com todos os membros da família.
- Designe um número fora do estado e outro telefone local de amigos ou parentes para que os membros da família liguem se estiverem separados por algum desastre.
- Aprenda primeiros socorros e manobras de ressuscitação cardiopulmonar.
- Mantenha recordações familiares em um cofre à prova de água e de fogo.
- Disponha os números dos telefones de emergência próximo aos telefones.
- Ensine as crianças como e quando usar o 190.

AVISO!
Velas são as responsáveis por cerca de 23.600 incêndios residenciais nos Estados Unidos a cada ano.

Plano de comunicação para emergências familiares

Desenvolva um plano familiar no qual as responsabilidades sejam divididas e vocês trabalhem como um time.

- Preencha e tenha consigo a ficha do Plano de Emergência Familiar, disponível online no seguinte endereço: www.ready.gov.kids/_downloads/familyplan.pdf.
- Fixe números de emergência em cada telefone.
- Determine um ponto de encontro se estiver separada de sua família.
- Tenha um contato fora do estado. Ligue para esta pessoa após uma emergência para informar como e onde está.
- Conheça os planos de emergência de seu local de trabalho, da escola ou creche de seus filhos.
- Saiba de todos os medicamentos usados pelos membros da família.

Preparo

- Compreenda os sinais de advertência de sua comunidade (que som fazem, o que significam e que ações você deve tomar quando forem ativados).
- Tenha lanternas em bom estado em cada andar, e saiba onde encontrá-las.
- Prepare um kit de suprimentos de emergência para a sua família (veja página 115).

- Tenha um plano para cuidar dos animais de estimação. Animais não são permitidos em abrigos de emergência.
- Tenha à mão as necessidades especiais de sua família e informações do seguro saúde.
- Aprenda os primeiros socorros básicos. Aulas são oferecidas por várias organizações comunitárias.

⚠

AVISO!
Como resultado de incêndios, a cada ano cerca de 4.000 pessoas morrem, e o prejuízo com a perda de propriedades excede 4 bilhões de dólares.

Prática

- Teste o conhecimento de seus filhos sobre o plano emergencial a cada seis meses.
- Conduza treinos de evacuação de emergência.
- Substitua o estoque de água a cada três meses, e de alimentos, a cada seis.
- Instale detectores de fumaça pela casa e troque regularmente as baterias.

Kit de suprimentos de emergência

Uma emergência pode limitar seu acesso a alimentos, água, aquecimento e outras necessidades. Mantenha um estoque de suprimentos emergenciais à mão, que durará por pelo menos três dias. Substitua os suprimentos emergenciais de água e alimento quando chegarem as datas de validade. Quando ajustar os relógios para o horário de verão a cada ano, atualize seu kit, que deverá incluir o seguinte:

- lanternas e rádio a pilha, com pilhas extras.
- água potável (3,5 litros para cada pessoa a cada dia)
- alimentos enlatados ou embalados, que não necessitem de refrigeração nem de cozimento (três refeições por pessoa)
- pratos e talheres plásticos
- abridor de latas não elétrico e um canivete
- toalhas de papel, papel higiênico, sabão, detergente, água sanitária
- plásticos e fita adesiva para improvisar um abrigo
- cobertor ou saco de dormir para cada membro da família
- muda de roupas e um par de sapatos para cada familiar
- ferramentas básicas (chave inglesa, martelo, chave de fenda e tesoura)
- sinalizador luminoso, fósforos, apitos

- telefone celular e baterias extras
- extintor de incêndios
- cópias da chave do carro
- dinheiro ou cheques de viagem
- números de telefones importantes
- kit e manual de primeiros socorros
- remédios receitados pelo médico e outros medicamentos básicos
- alimentação diferenciada para a necessidade especial de algum membro da família
- fórmula infantil, papinha de bebê, fraldas, lenços umedecidos e mamadeiras
- acessórios da dentadura, óculos extras, lentes de contato e seus acessórios
- sacos plásticos de lixo

Kit emergencial para animais de estimação

- colar de identificação
- informação sobre vacinas
- gaiola ou container de transporte
- coleira
- medicamentos
- jornal
- sacos plásticos de lixo
- registros veterinários (necessários se o seu animal for para um abrigo de animais)

Segurança em Incêndios

De acordo com a Associação Americana de Prevenção a Incêndios, em 2006 alguém morreu num incêndio a cada 162 minutos, e alguém se feriu a cada 32 minutos. Seguindo os passos a seguir, você diminuirá o risco de incêndios em sua casa — ou saberá como agir caso ocorra um.

- Teste mensalmente os detectores de fumaça.
- Cheque regularmente as chamas piloto.
- Limpe a gordura acumulada na cozinha.
- Mantenha os cabos das panelas virados para dentro do fogão.
- Ensine aos seus filhos que o fogo é uma ferramenta, e não um brinquedo.
- Fixe o número dos bombeiros próximo a cada telefone.
- Guarde líquidos inflamáveis em contêineres apropriados, que não sejam de vidro, etiquetados e bem fechados. Mantenha-os longe de

Empecilhos para Arrombadores

Tomar as precauções a seguir protegerá você e sua propriedade.

- Evite os esconderijos óbvios para itens valiosos: sob o colchão, na mesa de cabeceira, em porta-joias, cômodas ou gavetas de roupas íntimas.
- Pense em guardar sua caixa de joias num armário do corredor ou do banheiro (não no armário de remédios). Guarde dinheiro numa caixa que use para materiais de artesanato, como uma sacola de tricô. Guarde joias, dobradas cuidadosamente em folhas de alumínio, no freezer.
- Instale na parede algumas tomadas falsas em lugares da casa que não sejam muito movimentados, e guarde tesouros lá. Também muito útil: livros falsos, latas vazias de produtos de limpeza.

aquecedores, fornalhas, fogões e qualquer aparelho a gás. Certifique-se de que estejam fora do alcance das crianças.

- Assegure-se de que ninguém fume nas camas.
- Mantenha isqueiros e fósforos longe do alcance das crianças.
- Não coloque luvas térmicas, utensílios plásticos ou panos de prato sobre o fogão.
- A área de armazenagem acima do fogão deve estar livre de itens inflamáveis e combustíveis.
- Aquecedores portáteis devem ser operados pelo menos a um metro de mobílias estofadas, cortinas, camas e outros materiais combustíveis.
- Cheque e limpe anualmente a chaminé.
- Planeje uma rota de escape, e outra alternativa. Pratique ambas com sua família.
- Saiba a localização, o tipo e o propósito de seu extintor de incêndio.

AVISO!

Se chegar em casa e perceber que a residência foi arrombada, saia imediatamente. Chame a polícia com um telefone celular ou da casa de um vizinho. Quando a polícia chegar, você poderá entrar na casa e fazer um inventário do que está faltando. Ligue para a seguradora quando tiver uma lista completa do que foi roubado.

- Examine o extintor em busca de qualquer sinal de dano ou falsificação.
- Saiba usar o extintor.
- Certifique-se de que o extintor de sua cozinha seja do tipo ABC.

Deixe sua casa à Prova de Crimes

- Substitua as portas de entrada de sua casa, por portas feitas com materiais fortes, como fibra de vidro, madeira ou aço.
- Instale fechaduras do tipo dead-bolt, que se pode abrir com uma chave do lado de fora e com a maçaneta por dentro, ou uma de dois cilindros, que requer chaves de ambos os lados. A fechadura de dois cilindros será melhor se a porta tiver detalhes de vidro. Um arrombador poderá quebrar o vidro, mas não conseguirá abrir a porta sem a chave.

⚠

AVISO!
Um ladrão invade uma residência nos Estados Unidos a cada 14 segundos, e 38% deles portam armas de fogo.

- Feche todas as portas e janelas todas as noites e sempre que sair de casa. Muitos arrombamentos acontecem durante as horas de trabalho do dia.
- Certifique-se de que as dobradiças de sua porta estejam para o lado de dentro. Pinos de dobradiças são facilmente removidos pelo ladrão com uma chave de fenda.
- Instale um sistema de segurança com sensores em todas as portas, sensores de movimento no quarto principal e sala de estar, e uma sirene alta.
- "Advirta" quanto ao alarme sonoro colando adesivos nas portas e janelas.
- Se não possui um sistema de segurança, experimente unidades movidas à pilha com detectores de movimento e alarmes. Estes podem ser pendurados em maçanetas ou postos sobre mesas.
- Certifique-se de que as portas tenham olho mágico, e use-os antes de abrir para um estranho.
- Se um estranho bater e quiser falar com você, peça-lhe para ver sua identidade antes de abrir.
- Não esconda a chave nos lugares comuns: sob o tapete de entrada, no alto da porta, na caixa de correio, num vaso de plantas. Em vez disso, deixe uma cópia com algum visinho ou parente.
- Proteja sua casa contra arrombamentos. Que locais de entrada desprotegidos você vê?
- Melhor ainda, chame um perito. Muitos departamentos de polícia disponibilizam inspeções de segurança gratuitas para residências.

- Marque seus bens. Existe um programa que identifica os bens, no caso de um roubo. Informe-se com a polícia sobre como contratar este serviço.
- Reúna-se com alguns vizinhos e crie um programa de Vigilância da Vizinhança. Lembre-se de incluir os que residem em apartamentos e condomínios.
- Mantenha árvores e arbustos podados para que o seu quintal seja facilmente visto pelos vizinhos, e não sirvam de cobertura para ladrões. Cuidado com o acesso fácil para o segundo piso através de árvores perto de janelas.
- Plante arbustos com espinhos sob as janelas.
- Se alguém pedir para usar o telefone, faça a ligação para a pessoa, mas não permita que um estranho entre em sua casa.
- Verifique se há trancas nas janelas.

AVISO!
Quando os termômetros sobem, a temperatura no interior dos veículos tornam-se altíssimas. Nunca deixe crianças ou animais dentro do carro.

- Tranque a porta da garagem.
- Quando fizer uma compra, não deixe caixas de eletrodomésticos na calçada. Isso alerta os ladrões quanto suas últimas aquisições. Desmonte as caixas ou dobre-as de forma que não seja possível identificar sua procedência. Se possível, leve-as a um centro de reciclagem.
- Fique de olho em pessoas que venham à sua casa prestar serviços como manutenção e limpeza.
- Se sua porta tiver folhas de vidro, instale ferrolhos nelas.
- Não ponha o endereço de sua casa na bagagem; use um endereço comercial.
- Chame a polícia se perceber qualquer carro ou pessoas suspeitas em sua vizinhança.
- Guarde escadas e ferramentas que arrombadores possam usar para invadir sua residência.
- Fixe uma placa com os dizeres "Cuidado com o Cão", quer tenha ou não um cachorro.
- Deixe as cortinas um pouco abertas; uma casa totalmente fechada indica que está vazia.
- Ensine seus filhos a não contar a estranhos que estão sozinhos em casa; em vez disso, devem dizer que vocês estão ocupados.
- Feche as cortinas à noite.
- Não coloque seu endereço no chaveiro.

Quando deixar a cidade

Deixe suas correspondências nos correios enquanto estiver fora; não permita que uma caixa de correios lotada denuncie sua ausência. Nos Estados Unidos é possível cuidar disso pessoalmente ou on-line, em http://www.usps.com. (O ideal é que você acione este serviço alguns dias antes de deixar a cidade para certificar-se de que já tenha começado quando viajar).

- Suspenda a entrega de jornais enquanto estiver fora, ou peça que alguém os recolha para você.
- Peça a algum vizinho que receba qualquer encomenda que chegar enquanto estiver fora e retirar propagandas que tenham sido deixadas em sua caixa de correio.
- Contrate um adolescente para regar a grama ou remover a neve enquanto estiver fora.
- Antes de sair, programe sua TV, luzes e aparelho de som para que funcionem normalmente, como se você estivesse em casa.
- Deixe um carro na entrada da garagem enquanto estiver fora. Deixe que um amigo use-o ou mude sua posição ocasionalmente para dar a impressão de que há pessoas na casa.

BOM SABER
Veículos americanos de passeio percorrem cerca de 12.000 milhas anualmente, segundo a Agência de Proteção Ambiental

Inventário Doméstico

Para determinar a reposição de bens valiosos de sua residência, seguradoras recomendam criar um inventário em vídeo de seus pertences — cômodo por cômodo — assim, qualquer reivindicação em razão de roubos, incêndios ou inundações é facilmente determinada por meio de um documento visual. Inclua todos os itens que possui — mobília, eletrônicos, joias e roupas. Na dúvida, filme tudo.

- Abra todos os armários, closets e gavetas, e não tenha vergonha de apontar itens especiais ou o valor de determinados objetos. Inclua todos os pertences que estiveram na área de serviço. Focalize objetos pequenos para identificá-los bem. Por último, filme o exterior da casa; inclua a paisagem, decks, galpão de ferramentas e mobília externa.
- Acrescente ao vídeo recibos e avaliações de profissionais quanto ao valor dos itens existentes em sua residência. Filme descrições por escrito, incluindo todas as informações relevantes sobre seus pertences.
- Considere avaliar itens mais caros — joias, casacos de pele, coleções, prataria — para ter prova escrita de seu valor.

- Nunca considere completo o inventário de uma casa. Sempre que comprar algo, filme, preencha os formulários necessários e acrescente-os ao inventário.
- Guarde cópias deste inventário inestimável num cofre seguro, com o agente de seguros ou na casa de um amigo próximo.

MOVIMENTO ESTRATÉGICO

- ***Tenha toalhas umedecidas no carro para limpar respingos e remover marcas de dedo.***
- ***Ao final do dia, tire tudo do carro. Peça aos seus filhos que façam o mesmo.***
- ***Tenha um saco plástico na porta do carro para ir coletando o lixo à medida que for gerado. Ao final de cada dia, esvazie o saco numa lixeira, que pode ser mantida na garagem, perto do carro.***
- ***Adquira o hábito de recolher o lixo sempre que abastecer o carro.***
- ***Não lave o carro sob a luz direta do sol para que o sabão não seque tão rapidamente e, ao final, não haja manchas.***

CUIDADOS BÁSICOS COM O CARRO

Especialistas afirmam ser possível realmente dobrar a vida do carro aderindo a um plano regular de manutenção. Além dos serviços de manutenção descritos no manual do proprietário, as recomendações a seguir a ajudarão a manter o carro rodando livre de problemas.

- Troque o óleo e o filtro a cada três meses ou 5.000 quilômetros. (Alguns motores novos foram projetados para percorrer 8.000 quilômetros ou mais entre as trocas. Cheque o manual e discuta os intervalos com seu mecânico). Quando trocar o óleo, certifique-se de que o tanque do radiador também esteja cheio.
- Cheque regularmente a calibragem dos pneus, quando estiverem frios — pela manhã, ou antes de uma viagem longa. Para calibrar corretamente, verifique o manual do proprietário.
- Não sobrecarregue o carro. Isso tem o mesmo efeito que dirigir com pneus vazios. Ambas as situações causam excesso de desgaste e podem estourar o pneu.
- Faça o balanceamento e o rodízio dos pneus a cada seis meses ou 9.600 km.
- Cheque e ajuste periodicamente os cabos e correias do motor. Substitua-os se preciso.

- Se ouvir algum chiado estranho ao ligar o carro, cheque o motor o quanto antes. Uma correia partida pode causar prejuízos e muita inconveniência.
- Cheque o sistema de refrigeração (anticongelante) antes do verão e do inverno.
- Regule o carro conforme as instruções no manual do proprietário.
- Nunca dirija quando o carro estiver superaquecido.
- Encontre um mecânico confiável. Ter um técnico que conheça você e seu carro pode prevenir uma porção de problemas caros.

Quando Chamar o Mecânico?

Além da bateria, motor, freios e outros avisos que apareçam no painel, esteja alerta ao surgimento dos seguintes sinais de problema; relate-os a um mecânico o mais rápido possível.

- Partida difícil
- Vibrações incomuns
- Freios frouxos ou duros; frenagem ruidosa
- Barulho diferente no motor
- Motor lento e perda de potência
- Motor desligando nos sinais de trânsito
- Direção puxando para a esquerda ou direita
- Pneus desnivelados
- Direção notavelmente menos confortável
- Embreagem escorregadia
- Buzina falhando
- Medidor que mostre leitura anormal
- Fluido vazando no chão onde o carro foi estacionado
    - Pingos verdes ou amarelos podem ser líquidos do radiador. Pode haver um vazamento no radiador ou nas mangueiras.
    - Pingos avermelhados são geralmente causados pelos fluidos de transmissão. Talvez seja preciso substituir as junções.
    - Fluídos pretos ou escuros são óleo. Deve haver um vazamento no motor.
    - Se houver um líquido oleoso com pouca coloração, provavelmente é fluído de freio, sendo preciso checar o sistema de freios imediatamente. (Advertência: Não acrescente nem um pouco de fluido de freios. Isso pode piorar as coisas definitivamente).
    - Pingos de água provavelmente são do condensador do ar-condicionado, e não são problema.

Como Encontrar um Bom Mecânico

Peça a amigos ou vizinhos recomendações de uma boa oficina mecânica. Não confie em cupons para encontrar um bom mecânico. Não é porque uma oficina oferece descontos, que seu serviço atenda suas necessidades.

- Ao escolher uma oficina, procure uma bem organizada, limpa, cujos carros do estacionamento sejam de valor equivalente ao do seu. Os funcionários devem ser corteses e prestativos. Procure evidencias de que os mecânicos sejam treinados, com certificados nas paredes. Peça os nomes de alguns clientes e ligue pedindo referências.
- Antes de levar o carro ao mecânico (ou ao serviço de manutenção da concessionária), leia a garantia. Veja qual é a cobertura, e por quanto tempo. Alguns itens são cobertos por três anos ou 60.000 km.
- Limpe o carro antes de deixá-lo na oficina. Se você demonstrar cuidado com ele, certamente o mecânico cuidará melhor do veículo também.
- Não finja obter conhecimentos avançados de mecânica, mas saiba o básico. A melhor forma de fazê-lo é ler o manual do proprietário.
- Quando houver escolhido a oficina, confie pequenos serviços primeiramente. Se ficar satisfeita, serviços mais complicados poderão ser feitos futuramente.
- Se não ficar satisfeita com o serviço de uma oficina, não mude de mecânico simplesmente. Em vez disso, discuta o problema com o gerente ou proprietário e dê-lhes a chance de reparar o problema. Oficinas de boa reputação valorizam o retorno dos clientes.

Carros Econômicos

- Você não precisa comprar o combustível mais caro. Use o que for apropriado e que não faça o motor pular quando acelera.
- Abasteça antes de a luz do painel acender. Torne um hábito abastecer quando o tanque estiver pela metade. É mais seguro, e permitirá que você pare ao passar pelo posto que oferece preço melhor.
- Não encha completamente o tanque de combustível. O gás pode expandir-se no tanque e provocar um vazamento.
- No tempo quente, ligue o ar-condicionado. Na verdade você gastará mais combustível baixando os vidros em viagens em alta velocidade.
- Não leve peso extra no porta-malas ou caçamba. E se tiver uma cobertura removível, retire-a ao menos que esteja sendo usada. O carro usará o combustível mais eficientemente.

- Certifique-se de que os pneus estejam calibrados apropriadamente. Dois por cento do combustível podem ser desperdiçados se os pneus não estiverem corretamente inflados.
- Evite longos períodos com o motor ligado sem necessidade. Dar novamente a partida gasta menos combustível que manter o carro funcionando mais que um minuto.
- Troque regularmente o filtro do ar. O filtro sujo aumenta o esforço para manter o ar-condicionado funcionando.
- Poupe cerca de 17% de combustível dirigindo a 80 km/h em vez de a 100 km/h.

CAPÍTULO 3

GERENCIANDO O DEPARTAMENTO DE ALIMENTOS

A cozinha é o coração da casa. Seja grande ou pequena, cheia de belíssimos equipamentos ou de velharias que mal funcionam, é sempre o cômodo mais populoso.

Além do preparo de alimentos que acontece lá, a cozinha é onde os laços familiares se fortalecem. É onde os que se amam reúnem-se, tradições são mantidas, problemas com o dever de casa, resolvidos, e memórias, construídas.

Reconhecidamente, não sou muito de cozinhar, mas a nutrição que minha família recebe em nossa cozinha não é apenas para o corpo. Também é alimento para a alma. Quando meus filhos estavam crescendo, era para a cozinha que iam em busca da mamãe e do papai (Bill cozinha melhor que eu — e também aprecia mais fazer isso). As crianças sabiam onde encontrar-nos ao final do dia, prontos a servir palavras de sabedoria e porções de frango empanado — um de seus pratos favoritos. Sempre nos contavam o que acontecia na escola e o que tinham em mente, enquanto sentavam próximo ao balcão, bebendo leite ou descascando batatas.

A cozinha é onde os laços familiares se fortalecem.

É importante pensar no que acontece em sua cozinha e no que gostaria que acontecesse, porque a comida ajuda a criar a atmosfera da casa. O que "sente" que deseja criar — uma cafeteria divertida, por exemplo, ou uma máquina bem lubrificada onde os membros da família recebem alimentos saudáveis de forma eficiente? O que você come e quando; de que forma compra e prepara; e quem faz o que? A forma de agirmos quanto aos alimentos, como falamos deles, o que servimos e quando, e sob quais circunstâncias comemos — se nos sentamos na cozinha e devoramos, se comemos com bandejas em frente à TV, ou se nos sentamos à uma mesa lindamente posta — diz muito sobre nossas família e sobre as atitudes quanto aos alimentos que nossos filhos levarão consigo para a vida.

Como Gerente Familiar, você está criando um ambiente onde a comida pode trazer o melhor em seus jantares — mesmo que você não se considere uma boa cozinheira. Não importa sua capacidade culinária, de agora em diante será bom avaliar os alimentos e as rotinas alimentares em sua casa e decidir se deseja fazer alguns ajustes. Talvez você e outros membros da família estejam precisando perder alguns quilos. Talvez esteja preocupada com a quantidade de gordura que estão ingerindo. Ou estejam comendo fora muitas vezes, e também durante trajetos. Mesmo que esteja inteiramente satisfeita com o que come e com a forma que o faz, é tempo de reconsiderar quem faz o que.

Comida tem muito que ver com tradições e com os legados de sua família. Receitas favoritas passam de uma geração à outra – se você sempre faz a Salada de Batatas da vovó no feriado de 4 de julho ou o chocolate com hortelã e pimenta de tia Betty no Natal.

Boa comida também ajuda a manter as crianças em casa. Quando sabem que há boa comida e em quantidade suficiente para repartir, convidam seus amigos para a sua casa. Quando nossos filhos estavam crescendo, Bill e eu certificamo-nos de que sabiam que podiam trazer seus amigos para comer em casa e atacar a despensa. Alguns destes colegas eram do tamanho de um jogador de futebol americano (Bill chamava-os de Caçadores do Garfo Perdido), então, tê-los em casa era uma grande bênção. Mas creia: é melhor que a conta do mercado e a música sejam um pouco altas, desde que você saiba onde e o que estão fazendo.

Quando nosso filho mais velho, John, chegou à adolescência, Bill e eu nos perguntamos — como muitos pais fazem — para onde ele e seus amigos iriam após os jogos de futebol e as tarefas da escola. Havia muitos lugares onde arrumar encrencas e ingerir álcool. Decidimos que este problema seria uma oportunidade disfarçada e inventamos o que se tornou uma divertida rotina de sexta-feira à noite. Após jogos ou festas, convidávamos os meninos para reunirem-se em nossa casa. Bill vestia seu avental de chefe e preparava seus famosos cafés da manhã à meia-noite. Às vezes servíamos panquecas com acompanhamentos sazonais, e em outras ocasiões fazíamos ovos mexidos e burritos, que as crianças podiam rechear com o que quisessem. Planejávamos estes encontros antecipadamente e fazíamos uma decoração que combinasse com o evento. Já outras reuniões eram espontâneas. A questão é que nossos filhos sabiam que haveria comida à mão e que seus amigos eram bem-vindos.

Acho que muitas mães concordariam em que o departamento de alimentos é um dos mais trabalhosos e intensos dos sete. Há o planejamento das refeições, a compra de alimentos, o preparo, o ato de servir

O Mais Importante a Lembrar

1. Todo o dia transcorre com suavidade quando você maneja eficientemente o Departamento de Alimentos.
2. Você supervisiona cerca de 1.095 refeições por ano — lanchinhos e festas não estão incluídos — o que significa que pensa nisso, faz compras e prepara uma infinidade de alimentos.
3. Desenvolver uma boa estratégia no manejo dos alimentos é um esforço que vale a pena e fará com que entre e saia da cozinha mais rapidamente.
4. O que sua família come e bebe influencia grandemente a saúde de cada um.
5. Não é preciso ser um chefe profissional para alimentar e nutrir adequadamente a família.
6. Sua atitude é tão importante quanto os ingredientes das refeições.
7. Comida e trabalho em equipe vão lado a lado, talvez mais naturalmente que em qualquer outra área no gerenciamento familiar. Comer e cozinhar juntos estreita as relações.
8. Quando as refeições são planejadas com antecedência, com toda a comida e ingredientes à mão, todos tendem a relaxar e sentir-se calmos.
9. Há mais a saborear do que boa comida. A atmosfera — se assentamo-nos à mesa ou com uma bandeja, ou como organizamos o piquenique — pode fazer da sua comida uma experiência mais prazerosa e ajudar a definir a cultura de sua família.
10. Recupere o horário de jantar em família. Decidam jantar juntos algumas noites por semana — e não permita que interrompam esses planos.

e, é claro, a limpeza. Multiplique isso por três, sem contar lanchinhos, e terá trabalhado o dia inteiro. Às vezes as tarefas neste e em outro departamento podem parecer esmagadoras, e quando o forem, é uma boa ideia parar, respirar fundo e pedir a Deus que ajuste sua perspectiva.

DIVERSÃO PARA AS CRIANÇAS

Estabeleça uma noite semanal das "Crianças na Cozinha". Deixe que seus filhos usem livros de culinária simples para criar um cardápio para o jantar. Com supervisão apropriada, podem experimentar diferentes combinações de receitas a cada semana. Eles usarão habilidades de leitura e matemática para seguir as receitas. Poderão exercitar a criatividade elaborando menus e dispondo tapetes com a logomarca de seus "restaurantes".

Não faz muito tempo que minha amiga Ann teve sua perspectiva realinhada no supermercado. Fazia compras com seus quatro filhos de idades próximas. O bebê estava amarrado a ela num canguru, o pequenininho e o pré-escolar estavam no carrinho, e o maior deles — acho que o "ajudante" — corria pelos corredores. Seu plano era reunir o que precisava (apenas o que precisava) e ir para casa o mais depressa possível. Bom plano, já que não havia muito espaço no carrinho para colocar comida.

Entre advertir seu filho a "parar de puxar a irmã", não tirar os olhos de seu auxiliar perambulante e procurar promoções nas prateleiras, ela percebeu que uma senhora a observava. A mulher estava sozinha (traduzindo: despreocupada) e sorrindo — e um pouco maravilhada com o caos dentro do carrinho da minha amiga. "Daria tudo para estar em seu lugar novamente disse-lhe a senhora de forma reconfortante." "Algum dia você terá saudades do tempo em que tinha de lavar os quatro consigo. Valorize cada minuto."

Às vezes é divertida a forma de Deus responder às nossas orações inesperadamente. Neste incrível instante, Ann olhou para o céu e sussurrou "obrigada". Sua tensão dissolveu-se ao lembrar-se de que fazer compras com quatro criancinhas era difícil, mas também uma fonte de tremenda alegria.

Quer aprecie cada momento na cozinha ou tema a pergunta corriqueira "O que tem de jantar?", o tempo poupado e a eficiência aprimorada pelas dicas dessa seção a ajudarão a ganhar um pouco de tempo para relaxar e desfrutar dos estreitamentos de laços e das memórias construídas no coração de sua casa.

ESTRATÉGIAS E SOLUÇÕES PARA GERENCIAR CARDÁPIOS E REFEIÇÕES

Planejando o Cardápio

- Envolva toda a família no planejamento do cardápio. Marque uma reunião para discutirem receitas e alimentos favoritos. Relembre a todos as regras básicas de uma discussão antes de começarem.

Não há ideias erradas ou estúpidas. Qualquer alimento mencionado vai para a lista.

Nenhum comentário negativo deve ser feito quanto à sugestão do outro.

Como em qualquer outra reunião, só uma pessoa deve falar por vez.

- Escreva o cardápio familiar a partir de várias receitas escolhidas. Aos sábados à noite, deixe cada membro da família "fazer o pedido" para um dos dias da semana. Prenda o cardápio semanal resultante na porta da geladeira. O responsável que chegar em casa primeiro saberá o que começar a preparar para o jantar. Se houver um adolescente motivado em casa, aliste-o para ajudar no preparo do jantar.
- Crie, de forma simples, três menus semanais. Após três semanas, volte ao primeiro deles. Você poderá variar um pouco as coisas; por exemplo, não precisará ter frango assado todas as terças. Na quarta semana, prepare-o às segundas. Este plano básico de refeições pode auxiliá-la por um ano, desde que faça mudanças de acordo com as estações — como usar os vegetais e frutas frescos disponíveis naquela época do ano e os alimentos que sua família prefere durante cada estação.
- Converse com seus amigos sobre seus planos secretos de refeições. Ofereça uma festa de planejamento de menus e convide dois ou três amigos. Conversem sobre como cada um planeja os menus, partilhem receitas e discutam problemas específicos — como meninos de nove anos e os vegetais ou adolescentes e *junk food*.
- Tenha um repertório básico de cinco ou seis pratos principais de jantar que possam ser variados com a troca de temperos. Por exemplo, numa semana você pode temperar filés de frango com tomates, mozarela e parmesão ralados; na semana seguinte, tempere-os com vinho branco, suco de limão e tomilho; na terceira semana, pincele-os com uma mistura de mostarda Dijon e mel. Uma massa de pizza italiana pode ser recheada uma noite com queijo de cabra, azeitonas pretas picadas e ervas frescas picadas; na semana seguinte, recheie com cebolas caramelizadas; e na terceira semana, recheie com sobras de frango, tomate cereja e menta fresca.

- Desenvolva um repertório de cinco alimentos que possa preparar em menos de 30 minutos. Tenha os ingredientes sempre à mão.

☺

DIVERSÃO PARA AS CRIANÇAS

Invente um novo sabor de sorvete. Comece com um sabor simples e acrescente nozes, raspas de chocolate, confeitos e manteiga de amendoim. Pensem juntos em um nome para o sorvete.

- Não sinta que deve reinventar a roda todas as semanas. Algumas das melhores tradições familiares giram em torno de comida. Pode ser hambúrguer todos os sábados à noite. Ou talvez, no domingo, haja sempre o café da manhã para o jantar. E na terça, a noite da massa.
- Planeje sobras. Sempre que possível, dobre ou triplique uma receita e congele o excedente para refeições rápidas numa noite agitada. Faça isso regularmente, e descobrirá que passará menos tempo cozinhando. Sobras da noite do frango assado podem virar recheio para uma torta de frango, tacos, mexidos, salada ou sanduíches na noite seguinte. Sirva com molho de tomate numa noite, então misture com alho sauté, suco de um limão e moluscos enlatados na noite posterior.
- Experimente alternativas. Seu esposo cozinha às segundas e quartas; você, às terças e quintas; todos comem fora ou pedem pizza às sextas; e você fica flexível quanto aos sábados e domingos. Se tiverem adolescentes, também poderão ajudar a formar esta agenda.
- Inicie a cooperativa do jantar. Você cozinha e entrega o jantar para todos em seu dia combinado. Em troca, o jantar será entregue em sua porta quatro dias por semana. Encontre outras quatro mamães com tamanhos de família, habilidades e estilos de vida similares. Marquem uma reunião para conversarem sobre preferências culinárias, alergias alimentares, dias de cozinhar, menus e horário das entregas. A seguir, comprem conjuntos de vasilhas laváveis em máquina de louça, que possam ir ao micro-ondas e herméticas. Cada vasilha deverá ter espaço para a entrada, dois componentes do prato e uma tigela de salada. Cada família deverá comprar quatro conjuntos completos. Desta forma, quando for sua vez de cozinhar, cada mamãe terá quatro conjuntos para acomodar os alimentos a serem entregues às outras mães.
- Trabalhe com uma cooperadora. Ambas prepararão porções dobradas do que cozinharem às segundas e quartas, e levarão a porção extra numa bolsa térmica ao escritório no dia seguinte. Isto aliviará ambas de terem de cozinhar às terças e quintas à noite. Novamente, isto funcionará melhor se você e sua amiga tiverem tamanhos de família, gostos e preferências nutricionais similares. Também deve-

rão ter um refrigerador no local de trabalho para guardar a comida durante o dia.

REFEIÇÕES

Hora do Jantar

Esta pode ser a hora mais importante do dia para a família — talvez a única chance que todos terão de sentar-se juntos e conversar. Então vale a pena fazer o máximo por esta refeição. As dicas a seguir podem ajudar.

1. Priorize comerem juntos. Decida com seu esposo quantas noites por semana a família comerá reunida. Isso é uma prioridade, mesmo que seus filhos protestem.
2. Cuidado com a "hora das reclamações". Se tiver crianças pequenas, tenha alguns lanchinhos leves e saudáveis para oferecer-lhes até a hora do jantar. Se trabalha fora, tente antecipar o preparo do jantar para que não tenha que começar a cozinhar assim que entrar em casa à noite. Se você dedicar os primeiros 15 ou 20 minutos exclusivamente ao seu filho, seja contando uma história, checando o dever de casa, ou simplesmente fazendo-lhe um carinho, ele provavelmente reclamará menos nos momentos que se sucederem, e voltará às próprias atividades quando você começar a preparar o jantar. Em dias especialmente estressantes, tente planejar uma refeição que exija menos tempo de preparo; por exemplo, pode usar a panela elétrica, ou preparar no micro-ondas um prato congelado.

DO CORAÇÃO

Comer junto é uma oportunidade singular para discussões em família, sejam grandes ou pequenas, e para a transmissão de valores. Encoraje o diálogo, não permitindo TV e ligações durante o jantar.

MOVIMENTO ESTRATÉGICO

Pense em sua cozinha como uma sala de aula. Criancinhas podem aprender que um copo não quer dizer um copo de leite, e que uma colher de sopa não é qualquer colher da gaveta. Quando dobramos ou dividimos uma receita, podemos ensinar habilidades matemáticas. E o preparo do jantar é a hora perfeita para ensinar às crianças o uso seguro dos equipamentos.

3. Não permita que receitas complicadas limitem o tempo de a família sentar-se à mesa para conversar sobre o dia. É mais importante comerem juntos do que servir pratos elaborados.

4. Determine o cardápio com antecedência, e prenda-o na geladeira. Com uma agenda apertada e pais esgotados ao fim do dia, a última coisa que você quer é desordem e desentendimento quanto ao que preparar para o jantar.

5. Designe a todos uma tarefa relacionada ao jantar. Trabalhar e cozinhar cooperativamente com outros membros da família ensina responsabilidade às crianças e habilidades importantes que usarão por toda a vida. Até criancinhas podem aprender cedo que fazem parte do time da família. Uma criança de três anos pode ajudar a pôr a mesa, rasgar alface, lavar vegetais ou simplesmente "cozinhar" com panelinhas de brinquedo enquanto os pais e os irmãos mais velhos preparam o jantar. Crianças acima de oito anos podem ser responsáveis por tirar a mesa e pôr a louça na máquina. Você pode querer que dois de seus filhos se revezem no trabalho, e se um estiver ocupado numa noite em particular, poderá trocar de dia com o irmão.

6. Esteja preparada. Deixe uma lista de compras num local visível da cozinha para que todos possam recordar-se do que é preciso. Quando estiver preparando o jantar, peça a algum membro da família que cheque a despensa e acrescente na lista o que estiver faltando. Crie uma rotina: quando alguém abrir a última garrafa ou pacote de algum item, imediatamente deverá escrever este mantimento na lista.

7. Crie uma cozinha amigável. Designe um armário baixo onde as crianças possam organizar copos e pratos plásticos. (Se tiver crianças pequenas, ponha travas de segurança nos armários usados para guardar itens perigosos). Mantenha os acessórios da mesa — guardanapos, aparelho de jantar, travessas e saleiros — em local acessível, próximo à mesa.

8. Limpe enquanto cozinha. Após usar algum ingrediente em sua receita, devolva-o imediatamente ao seu lugar e jogue fora todas as em-

DO CORAÇÃO

Uma de suas funções como gerente familiar é a de professor. Assim como gerentes de empresas ensinam aos empregados novas habilidades e dispensam-lhe maiores responsabilidades, você deve encorajar seus filhos a desenvolver suas capacidades. Se teve problemas permitindo que seu filho fizesse coisas que você mesma faria mais rapidamente e melhor, considere o fato de estar transmitindo-lhe um bem valioso ao ensinar-lhe suas habilidades e conhecimentos no preparo de alimentos.

balagens e restos. Isso poupa tempo e faz com que não se esqueça se colocou ou não a pitada de sal. Encha a pia de água quente e sabão enquanto cozinha. Mergulhe na pia potes, panelas e utensílios enquanto come, para uma limpeza mais fácil posteriormente.

9. Concentre-se em sua família. Esqueça-se do mundo lá fora e quebre o hábito do "tenho de atender ao telefone". Deixe a secretária eletrônica e a caixa postal encarregarem-se deste serviço. Demonstrar interesse pelo universo da criança é uma grande forma de os pais expressarem seu amor e estreitarem laços. Para iniciar conversas de qualidade, faça perguntas, como: "Que coisa interessante aconteceu hoje?", ou "O que fez você sentir-se feliz hoje?"
10. Crie uma atmosfera prazerosa para o jantar. Não reserve este clima para convidados e celebrações; sirva-o em todas as refeições. Criar uma boa atmosfera não precisa gastar tempo, nem ser caro. Use guardanapos de pano e belas travessas, velas (guarde-as no refrigerador para que durem mais), e desligue a TV. Substitua o barulho do ambiente por uma música agradável.
11. Pense (e fale) positivamente. Proíba palavras críticas e discussões. Evite assuntos disciplinares, que poderão ser tratados noutra ocasião. O jantar não é hora de falar sobre quem não fez suas tarefas ou teve problemas na escola.
12. Mostre apreço. Cumprimente a todos os que colaboraram com a refeição. E na hora da limpeza, lembre-se de que é mais importante para a sua família

BOM SABER

Produtos alimentares somam 26% dos comerciais de TV assistidos por crianças de 12 a 17 anos. A maioria destes anúncios é de fast-food, doces e refrigerantes. Uma pesquisa da Fundação Familiar Kaiser diz que crianças de 2 a 11 anos são expostas, em média, a 20.000 propagandas anualmente. Deste total, 24% referem-se a sobremesas, doces e lanches.

DIVERSÃO PARA AS CRIANÇAS

Crie um cartaz colorido que ensine aos pequeninos os grupos alimentares básicos, e fale sobre o que precisam comer para se manterem saudáveis. Poderão colar um adesivo no cartaz quando comerem um alimento de alguma categoria.

10 Mandamentos para Filhos Enjoados e suas Mães

1. Simplifique as coisas.
2. Deixe de alimentá-los com muitos alimentos açucarados e sucos bem adoçados (muito suco de fruta pode acabar até com um bom apetite).
3. Escolha diariamente alimentos dos quatro grupos.
4. Nunca culpe uma criança por não fazer parte do clube do prato limpo.
5. Encontre um meio de tornar divertida a hora das refeições.
6. Brinque de chefe até mesmo com o menor dos enjoadinhos.
7. Nunca use comida como castigo ou recompensa por outros comportamentos.
8. Estoque os alimentos preferidos, mesmo que esteja enjoada deles.
9. Continue tentando encontrar alimentos prazerosos.
10. Deixe que sua clientela exigente participe do planejamento dos menus.

trabalhar como um time do que a cozinha ficar impecável. Parabenize-os por seu esforço. "Você fez um ótimo trabalho lavando os pratos, mas por favor, tente se lembrar de limpar a pia ao terminar".

13. Comece e terminem juntos. Certifique-se de que todos os que estejam em casa estejam assentados à mesa no começo das refeições. Faça uma oração de agradecimento antes de começarem. E mesmo que as crianças reclamem, estará ensinando-lhes boas maneiras fazendo com que permaneçam à mesa até que todos tenham terminado.
14. Planeje uma noite étnica. Comece com uma refeição chinesa, mexicana, caribenha ou a que agradar a família. Escolha uma música apropriada para o jantar, cantada por um nativo daquela cultura. Deixe seus filhos desenharem cenas do país que estarão celebrando, e use-os para decorar a sala de jantar. Se sua comida girar em torno da China ou Japão, deixe que todos jantem com hashis, e faça chá para servir com a refeição. Se estiver celebrando a Itália, ouça ópera enquanto cozinha e faça a festa da massa. Uma festa caribenha pode ter reggae ou música com percussão, e os pratos poderão incluir alguns produtos interessantes como banana-da-terra e goiaba.

BOM SABER
Um estudo da Escola de Saúde Pública de Harvard descobriu uma forte relação entre TV, lanchinhos pouco nutritivos e obesidade.

Os enjoados

Se houver alguém enjoado (ou dois, ou três), temos algumas ideias para manter os alimentos nutritivos em alta.

- Deixe as crianças polvilharem canela e açúcar em cenouras ou batatas doces cozidas.
- Faça sua própria versão saudável de pizza. Compre massa de pizza ou pão sírio e acrescente molho de tomate, presunto light ou linguiça de peru, queijo e seus vegetais favoritos picados. Faça da montagem da pizza uma aventura em família.
- Faça uma refeição de batatas assadas e uma oferta de vários recheios: queijo, manteiga e vegetais picados.
- Acrescente brócolis cozido finamente cortado a um sanduíche de queijo grelhado.
- Peça às crianças que experimentem ervilhas de vagens que elas mesmas abriram.
- Acrescente açúcar mascavo, xarope de bordo ou suco de laranja ao cozimento das cenouras.
- Faça Pacotes de Ervilha. Pegue seis vagens cozidas. Polvilhe açúcar mascavo. Amarre-as com uma tira de bacon. Disponha-as numa assadeira; acrescente meio copo de água e leve-as ao forno a 350° por cerca de 10 minutos.

BOM SABER

Nabos são uma excelente fonte de vitamina A, que ajuda os olhos e a pele, e provê defesa contra infecções.

- Embrulhe vegetais em massa de biscoito. Asse e sirva.
- Ofereça variedades de vegetais com molho ranch.
- Faça Barcos de Batata e Queijo. Asse batatas médias até que fiquem macias. Corte cada batata ao meio e retire um pouco da poupa com uma colher. Reserve as conchas. Acrescente 4 colheres de sopa de manteiga, 4 colheres de sopa de creme de leite light, ¼ de um copo de queijo cheddar ralado e 1 colher de chá de sal. Misture bem, recheie as conchas de batata e asse por aproximadamente 10 minutos. Faça velas de papel e prenda-as nas batatas com palitos de dente.
- Em vez de outros líquidos, acrescente purê de vegetais ao molho de seu bife. Use tomates, abobrinhas, nabos e outros vegetais de sabor suave. Acrescente legumes ralados, como cenoura ou abobrinha, para enriquecer a carne.
- Permita que seus filhos escolham os vegetais que serão postos na sopa caseira.

- Faça espetinhos com pequenos pedaços de carne e vegetais cortados.

BOM SABER
Consumir 300 ml de refrigerante diariamente aumenta em 60% o risco de a criança desenvolver obesidade.

- Acrescente purê de nabos cozidos a vapor às batatas amassadas. Crianças costumam apreciar batatas amassadas, e o nabo tem um sabor suave o bastante para que não o percebam. Você também pode acrescentar couve-flor ao purê.
- Rale cenouras e misture-as à gelatina. Acrescente abobrinhas ou cenouras à panqueca de batatas.
- Até as crianças que não gostam dessa verdura apreciarão molho de espinafre. Use as receitas das embalagens das sopas de legumes ou procure na internet.
- Acrescente cebolas sauté a mais, pimentões e tomates ao chili — preparado em casa ou enlatado. Corte finamente os vegetais.
- Acrescente purê de tomates e cenouras cozidas no vapor ao molho da pizza.
- Acrescente tomates cozidos e finamente cortados, e pimentões à carne moída. Use temperos de taco. Sirva em conchas de taco ou em pães de hambúrguer.
- Deixe cenouras fatiadas por dois dias no refrigerador na salmoura dos picles.

BOM SABER
Iogurte é rico em cálcio, proteína, magnésio e bactérias úteis.

- Compre massa feita com vegetais, como espinafre e cenoura.
- Alcachofras são muito divertidas de comer quando cada membro da família tem sua própria vasilha com manteiga de limão. Retire as folhas; corte o topo e o caule. Ponha todas as alcachofras numa grande panela e cubra-as com água. Cozinhe em fogo brando por cerca de 25 minutos, até que possa retirar as folhas facilmente e a alcachofra fique macia quando espetada com uma faca. Drene. Arranque as folhas, uma de cada vez, e sirva com manteiga de limão.
- Faça pães doces que tenham vegetais, como abobrinha ou cenoura com canela.
- Acrescente cenouras cozidas e raladas à omelete.
- Recheie talos de aipo com manteiga de amendoim ou cream cheese saborizado. Corte cenouras em tirinhas ou rodelas finas. Experimente com batata doce, abobrinha e algum outro vegetal crocante.

- Experimente misturar pepino ralado ao cream cheese como recheio de sanduiche.
- Deixe as crianças ajudarem a separar os talos do aipo. Disponha os talos em água com corante alimentício vermelho ou azul. Deixe passar a noite no refrigerador, e no dia seguinte terão aipo colorido para comer.
- Faça um molho para massas com abobrinhas e tomates.
- Acrescente cenouras cozidas no vapor e raladas ao molho de queijo dos nachos.
- Para um lanchinho saudável e rico em proteínas, espalhe fatias de peru com um pouco de maionese ou mostarda, e monte um sanduiche com tirinhas de cenoura ou aipo.
- Faça sanduiches abertos de vegetais malucos. Unte uma fatia de pão com cream cheese ou manteiga de amendoim. Crie caretas divertidas no topo usando azeitonas, aipo, tirinhas de cenoura, rodelas de rabanete e qualquer outro vegetal.
- Crianças apreciam alimentos crocantes. Então, tente temperar vegetais com azeite e sal kosher, e asse-os em forno a 350º de 15 a 20 minutos.
- Faça uma salada agridoce de pepinos, marinando fatias finas em vinagre branco temperado com açúcar e sal.
- Refogue rodelas de cenoura e abobrinha e flores de brócolis em um pouco de óleo de amendoim, e acrescente molho de soja na hora de servir.
- Descongele o espinafre, seque-o e misture-o à omelete.

Almoço: Preparando uma Boa Merendeira de Almoço

- Sopa ou Chile caseiros ou enlatados podem compor uma satisfatória e forte refeição para o meio-dia no clima frio. Aqueça no micro-ondas uma sopa encorpada. Enquanto prepara, encha uma vasilha térmica com água quente. Deixe a água por alguns minutos para aquecer o interior da vasilha, então jogue fora a água e acomode a sopa.
- Sanduíches de carne congelam bem. Você pode retirar um do freezer pela manhã, e ele estará descongelado e pronto para ser consumido na hora do almoço. Não passe maionese ou molho de salada no pão. Em vez disso, use manteiga, mostarda ou cream cheese. Embrulhe em filme plástico e mantenha congelado por até dois meses. Não congele qualquer sanduíche à base de maionese e ovos.
- Se quiser alface ou tomates no sanduíche, embrulhe-os separadamente num saco plástico.

Dicas para um Café da Manhã mais Feliz

O café da manhã é a refeição mais importante do dia, especialmente para as crianças. Estudos mostram que as que tomam o café da manhã são mais alertas e produtivas na escola, e desenvolvem hábitos alimentares mais saudáveis ao longo da vida. Experimente algumas dessas ideias para tornar o café da manhã uma prioridade e dar aos seus filhos um bom ponto de partida para seu dia.

- Faça com que um de seus filhos toque um sino ou alarme para anunciar a hora do café.
- Designe diferentes tarefas para seus filhos — servir o suco, colocar os pratos, orar.
- Se houver conflitos em sua casa sobre o que constitui um café da manhã saudável, tente estabelecer dias da semana para os cereais mais nutritivos e os fins de semana para os cereais que seus filhos escolherem.
- Se é um desafio preparar o café da manhã até a hora do ônibus chegar, pense em colocar a mesa na noite anterior.
- Durante o café, converse sobre o que acontecerá no decorrer do dia — algo sobre o qual cada um esteja ansioso e algo pelo qual orar.
- Estabeleça a regra "Brincar só quando estiver pronto". Permita a hora de brincar, de ver TV e usar o computador somente após cumpridas as responsabilidades: vestir-se, terminar o café, fazer as tarefas determinadas.

- Congele separadamente as fatias de presunto ou peito de peru. Prepare os sanduiches com as fatias congeladas, para que ainda estejam frias na hora de comer.
- Para sanduíches com carne ou aves, use várias fatias finas em vez de uma grossa. Isso torna o sanduíche mais fácil de comer.
- Prepare os sanduíches de manteiga de amendoim e gelatina na noite anterior. Espalhe a manteiga nas duas fatias de pão para que atuem como um selante, e coloque a gelatina no meio.
- Quebre a rotina do pão branco nos sanduiches, usando os de farinha integral, broinhas, pão de centeio, roscas de canela ou muffins ingleses.
- Se você fica realmente apressada todas as manhãs, faça os sanduiches para o lanche da Escola Dominical. Etiquete e congele cada um num saco plástico. As crianças poderão escolher um sanduíche a cada ma-

nhã, e acrescentar frutas, batatas fritas ou vegetais cortados em palito. Um pacotinho de gelo ou uma caixinha de suco congelado deixará o sanduíche gelado até o meio-dia.

- Sanduíches ficam melhores se feitos com horas de antecedência. Espalhe cream cheese numa tortilha, ou queijo Boursin, acrescente fatias finas de peito de peru, tomates secos ou azeitonas pretas sem caroço. Corte em três, embrulhe bem e refrigere.
- Pense além de sanduíche. Para as crianças, prepare um almoço para comer com as mãos. Escolha biscoitos, cubos de queijo, fatias de alguma carne magra, uvas, cenouras baby, pretzels (simples ou com coberturas), amêndoas, passas, damascos secos, banana chip, e outros alimentos que não façam bagunça.

♡

DO CORAÇÃO

Uma das lembranças mais queridas de minha família é prepararmos o jantar numa fogueira que acendemos numa área de camping. Às vezes até preparávamos nossas comidas de acampamento favoritas na churrasqueira do quintal. Eis nosso cardápio de churrasqueira favorito:

Para jantares: Rasgue aproximadamente 50 cm de papel alumínio. Unte um dos lados com manteiga ou margarina. Pique 200 gramas de carne ou peru, e disponha no papel untado. Acomode batatas e cenouras finamente fatiadas sobre a carne. Cubra com meio pacote de sopa de cebola, e termine com um pouquinho de manteiga. Dobre o papel sobre o alimento e segure firmemente. Dobre de forma que o caldo do cozimento não escorra. Coloque o embrulho diretamente sobre o carvão quente por 10 minutos. Vire-o cuidadosamente e asse por mais 10 minutos. Abra o embrulho e coma diretamente do papel. Faça um para cada membro da família.

Piqueniques

Use esta lista para certificar-se de que está pronta para comer e divertir-se fora de casa.

- comida e temperos
- equipamentos da grelha
- bebidas
- água
- gelo
- caixa térmica
- pratos descartáveis
- talheres
- utensílios para servir
- guardanapos
- toalha de mesa ou uma velha colcha para cobrir uma mesa ou estender no chão
- lenços umedecidos para limpar as mãos
- papel toalha

- sacos de lixo
- repelente
- protetor solar
- kit de primeiros socorros
- papel higiênico, se for a um local remoto
- lanternas, se o passeio durar até a noite
- câmera

DICAS PARA O CHEF EM CASA

Crises na Cozinha

- Se a sopa ou ensopado estiver com gosto muito forte de alho, cozinhe um ramo de salsinha por cerca de 10 minutos.
- Se um prato ficar salgado demais, acrescente rodelas de batata descascada e cozinhe até que fiquem transparentes. Então, remova as rodelas.
- Se o peixe ficar muito salgado, acrescente vinagre ao líquido do cozimento.
- Para uma sopa excessivamente salgada, acrescente molho de tomate e pitadas de açúcar mascavo.
- Para eliminar da casa cheiro forte de repolho, ponha numa panelinha meio copo de vinagre no fogão, ao lado da panela do repolho.
- Reanime cenouras ou aipos murchos colocando-os no refrigerador em uma vasilha de água gelada por duas horas antes de servir.
- Amasse vegetais cozidos demais, acrescente um caldo ou leite, temperos, e terá uma sopa deliciosa.
- Para jogar fora gordura usada, despeje nela bicarbonato de sódio. Não use água.
- Se a sopa ficar muito rala, cozinhe mais para que engrosse. Ou acrescente arroz ou macarrão crus e cozinhe, com a panela tampada, até que fiquem macios.
- Se o caldo (de carne ou peixe) estiver muito escuro, adicione cascas de ovos esmagadas e deixe ferver por dois ou três minutos. Retire as cascas e coe o caldo. Ele estará claro.
- Se a carne assou demais e não há como servi-la, use-a para um picadinho, chili ou torta.

BOM SABER

Em média, os americanos consomem cerca de 6 a 18 gramas de sal diariamente. O corpo precisa de aproximadamente 0,5 gramas de sal por dia.

- Se o peixe assou demais e ficou seco, faça um rico molho ou amasse-o para fazer bolinhos.
- Se um molho coalhar, bata-o vigorosamente, acrescente um cubo de gelo e bata mais.

AVISO!

O Departamento Americano de Agricultura recomenda que películas plásticas não sejam usadas em alimentos durante o cozimento no micro-ondas.

Poupadores de Tempo na Cozinha

- Ao retirar a mesa, não empilhe os pratos. Você gastará mais tempo limpando a parte de trás de cada um.
- Guarde as embalagens de manteiga no freezer para untar assadeiras.
- Molhe seu copo de medidas com água quente antes de enchê-los com mel ou melado.
- Quando preparar carne moída para usar em algum prato, prepare um pouco a mais. Você pode congelar a carne moída em fôrmas de gelo e reaquecê-la para rechear batatas assadas, ou fazer saladas.
- Coloque a geleia levemente diluída em um frasco de espremer para espalhá-la melhor.
- Se não possui um saco de confeiteiro, coloque o glacê num saco plástico. Corte uma pontinha e aperte.
- Se vir bananas em promoção, compre extras. Enrole bananas descascadas em filme plástico e guarde no freezer. Descongele cada banana rapidamente no micro-ondas por 10 segundos.
- Quando cortar ou ralar vegetais ou queijo, prepare a mais e congele.
- Asse ou cozinhe vários peitos de frango e use-os em futuras refeições.
- Congele fatias de limão ou lima. Coloque as fatias em copos de chá gelado ou água.
- Antes do jantar, disponha bolas de sorvete em folhas de papel. Coloque-as de volta no freezer, e estarão prontas para servir.
- Quando uma fruta estiver na estação, faça recheios de torta. Congele em formas de torta forradas com papel manteiga. Tudo o que terá de fazer para ter uma deliciosa torta será preparar a massa.

Dicas para Todos os Dias

- Para mais sabor, cozinhe arroz ou batatas em um caldo, e não em água.

- Acentue o sabor de carnes magras acrescentando molho ou cebolas picadas.

BOM SABER

Temperos e ervas desidratadas não apodrecem, mas perdem o sabor no prazo de um a quatro anos, dependendo do tempero.

- Diminua o sabor do sal no presunto assando-o parcialmente, e então drenando o sumo. Regue-o com um pouco de vinho e termine de assá-lo.
- Mantenha a salsinha numa vasilha com água gelada no refrigerador, ou embrulhe-a em papel toalha úmido.
- Para um sabor acentuado, corte um dente de alho ao meio e esfregue-o na panela que será usada para a sopa ou ensopado, antes de começar a receita.
- Asse frango ou outras carnes sobre talos de aipo; eles servirão como uma grelha hidratante e aromatizada para as carnes.
- Absorva a gordura dos assados com um pedaço de pão amanhecido sob a grelha.
- Acrescente uma colher de chá de açúcar ao cozimento das ervilhas para acentuar o sabor e manter a coloração.
- Ao ferver espigas de milho, acrescente uma pitada de açúcar para ajudar a trazer à tona a doçura natural do milho. Não use sal.
- Para manter o sabor enquanto cozinha o frango, vire-o com duas colheres de pau, e não o espete com garfo.
- Inove usando pão com passas para as torradas francesas.
- Acrescente uma pitada de canela a um copo de mel morno e sirva com panquecas ou waffles em lugar de xarope bordo.
- Acrescente uma pitada de fermento em pó químico à mistura de leite e ovos para afofar as torradas francesas.
- Evite que a carne encolha: Com uma tesoura, faça três ou quatro picos na beirada de gordura antes de preparar a carne.
- Guarde a calda de frutas enlatadas para dar sabor ao presunto assado.
- Faça seu fogão elétrico funcionar como se fosse a gás usando duas bocas — uma com fogo alto e outra, baixo. Troque a panela de lugar quando quiser mudar a temperatura rapidamente.
- Asse maçãs, pimentões recheados ou tomates em formas de muffin. Assim, não perderão a forma.
- Engrosse sopas acrescentando purê de vegetais.
- Faça um arroz perfeito refogando-o em fogo médio com um pouco de óleo. Acrescente duas medidas de água para cada uma de arroz,

mexa e diminua o fogo. Tampe e cozinhe por 15 minutos. Apague o fogo, e deixe descansar, tampado, por 15 minutos. Afofe antes de servir.

- Congele os pratos de salada por cerca de uma hora antes de usá-los. As verduras ficarão frias e crocantes.
- Use tesouras de cozinha para pequenas tarefas, como picar ervas para saladas, frios, peito de frango, pão pita e até pizza. Compre tesouras que possam ser lavadas.
- Use as mãos para rasgar alface, mexer saladas e espalhar queijo sobre travessas.
- Evite comida grudada aquecendo previamente a panela antes de usar o óleo.

BOM SABER

Não pense que a salsinha serve apenas para adornar. Ela realça o sabor de sopas, ensopados, molhos, saladas, vegetais, omeletes e muitos outros pratos. É rica em vitaminas A e C, e também atua como refrescante bucal.

- Faça seu próprio tempero para aves: Junte quantias iguais de orégano, sálvia, coentro e tomilho.
- Tempere rapidamente e sem sujeira: Substitua o saleiro e o pimenteiro por um cheio de três quartos de sal e um quarto de pimenta.
- Sinta-se livre para substituir um tempero por outro, e limas por limões.
- Ao usar ervas desidratadas, coloque a metade da quantia que colocaria se estivessem frescas. Esmague-as em sua mão antes de acrescentá-las à receita, e cozinhe por apenas mais 15 minutos após havê-las posto. Prove, e use outros temperos, se preciso.
- Troque o creme de leite usado para fazer chantili por creme de leite light, exceto nas receitas que pedem a versão mais encorpada. O creme light não dará um efeito tão bonito às coberturas de chantili. Creme de leite e iogurte dão um toque às receitas, mas não podem ir ao fogo — devem ser acrescentados depois.

Assando

- Ao assar pão, as assadeiras brilhantes formam uma casca leve, as escuras, uma casca mais forte.
- Ao enfarinhar uma assadeira, use um pote de temperos (do tipo com furinhos na tampa) para polvilhar apenas dentro da assadeira.
- Para um bolo mais úmido, acrescente duas colheres de sopa de óleo à mistura para bolo, e prossiga seguindo as instruções.

- Para evitar que o bolo fique escuro e seco demais, disponha uma assadeira com água na grade superior do forno enquanto assa.

DIVERSÃO PARA AS CRIANÇAS

Faça brownies com seus filhos e envie as guloseimas a um amigo que conheceram nas férias, um novo vizinho ou para alguém que se mudou de sua vizinhança.

- Não bata demais a massa do bolo. Isto pode fazer com que fique quebradiço.
- Certifique-se de haver enfarinhado as laterais da assadeira. Espaços descobertos pela farinha impedirão que o bolo cresça e o forçarão para baixo.
- Pela mesma razão, não use manteiga para untar a assadeira de bolo. A farinha não adere a ela por igual.
- Bolos de chocolate são famosos por grudar. Tome cuidado extra ao untar e enfarinhar a assadeira. Em vez de farinha, você pode usar chocolate em pó.
- Os ovos devem estar em temperatura ambiente antes de batidos, para que atinjam um volume maior. Também devem estar em temperatura ambiente ao serem incorporados ao açúcar e à manteiga na batedeira. Embora ovos em temperatura ambiente atinjam maior volume, as claras são mais facilmente separadas se estiverem gelados.
- Se não tiver tempo para deixar que os ovos cheguem naturalmente à temperatura ambiente, ainda na casca, mergulhe-os em uma vasilha de água morna por alguns minutos.
- A manteiga fica mais cremosa quando mais aquecida que o ambiente. Se estava no refrigerador, você pode amolecê-la rapidamente ralando-a. Será fácil deixá-la cremosa em cerca de cinco minutos. Outra alternativa é cortar a manteiga em cubinhos e deixar que descanse por cerca de quinze minutos. Como regra geral, não amoleça manteiga no micro-ondas. Ela ficará líquida e oleosa em alguns lugares, e dura em outros.
- Não encha mais que dois terços da assadeira de bolos. Bata de leve a assadeira contra o balcão para eliminar bolhas de ar.
- Para assegurar-se de que o bolo não grudará na assadeira na hora de removê-lo, encaixe um pedaço de papel manteiga ou vegetal no fundo da assadeira. Para encaixá-lo de forma exata, trace o fundo da assadeira no papel e recorte.
- Para fazer coco ralado colorido para a cobertura do bolo, ponha-o num saco ziplock, acrescente corante alimentício e chacoalhe.
- Para evitar que o bolo esmigalhe enquanto é confeitado. Passe uma camada fina de glacê, deixe secar, e prossiga decorando-o como de costume.

- Para certificar-se de que fez o tom certo para a cobertura do bolo, misture as coberturas antecipadamente e deixe secar. O corante alimentício intensifica-se com o tempo.
- Para resultados perfeitos ao escrever num bolo, escreva primeiramente no glacê com um palito de dentes; então cubra o traçado com a cobertura escolhida.
- Se a cheesecake rachar, polvilhe açúcar com uma peneira sobre a superfície. Para evitar que a torta grude, polvilhe açúcar no fundo da travessa. As fatias sairão facilmente.
- Bolos com cobertura de glacê podem ficar à temperatura ambiente por até três dias; sele qualquer superfície cortada com filme plástico e guarde numa caixa de bolo, ou vire uma vasilha de boca para baixo sobre a travessa onde o bolo foi disposto.
- Tortas e bolos com coberturas do tipo buttercream ou cream cheese, ou recheadas com creme de ovos devem sempre ser refrigeradas.
- Congele fatias de bolo sem cobertura embrulhadas em filme plástico e em alumínio por até quatro meses; descongele em temperatura ambiente em uma hora.
- Guarde soft cookies e crisp cookies separadamente, em potes herméticos.
- Guarde soft cooks por até seis meses em potes herméticos, com filme plástico entre as camadas.

BOM SABER

Para evitar que escureça, fatie maçãs com facas de aço inoxidável. (Facas de carbono escurecem a maçã ao tocá-la).

Substituições de sucesso

Algumas substituições são comuns em receitas de assados. Por exemplo, margarina pode ser usada em lugar de gordura vegetal ou manteiga, sem afetar notavelmente a textura dos bolos. Afete, talvez, o gosto. Manteiga possui um sabor inconfundível e uma textura cremosa que a margarina simplesmente não consegue imitar. Em algumas circunstâncias, vale a pena substituir gordura vegetal por manteiga. Por exemplo, massa de torta feita com gordura vegetal é bem quebradiça. Já que a gordura vegetal derrete mais que a manteiga em temperaturas altas, é útil para refogar e fritar. Algumas pessoas gostam de usá-la em coberturas de bolos.

- Ao fazer substituições, tente manter a proporção entre ingredientes líquidos e secos o mais semelhante possível à receita original.
- Substituições que dão certo no fogão podem não funcionar no forno, e vice-versa.

- Ao fazer substituições, tenha em mente que o tempo de forno poderá variar. Por isso, cheque com mais frequência.

BOM SABER
Blueberries possuem muitas fibras e vitamina C, e são ótima fonte de oxidantes.

Frutas

- Escolha frutas cítricas pelo peso, e não pelo tamanho. Quanto mais pesadas, mais suculentas.
- Laranja valência geralmente faz um bom suco; laranja Bahia é ótima para comer.
- Não pense que uma laranja de cor vibrante tenha mais suco e sabor. Laranjas são geralmente enceradas para chamar atenção.
- Extraia mais suco dos limões aquecendo-os um pouco (10 segundos no micro-ondas para cada limão), e pressionando-os sobre a bancada para amaciá-los.
- Se precisar de apenas algumas gotas de limão, fure-o com um palito de dente, aperte para extrair o necessário, e feche a abertura com o palito. Guarde-o em saco plástico no refrigerador.
- Um quebrador de nozes a ajudará a extrair mais sumo das metades do limão.
- Congele limões molhando-os e acomodando-os em um saco ziplock. Quando precisar de um suco fresco, descongele a fruta no micro-ondas, deixe-a repousar por alguns minutos e esprema.
- Use gotas de limão ou lima para evitar que frutas e vegetais picados escureçam.
- Descasque laranjas facilmente mergulhando-as em água fervente por alguns minutos. A pele e as membranas se desprenderão.
- Congele raspas da casca de frutas cítricas para saborizar sobremesas, aves e peixes.
- Cascas ocas de laranja são ótimas vasilhas para servir salada de frutas, sobremesas frias e sorvetes.
- Os abacaxis mais gostosos e frescos são grandes e pesados, e possuem folhas verde-escuras.
- Faça com que o abacaxi dure mais o fatiando a partir do fundo.
- Compre maçãs grandes para o consumo imediato; as pequenas duram mais.
- Guarde maçãs no refrigerador; as mantidas em temperatura ambiente estragam logo.
- Coloque uma fatia de maçã no açúcar mascavo empedrado para que torne a ficar soltinho.

- Para evitar que as batatas germinem, guarde no mesmo saco uma maçã.
- Congele uvas-do-monte antes de batê-las ou processá-las. A tarefa ficará mais organizada.

Frutas vermelhas: pistas de como colhê-las

- Escolha as maduras. Elas não amadurecerão após colhidas.
- Deixe de lado as deformadas. Geralmente são duras e pouco saborosas.
- Colha frutas vermelhas gentilmente. Se amassadas, apodrecem rapidamente.
- Não colha frutas vermelhas puxando-as — aperte o talo para não magoar a fruta.
- Mantenha as folhinhas dos morangos.

☆

MOVIMENTO ESTRATÉGICO

Dedique hoje 10 minutos para inspecionar o freezer e jogar fora restos e alimentos já vencidos.

- Frutas vermelhas pequenas e medias são mais doces; as muito grandes costumam ser aguadas.
- Procure pelas blueberries no tom de azul índigo, com uma cobertura prateada. As melhores frutas são ligeiramente firmes e de tamanho uniforme.
- Ao colher frutas vermelhas, transporte-as em diversas caixas pequenas. Muito peso amassará as frutas.
- Colha apenas aquilo que puder consumir ou conservar dentro de um ou dois dias; frutas vermelhas estragam rapidamente.
- Transporte frutas vermelhas do campo para casa em caixas térmicas, e jamais no porta-malas do carro.
- Em casa, espalhe as frutas vermelhas e remova as danificadas para que não apodreçam durante o dia de trabalho.
- Lave as frutas vermelhas apenas antes de consumi-las. Guarde-as no refrigerador em embalagens ventiláveis — um escorredor de macarrão ou cestos. Assim, esfriarão mais eficientemente. Chefes profissionais guardam frutas vermelhas em papel culinário, sem permitir que uma fruta encoste na outra.
- Blueberries e morangos congelam muito bem. Congele morangos sobre papel culinário, em uma única camada. Quando estiverem completamente congelados, coloque-os num saco plástico, e consuma em até um ano. Blueberries devem ser congeladas em suas embalagens originais, e aninhadas em sacos plásticos. Use blueberries descongeladas em muffins, panquecas, com aveia, em frappés e milk shakes e em tortas.

Congelando

- Para encontrar alimentos mais facilmente, designe algumas prateleiras para determinados tipos, como carnes, sobremesas, frutas e vegetais, pão e alimentos prontos. Use etiquetas nas prateleiras.
- Não espere milagres: seu freezer não congelará tudo o que couber nele da noite para o dia. Mas atingirá o pico em eficiência se sua lotação não exceder os 75% da capacidade.

BOM SABER

Acrescente apenas 1,5 quilos de alimentos não congelados por litro de acordo com a capacidade de seu freezer, de cada vez. Isso permitirá que a comida congele mais rapidamente, detendo o ritmo de crescimento das bactérias.

- Antes de guardar montes de comida, ajuste para o máximo a temperatura do freezer.
- Com um marcador permanente, identifique o conteúdo e a data de cada saco plástico — antes de enchê-los.
- Destaque as validades das embalagens congeladas. Ponha na frente as que devem ser consumidas primeiro.
- Use filme plástico liberalmente. Papel alumínio não funciona tão bem, pois no freezer torna-se quebradiço e não oferece um fechamento seguro. Saquinhos e filme dão mais certo.
- Congele produtos frescos imediatamente. Frutas congeladas em calda ficarão menos amolecidas e mais suculentas quando descongeladas. Para fazer uma calda leve, ferva duas partes de água e uma de açúcar. Esfrie a calda e use meio copo para cada dois de frutas.
- Frutas delicadas, como mangas, melões e mamões não congelam bem.
- Antes de selar os saquinhos que irão para o freezer, aperte-os para eliminar todo o ar.
- A temperatura do freezer deve estar em 0º, ou menos.
- Cole uma lista com o conteúdo do freezer no interior da porta da cozinha, ou de um armário, para uma checagem rápida. Acrescente e elimine itens da lista diariamente.
- Guarde cereais, arroz, farinha e macarrão no freezer se sua região for propensa a insetos.
- Guarde pó de café no freezer para ajudar a reter seu frescor. Use-o diretamente do freezer, já que descongelam rapidamente em contato com a água quente.
- Congele hambúrgueres crus em forminhas de cupcake.

- Guarde cascas de laranja e limão no freezer para quando uma receita pedir raspas.
- Divida em pequenas quantidades embalagens grandes de alimento para poder usar aos poucos. Congele porções de pesto, massa de tomate, vinho para culinária em cubos de gelo e peito de frango aos pares.

Para melhores resultados, não congele

- queijo duro (a não ser que esteja ralado, e você venha usá-lo em receitas com queijo derretido — ele esfarela quando descongelado)
- maionese, creme de leite e iogurte
- ovos cozidos
- merengue
- bebidas gaseificadas e qualquer tipo de enlatado (você pode congelar caixas de suco)
- peixe e crustáceos, se já tiverem sido anteriormente congelados
- batatas cozidas — embora batatas amassadas fiquem boas para caldos e sopas
- alho
- pepino, alface e aipo
- peras
- molhos cremosos

Churrasqueira

- Você terá uma limpeza mais fácil se forrar a base para o carvão com alumínio, que também refletirá o calor. Não forre se a churrasqueira for a gás — apenas mantenha limpa a bandeja.
- Acenda o fogo rapidamente construindo uma pirâmide com os carvões. Sature-os com um fluído leve, apropriado para acender churrasqueiras (nunca use querosene, gasolina ou outros líquidos inflamáveis), e acenda. Lave as mãos imediatamente após haver usado o fluido leve.
- Você também pode comprar carvão de fácil acendimento.
- Quando as brasas estiverem cobertas de cinzas (cerca de 25 minutos), estarão prontas para o churrasco. Espalhe as brasas no fundo da churrasqueira.
- Acrescente aroma à comida dispondo ervas — funcho, tomilho ou alecrim — sobre as brasas minutos antes de preparar os alimentos. As ervas durarão mais se você molhá-las antes de usar.
- Para evitar fumaça, não use muito óleo nos marinados e corte o excesso de gordura das carnes.

- Use spray antiaderente na churrasqueira antes de começar.
- Por motivos de segurança, ao usar uma churrasqueira a carvão, mantenha uma mangueira ou balde de areia por perto. Se houver fogo numa churrasqueira a gás, desligue-a e afaste-se dela.
- Prepare o jantar mais rapidamente levando ao micro-ondas aves e carnes antes da churrasqueira.
- Acrescente vegetais ao assado: ferva batatinhas por 5 minutos, disponha-as em espetos de metal, pincele-as com óleo e asse de 8 a 10 minutos. Sempre prepare frutas e vegetais nas margens da churrasqueira (a parte mais fria).
- Se sua churrasqueira não possui controle de temperatura, disponha as carnes a cinco centímetros das brasas; para terminar de assar, eleve a altura da grelha.
- Para a maioria das carnes, regule a altura da grelha para 15 centímetros acima do carvão.
- Guarde o acendedor de fogo longe da churrasqueira.
- A ventilação da churrasqueira pode ser ajustada para manter o nível de calor desejado. Quando totalmente aberta, a grande circulação de ar permite mais calor. Parcialmente fechada, o aquecimento é menor. Não feche totalmente a ventilação, a não ser que deseje extinguir o fogo.
- Ao assar peixe, primeiramente esfregue rodelas de batata sobre a grelha. O amido cobrirá o metal e evitará que a carne grude.

☆

MOVIMENTO ESTRATÉGICO

Para sair depressa...

- ***Reorganize a cozinha e as áreas de armazenamento para jantares improvisados de verão ao ar livre.***
- ***Guarde os utensílios de churrasco, carvão e acendedor, avental e luvas térmicas em locais de fácil acesso.***
- ***Mantenha os condimentos para hambúrguer e cachorro quente — ketchup, mostarda, maionese e picles — em um galheteiro plástico no refrigerador.***
- ***Disponha pratos e copos descartáveis, guardanapos, utensílios plásticos, saleiro e pimenteiro inquebráveis em uma bandeja, num armário próximo à porta de saída, para arrumar a mesa rapidamente do lado de fora.***

COMPRANDO COMIDA

Supermercados

Dicas rápidas para uma compra inteligente

- Crie uma rotina de compras no supermercado. Se você compra por atacado, vá uma vez por mês a distribuidoras. Então, tire um tempo semanalmente para ir ao supermercado.

- Não compre quando estiver com fome ou cansada. Será mais difícil tomar decisões sábias e econômicas.
- Evite as filas enormes dos supermercados comprando quando os outros não estão. Observe a rotina do supermercado para determinar o melhor horário para sua agenda. Certifique-se de que os serviços de que precisa estejam disponíveis no horário que escolher; alguns balcões de atendimento, como confeitaria e carnes, não funcionam cedo, nem tarde da noite.
- Mantenha uma lista de mercado num local central da casa para que os membros da família anotem suas necessidades. Quando abrir a última garrafa ou embalagem de algum item, acrescente-o à lista.
- Vá às compras sempre com a lista. Consultá-la evitará uma segunda viagem ao mercado em busca de itens que esqueceu, e que se sinta tentada a comprar coisas de que não precise.
- Ir de loja em loja em busca de "promoções" pode, na verdade, custar-lhe mais dinheiro (e tempo). Compre no mercado que preferir e, quando possível, use cupons de desconto.
- Entre e saia do mercado o mais rápido que puder. Para a maioria das pessoas, quanto mais tempo gasto nas compras, mais dinheiro gasto também.

☆

MOVIMENTO ESTRATÉGICO

Correr ao mercado sempre que precisa de algo gasta tempo, energia e dinheiro. Comprando itens não perecíveis quinzenalmente por atacado, você gastará menos tempo imprevisto na loja, não terá de correr atrás de itens que acabaram fora de hora, e economizará — já que grandes quantidades geralmente custam menos que unidades. Lojas por atacado incluem produtos descartáveis, de cosmético, limpeza, rações animais, materiais escolares, pilhas e lâmpadas. Antes de comprar, certifique-se de que possua lugar para armazenar os itens sobressalentes.

- Se a loja oferecer esta opção, escolha carrinhos pequenos. Você o encherá mais depressa e sentir-se-á mais disposta a desistir dos itens de que não precisa.
- Concentre-se na tarefa. Muito do que precisamos comprar regularmente — leite, ovos, queijo e carne — fica no fundo da loja, e os cor-

redores que nos conduzem até lá estão repletos de produtos atraentes, o que nos leva a compras impulsivas.

BOM SABER
Supermercados americanos estocam cerca de 45.000 itens.

- Para compras mais saudáveis, gaste mais tempo ao redor de prateleiras com produtos frescos, pães, peixes, carnes e laticínios. Com a exceção de cereais, grãos, massas, ervas e alguns congelados, os demais corredores do mercado contém apenas alimentos processados e *junk food*.
- Não compre itens de perfumaria no supermercado. A não ser que estejam em promoção, podemos comprá-los por preços mais baixos em farmácias.
- Tenha em mente as frutas e vegetais da estação — estarão menos caros e vieram, provavelmente, de algum produtor de sua região.
- Não pense que uma embalagem maior seja mais barato. Cheque o preço das unidades. O preço por unidade é o custo de uma pequena unidade de medida, como quilo, por exemplo.

BOM SABER
Procure queijo por toda a loja. O corredor de laticínios possui queijos previamente embalados, como cheddar, suíço e Monterey Jack. A delicatessem, e talvez uma mesa de frios, podem ter os mesmos produtos. Saiba o que deseja — tipos de queijo, origem e tempo de maturação — e compre pelo menor preço. Geralmente o queijo é menos caro no corredor de frios.

- Cuidado quando determinadas marcas estiverem em destaque. As batatas fritas podem estar na promoção, mas não o molho de tomate.
- Cheque a data de fabricação e validade. Certifique-se de que planeja usar o alimento antes que expire.
- Jamais compre embalagens amassadas, enferrujadas ou rasgadas.
- Cuidado com a forma de acomodar os itens no carrinho. Se a embalagem for danificada, o alimento pode ser contaminado.
- Atente para os alimentos que joga fora todas as semanas. Se sempre desperdiça leite ou alguma fruta, compre menos.
- Escolha as comidas do alto e do fundo das prateleiras do mercado. Os produtos mais caros são geralmente dispostos à altura dos olhos.
- Note que as lojas colocam à altura dos olhos das crianças os cereais mais caros e doces.
- Alimentos feitos em casa nem sempre são mais baratos. Às vezes, misturas para bolos, brownies e muffins podem sair mais em conta.

- Compre alguns pratos congelados para ter à mão nos dias mais difíceis. Alimentos congelados são mais baratos que sair para comer fora.
- Compare os preços das carnes fatiadas com o das peças inteiras. Uma não é necessariamente mais barato que a outra.
- Experimente produtos das marcas menos conhecidas. Verá que possuem a mesma qualidade que os de marca. Compare os ingredientes listados nos rótulos para determinar a similaridade dos produtos. Produtos de marca e genéricos às vezes são idênticos.
- Isso levará mais tempo. Porém, se souber o preço de tudo o que depositou no carrinho, poupará mais dinheiro. Alguns supermercados oferecem-lhe o produto gratuitamente caso o preço marcado no caixa seja mais alto que o da etiqueta. Para as promoções, tenha consigo o encarte de ofertas para certificar-se de que o preço cobrado foi o certo.

BOM SABER

- ***Guarde pão em sua embalagem original por cerca de dois a três meses no freezer.***
- ***Um bolo pode ser conservado por até dois dias em temperatura ambiente, e por até cinco, no refrigerador.***

- Se a loja não tiver disponível o item anunciado em oferta, peça um vale compras. Em alguns estados, temos o direito de recebê-los. Quando o item voltar às prateleiras, você poderá comprá-lo pelo preço anunciado durante a promoção.
- Empacote as compras para acomodá-las conforme a disposição de sua cozinha.
- Se um funcionário empacotar suas compras, certifique-se de que tudo tenha sido embalado e que todas as bolsas foram postas em seu carrinho.
- Tenha sempre no porta-malas um cesto grande, desses de lavanderia, a fim de evitar muitas idas e vindas na hora de descarregar as compras.
- Guarde num envelope as notas fiscais de supermercado por um mês. Talvez seja preciso devolver algum produto insatisfatório.
- Guarde as compras e prepare alimentos para a semana ao mesmo tempo:

  Refogue a carne moída que será usada durante a semana e guarde-a em potes com tampa.

Pique toda a cebola e pimentões que planeja usar. Coloque em sacos plásticos de sanduíche e congele.

Cozinhe ovos.

Corte em tirinhas os vegetais para sanduíches e merendeiras.

Guarde separadamente passas, batatas fritas, biscoitos, etc., para as merendeiras.

- Vá aos mercados dos produtores aos sábados. Faça desta saída um programa em família, e desfrute dos vegetais e frutas frescas nos jantares durante a semana.
- Compre caixas de fruta e vegetais ao invés de unidades, e ganhe cerca de dois reais por quilo. E já que um caixote não tem exatamente o mesmo peso que o outro, use a balança do fornecedor antes de escolher o caixote a comprar. Assim, levará algumas maçãs de graça.
- Compre pães e assados por atacado e congele.

Conhecimentos sobre carnes

- Ao comprar carne, um corte magro mais caro pode tornar-se mais econômico do que os que requerem que separemos ossos, excesso de gordura e nervos.
- Em vez de comprar filés cortados, compre carne bovina ou lombo de porco e faça você mesma os filés. Economizará mais de 30%.
- Compre a carne mais fresca possível. Hambúrguer deve ser consumido dentro de dois dias após a compra, ou congelado.
- Quanto mais pesada a ave, mais economia você fará. Como regra geral, uma ave de dez quilos possui mais carne por quilo do que uma que pese 7. Assim, você economizará cerca de 60 centavos por quilo.
- Espere cerca de 45% de desperdício se você descarta a pele do peito de frango. Frango desossado pode ser uma opção melhor para você.
- Ao comprar, ponha a embalagem do frango em um saco plástico, ou mantenha-o longe de tudo o mais em seu carrinho. A umidade ou um vazamento na embalagem pode contaminar os outros alimentos com salmonela.
- Prepare as carnes logo após havê-las comprado, ou embale-as novamente numa embalagem especial para congelamento antes de guardá-las no freezer. A carne disposta no supermercado é embalada em um tipo especial de plástico, próprio para exposição; esta embalagem é respirável e ajuda a manter a cor vermelha da carne.
- Compre uma peça de lombo suíno e corte-a em cubos. Você gastará cerca de 25% a mais se comprar o lombo já cortado.

- Em vez de costeletas de porco, compre paleta suína desossada e amacie-a refogando.

Não permita que frases a enganem

- Um produto com a etiqueta "10% grátis" pode ser tentador, mas antes de comprar, certifique-se de compará-lo a outras embalagens do mesmo produto para ter certeza de que realmente é econômico.
- "Novo" pode significar apenas isso, ou que apresenta nova cor, sabor ou fórmula.
- Evite promoções do tipo "Compre um e ganhe algo depois". As lojas sabem que pouquíssimos compradores retornam para buscar o bônus.
- Cuidado com produtos sem gordura. Gordura atua na textura e no volume. Quando é retirada de um alimento, é geralmente substituída por açúcar. Cheque os ingredientes e a tabela nutricional — pode ser que você fique melhor com porções menores da versão "normal".
- Cuidado com as propagandas. Produtos dispostos em destaque ou apresentados como "novos" — como biscoitos, refrigerantes, papel toalha — não são necessariamente barganhas, mas podem ser simplesmente promoções de itens de preço regular.
- Não seja seduzido a comprar o que não precisa apenas porque um aviso diz: "No máximo quatro por consumidor". As pessoas tendem a comprar mais quando a loja impõe um limite.
- Leve dinheiro à loja. Você gastará bem menos com comida do que gastaria se pagasse com cheque ou cartão.

Cupons

Se estiver disposta a investir algum tempo e realmente ama conseguir coisas por nada, cupons podem ser para você. Dependendo do tempo que estiver disposta a gastar, em qualquer lugar poderá economizar de alguns centavos até a metade do preço. Embora seja difícil ver o valor da tarefa trabalhosa de recortar e organizar cupons apenas para poupar alguns centavos, você ficará surpresa com o quão rapidamente estas pequenas quantias crescem. Estas dicas a ajudarão a tirar vantagem dos cupons sem aborrecer-se com eles.

- Comece aos poucos. Experimente usar um ou dois cupons na primeira semana. Os hábitos sempre começam devagar.
- Estabeleça uma rotina. Reserve 10 minutos semanalmente (ou 20, ou 30) para cortar e arquivar os cupons. Se agendar um período semanal para fazer isto, é mais provável que consiga. Você pode trabalhar nos cupons enquanto assiste TV ou conversando ao telefone.

- Pense antes de cortar. Não recorte cupons de produtos ou marcas com os quais não está familiarizada; a economia não valerá a pena se o produto não for satisfatório.
- Seja seletiva. A maioria dos cupons de comida refere-se a alimentos semi-prontos. Apesar de estes alimentos poderem ser comprados mais baratos, pergunte a si mesma se não estará introduzindo à sua família itens menos saudáveis, fazendo com que desenvolvam o hábito de consumir algo que não lhes fazia falta. Você pode potencialmente estar criando uma conta de mercado maior para o futuro.
- Saiba dizer não a cupons desrespeitosos para porções enormes, maiores que as que costuma consumir. Você irá desperdiçar a maior parte da comida.

BOM SABER
Anualmente, em média um lar americano gasta $6.000 com alimentos.

- Marque. Circule ou destaque as datas de validade com duas cores diferentes para selecioná-los rapidamente. Use uma cor para destacar os que expirarão brevemente (dentro de seis semanas) e outra para os que lhe derem um ano ou mais de prazo.
- Seja organizada. Guarde os cupons em envelopes etiquetados, numa pasta sanfonada ou num organizador de cupons. Ou crie um quadro especial para eles. Crie categorias no alto do quadro, como laticínios, carnes, não perecíveis, produtos de limpeza, lanches. Deixe-o num lugar mais discreto, como a área de serviço. (Essa é uma excelente forma de recordar-se diariamente dos cupons que possui, embora o visual do quadro não seja muito bonito).
- Elimine. Tire tempo mensalmente para jogar fora os cupons vencidos.
- Simplifique. Escreva a lista de supermercado num envelope, e guarde os cupons que correspondam à sua lista nele. Destaque os itens da lista para os quais possui cupons.
- Aumente suas economias. Quando alguma loja lhe der cupons de desconto, certifique-se de tirar deles o melhor proveito.
- Partilhe o tesouro. Troque cupons com amigos, vizinhos e colegas de trabalho. Desta forma, poderá coletar inúmeros cupons de produtos que usa diariamente e doar cupons de que as outras pessoas precisam. Quando tiver muitos cupons do mesmo item, poderá estocar — compre quantas unidades forem permitidas.
- Guarde de forma inteligente. Guarde o dinheiro que ganhou com os cupons imediatamente no banco. Guarde o dinheiro para algo especial.

- Viagens inteligentes. Mantenha cupons de fast-food no porta-luvas para acessá-los facilmente.
- Planeje com antecedência. Ao folhear uma publicação com cupons, marque as páginas onde estejam os que deseja aproveitar.
- Abata os descontos. Só valerá a pena usar determinados cupons caso o desconto oferecido pelas promoções da loja não supere seu valor.

Cooperativas de Alimentos

Uma cooperativa de alimentos é um grupo de pessoas que somam seu poder de compra para obter descontos adquirindo grandes quantidades. Grupos podem atingir volumes de compras que indivíduos isoladamente não conseguem. Existem muitos tipos de cooperativa: laticínios, pão, temperos, frutas e vegetais, orgânicos, e muito mais. A frequência de compras e o número mínimo de pedidos podem variar, e algumas cooperativas requerem pequenas taxas para ingressar como sócio. Outras requerem que trabalhe algumas horas comprando, entregando, separando, cobrando, trabalhando na administração e fazendo contatos.

Vantagens

- Comprar de casa. (Geralmente se faz os pedidos por telefone, fax ou e-mail).
- Grandes descontos. A economia é significativa, mesmo em pequenas quantidades.
- Sem compras impulsivas. É preciso pensar as decisões sobre o que deseja antes de fazer um pedido.
- Alimentos frescos. As cooperativas eliminam diversos intermediários, presentes no sistema dos supermercados. Por isso, os alimentos chegam até você mais rapidamente. Em muitas cooperativas de frutas e vegetais, os produtos são comprados diretamente dos produtores. Você pode desfrutar de alimentos saudáveis, orgânicos, sem sódio e açúcar.

Desvantagens

- Quantias. Às vezes são maiores do que precisamos. Você pode não necessitar de 25 quilos de arroz.
- Tempo. Se precisar de algo antes do dia de entrega, a demora pode ser frustrante.
- Substituições. Às vezes o que pedimos é eliminado do pedido do grupo porque poucas pessoas solicitaram o item. Neste caso, o produto é substituído — e pode ser que a sua família não goste de algo.

Restaurantes

- Faça reservas seis horas antes do horário em que deseja jantar — é nesse período que começam os cancelamentos.

BOM SABER

Peixes que geralmente apresentam baixa taxa de mercúrio são: linguado, manjuba, tilápia, salmão, peixes de criadouros e robalos.

- Se pedir peixe num domingo, lembre-se de que ele provavelmente esteve fresco no sábado.
- Limite as saídas para comer fora nos feriados. Pagamos mais pela mesma comida servida diariamente.
- Seja um cliente regular. Você será melhor atendido.
- Saia para almoçar, e não para jantar. Você poderá pagar metade do valor pelo seu prato favorito.
- Deixe que os novos restaurantes melhorem; não os frequente antes de pelo menos três meses.
- Quer um serviço amigável? Seja amigável também.
- Se estiver tentando economizar na conta, veja o que está bebendo. Refrigerantes costumam ser superfaturados.
- Não tenha vergonha de pedir que as sobras sejam embaladas. O jantar de hoje poderá ser o almoço gourmet de amanhã.
- Se comer fora com crianças, tente chegar cedo ao restaurante. O serviço costuma ser mais rápido e os pequeninos não ficarão muito tempo inquietos antes de a comida chegar.
- Leve atividades para as crianças, para o caso de demoras. Canetas, uma pequena caixa de lápis, um livro de atividades ou um bloco de papel, bonecas de papel e uma lousa magnética, tudo belamente arrumado uma pequena bolsa que caiba dentro da sua, ou na bolsa do bebê.
- Tenha consideração pelos outros clientes, e não leve crianças a restaurantes muito caros e luxuosos. Os demais adultos estão pagando por uma noite livre de crianças, e não desejam ouvir o ruído das suas durante a refeição.
- Se tem pouco apetite, considere pedir uma entrada como prato principal.

CAPÍTULO 4

GERENCIANDO RELACIONAMENTOS COM FAMILIARES E AMIGOS

Se pudesse contar apenas um dos segredos que fortaleceram nossa família, não explicaria a forma de organizarmos nossos armários, como lidamos com a agenda ou como poupamos dinheiro fazendo sozinhos o telhado novo. Eu lhe contaria como Bill e eu tentamos, entra dia, sai dia, fazer com que os cinco seres humanos de nossa família demonstrassem amor e respeito pelo próximo, e permanecessem comprometidos uns com os outros — parentes, amigos e conhecidos — de forma significativa. De todas as regras do Gerenciamento Familiar, a que levo mais a sério é estimular e manter relacionamentos significativos e nutrir as almas cofiadas a mim por Deus.

Numa família, o RH soletra-se m-a-m-ã-e, e é uma posição crítica.

Gosto de comparar o Departamentos de Amigos e Família ao de Recursos Humanos de uma empresa. O RH estimula a lealdade à companhia oferecendo plano de saúde, programas de bem estar e oportunidades para os empregados aprimorarem e triunfarem, ampliando-lhes as habilidades. Provendo recompensas palpáveis — bônus e promoções, por exemplo — o RH inspira os trabalhadores a fazer o melhor. Quando há queixas ou disputas, o RH intervém para resolvê-las.

Gerentes de recursos humanos enviam empregados a cursos e seminários; trabalham com eles para avaliar suas performances e estabelecer novas metas. Em algumas empresas, também organizam atividades e eventos, como o piquenique anual, o time de futebol ou o voluntariado. Essas medidas não trazem resultados imediatos, mas beneficiam a empresa em longo prazo porque preveem oportunidades de as pessoas aprenderem a trabalhar juntas, a comunicarem-se melhor e a esclarecerem suas prioridades.

Numa família, o RH soletra-se m-a-m-ã-e, e é uma posição crítica. Como outros gerentes, você é responsável por "seu pessoal". É encarregada de ajudá-los a desempenhar seus papéis e desenvolver habilidades — em resumo, a orquestrar oportunidades para que todos possam tornar-se a melhor pessoa que puderem.

Não quero levar a analogia com os negócios tão longe. Algumas pessoas podem não gostar que se fale acerca de "gerenciar" relacionamentos, e não é bem isso que desejo transmitir. O objetivo chave de gerenciar este departamento é viver consciente de que nossa tarefa mais importante como esposas, mães, filhas, amigas e Gerentes de Família é edificar relacionamentos amorosos e duradouros. Quando me lembro disso, tudo se encaixa.

Se você ganhasse na loteria e pudesse contratar funcionários que cuidassem de toda a casa em tempo integral, descobriria que muitas das responsabilidades do Gerenciamento de Familiares e Amigos não podem ser delegadas. Ninguém mais pode ser uma esposa para seu marido, uma mãe para seus filhos, uma filha para seus pais, uma nora para seus sogros, uma irmã para seus irmãos e companhia para seus amigos.

O desenvolvimento e a nutrição de relacionamentos pessoais — trabalhar em prol do matrimônio, instruir os filhos, manter unidos os parentes, preparar uma sopa para um vizinho doente e fazer amigos — é a função vital do Gerenciamento Familiar. Ninguém mais é tão importante. Mas é fácil aborrecermo-nos com as tarefas do cotidiano, com seus detalhes e dilemas, e dedicar a esta área menos atenção do que a merecida.

Mais que nunca, Gerentes Familiares devem lutar por tempo de qualidade com familiares e amigos. Uma infinidade de distrações separam-nos uns dos outros. Esportes, por exemplo, não são temporários, mas duram o ano inteiro. E veja os domingos! O domingo costumava ser diferente dos outros dias da semana. Um dia de descanso. Um dia para adorarmos juntos. Para desacelerarmos, cozinharmos uma refeição como se fosse um lazer, e apreciarmos juntos. Mas hoje muitas famílias veem-se correndo da igreja para a aula de balé, para a festa de aniversário, para jogos de futebol — ou até lutando por uma vaga no estacionamento do shopping. O domingo até tornou-se o segundo dia mais movimentado nos supermercados.

Nossas agendas não apenas ficaram apertadas, mas raramente desconectamo-nos do mundo. Quanto mais amamos nossos computadores e aparelhos eletrônicos, já que o único momento em que os desligamos é quando ficamos sem sinal, podemos estar certos de que nos encaminhamos a relacionamentos desastrosos com as pessoas com quem mais nos importamos. Construir relacionamentos fortes não acontece simplesmente. Requer trabalho e compromisso, reservando tempo diariamente para desconectarmo-nos do resto do mundo e ligarmo-nos a nossas famílias.

O Mais Importante a Lembrar

1. O maior chamado de todos os membros da família é ajudar um ao outro a cumprir a vontade de Deus.
2. A família é a organização mais importante do mundo, e o Gerenciamento Familiar, o trabalho mais importante que você terá.
3. O Gerenciamento Familiar é mais que prover uma casa limpa e ordenada. Diz respeito a nutrir sua família e ajudá-la a conectar-se de forma significativa uns com os outros, com o mundo lá fora, e talvez o mais importante, com seus talentos, habilidades e espíritos, para que sejam as pessoas que Deus planejou que fossem. Diz respeito a criar uma atmosfera onde sua família possa desfrutar a vida rindo e aprendendo juntos. É fazer do lar uma estufa onde as existências humanas possam florescer.
4. Os pequenos gestos de amor que demonstra aos membros de sua família diariamente irão, com o tempo, causar grandes diferenças que, de onde está agora, não consegue perceber.
5. É em casa, através de seus ensinamentos e exemplos, que seus filhos aprendem quem são e, no final, como proceder na vida.
6. O relacionamento entre marido e mulher é o mais importante da família. A qualidade da relação entre pais e filhos e a segurança da criança dependem da qualidade e profundidade do relacionamento conjugal.
7. Ensine às crianças que a escola é o trabalho delas, e que é tão importante quanto o trabalho da mamãe e do papai.
8. Aja segundo o comportamento que deseja que seus filhos demonstrem. Crianças não aceitam comportamentos duplos.
9. As habilidades relacionais que as crianças assimilam em casa facilitarão a formação de relacionamentos saudáveis com amigos, colegas de classe, cônjuges, colegas de trabalho e sócios no futuro.
10. A família é uma criação de Deus. Ele sabe como fazê-la funcionar.

Há uma boa razão para este departamento ter primazia sobre as outras responsabilidades do Gerenciamento Familiar. Cuidar de mentes, corpos e almas é inestimavelmente mais importante que ter uma casa de revista. Por que você tira tempo para conversar com seu cônjuge sobre seus sonhos e frustrações? Por que leva seus filhos regularmente ao médico e ao dentista, e lê para eles à noite? Por que procura conhecer os amigos de seus filhos? Por que telefona para um amigo que está passando por períodos difíceis? Por que pega a correspondência do vizinho quando ele está fora? Em todas estas pequenas coisas, investimos diretamente na vida.

Mesmo trazendo grandes recompensas, o departamento de Amigos e Familiares pode produzir mais estresse e culpa que qualquer outro, por duas razões. Primeira, estamos lidando com seres humanos que possuem sentimentos, e não com armários que precisem ser arrumados. E segunda, muito do que fazemos neste departamento está sendo avaliado e, ao mesmo tempo, não é mensurado.

Digamos que tenha decidido não passar pano no chão da cozinha para jogar com seus filhos. Com cinco minutos de partida, sua filha teve de voltar 30 casas. E em segundos jogou o tabuleiro do jogo no chão, espalhando as cartas e peças por todo lado. Ou quando você liga para sua mãe pelo 13º dia consecutivo para ver se está bem, e ela reclama que se sente negligenciada porque você nunca viaja cruzando o país para visitá-la.

Pense nisso. Quando a pintura da casa está descascando, não chora, zanga-se, nem lhe diz que é um proprietário horrível. Quando você planeja poupar 150 reais por mês e ao final do ano tudo o que conseguiu foi mil, o banco on-line não a chama de perdedora. Seus amigos e familiares, porém, são geralmente rápidos em deixar perceber seus sentimentos.

A despeito da frustração em potencial neste departamento, há também a possibilidade de grande satisfação em servir o próximo. Podemos acalmar nossa filha quando faz uma birra, e começar a ensinar-lhe algo sobre comportar-se graciosamente. Podemos diminuir a dor da solidão de nossas mães dizendo-lhes o quanto gostaríamos também de estarmos próximas. Quando sinceramente damos a alguém a dádiva de nosso tempo, energia e amor, somos duplamente abençoadas em razão do efeito bumerangue. Uma dádiva genuína sempre volta ao doador. Todo sentimento investido em cuidar do próximo é devolvido com grandes lucros.

Manter a atitude de servir ao próximo é um problema em alguns dias. Mas não desista. Todos sentimos a tensão. Desejamos doar-nos ao próximo, embora saibamos que se nos doarmos a muitas pessoas ou prometermos mais do que podemos dar, terminaremos doando e recebendo muito pouco. Há momentos em que todos temos de parar e perceber que pessoas são mais importantes, e o quanto podemos doar-lhes.

Espero que ao tomar decisões diárias sobre amigos e familiares — decisões que de fato podem ter consequências extraordinárias — encontre orientação relevante nas páginas a seguir.

ESTRATÉGIAS E SOLUÇÕES PARA GERENCIAR FAMILIARES E AMIGOS

CONSTRUINDO RELACIONAMENTOS FAMILIARES

Investindo no Matrimônio

Os filhos sentem-se seguros em saber que o papai e a mamãe se respeitam e se amam. Mas bons matrimônios não acontecem simplesmente. Se acha que seu casamento está ficando rançoso, reveja a lista abaixo e perceba como pode dar um passo para melhorá-lo hoje. (E se não for casada com o pai de seus filhos, lembre-se de que seu relacionamento com ele ainda é importante. Leia as páginas 164-165 para algumas dicas de como edificar respeito mútuo).

- Não considere o divórcio uma opção. Aprenda que amar de verdade requer trabalho duro e tempo, e é sempre mais fácil desistir.
- Passem tempo falando e ouvindo um ao outro todos os dias — mesmo se estiver cansada.
- Pense no casamento como uma parceria. Não presuma que determinadas tarefas sejam sempre responsabilidades da mamãe ou do papai. Generosidade e disponibilidade de tempo, e não tradições devem guiá-los na partilha das cargas.
- Peça perdão e aprenda a perdoar. Se fez algo errado, admita sem desculpas, e peça ao seu companheiro que a perdoe.
- Aceitem as falhas um do outro. Lembre-se de que ambos são humanos e irão desapontar-se mutuamente. Quando isso acontecer, conversem, apesar das diferenças, e honrem um ao outro.
- Aprendam a linguagem do amor um do outro para que possam dizer "eu te amo" de maneira significativa.
- Encontrem e passem tempo juntos em interesses comuns. Trabalhar em projetos ou praticar um lazer juntos cria laços duradouros.
- Ouçam mensagens inspiradoras e audiolivros juntos. Isso é especialmente bom se fazem trajetos curtos de carro. Conversem sobre o que aprenderam.
- Orem juntos diariamente.
- Exercitem-se juntos regularmente. Encorajem-se a levar uma vida mais saudável. Caminhem juntos.

- Deem espaço um ao outro para interesses diferentes. Seguir seus próprios hobbies, amizades e carreiras — além de passarem tempo em interesses comuns — possibilita-lhes apreciar e aprender mais um com o outro.

MOVIMENTO ESTRATÉGICO

Estabeleça um dia, ou porção de tempo, que seja sagrado para a sua família. Talvez as sextas à noite, manhãs de sábado ou tardes de domingo. Tanto quanto possível, mantenha sua agenda livre de compromissos fora e dedique este tempo a atividades em família.

- Lembre-se de que amar é um verbo; conjugue-o todos os dias. Inclua-o em sua lista de afazeres.
- Não parem de namorar. Contrate a babá para três noites de namoro. Planeje ao menos duas saídas por ano sem as crianças. Todo casal precisa de tempo para si.
- Reservem um tempo a cada mês para discutirem suas agendas e metas da família.
- Nunca se deitem zangados. Continuem conversando.
- Invistam em aconselhamento, se preciso. Quando se aproximarem perigosamente do rompimento de seu matrimônio, retrocedam, reflitam e lembrem-se de que vale a pena lutar por ele, e de que isso não requer apenas tempo, mas muita paciência e oração.

Relacione-se Bem com o Pai de seus Filhos e seu Ex-marido

Se não for casada com o pai de seus filhos, faça o possível para manterem um relacionamento cordial, por amor às crianças. Antes de afirmar que isso é impossível, considere o seguinte:

- Policie a forma de falar sobre o pai deles. Não precisa elogiá-lo falsamente, mas certifique-se de não o estar criticando ou, inconscientemente, pedindo às crianças que fiquem do seu lado, e contra ele.
- Aprenda a comunicar-se efetivamente. Seja discutindo visitas ou requerendo o pagamento da pensão, é fácil tornar-se emotiva ao conversar com um ex- cônjuge. Infelizmente, isso raramente leva a resultados produtivos. Aprenda a espelhar o que ele está dizendo ("ouvi você dizer que não sabe lidar com Jason quando ele se recusa a aprontar-se de manhã para a escola"), ou esclareça bem as coisas ("então você está afirmando que não pode pegar as crianças em suas férias, mas gostaria de visitá-las no feriado de Páscoa?).
- Encontre apoio. Se é mãe solteira, talvez uma amiga ou colega de trabalho também o seja, e possa oferecer-lhe solidariedade e encorajamento quando sentir que chegou ao limite. Muitas igrejas e asso-

ciações comunitárias oferecem grupos de apoio onde poderá partilhar suas ideias e descarregar frustrações. Geralmente oferecem atividades simultâneas aos filhos dos participantes.

- Não admita abusos. Se seu ex-marido é abusivo verbal ou fisicamente com você ou seus filhos, não permita que isso prossiga. Procure ajuda de um pastor, conselheiroou da delegacia da mulher de sua região.

Formas Simples de Ser uma Grande Mãe

Se estivéssemos apenas entre nós, todas provavelmente confessaríamos que houve dias em que desejamos estar liberadas da maternidade. Lembro-me de tais dias, como aquele em que tive de parar o carrinho superlotado de compras e tirar meu filho de três anos de dentro dele para um momento de disciplina, porque ele teve um ataque do tipo que nem jaula segura, no corredor de cereal. Ou quando o diretor ligou para contar-nos que o nosso filho que estava na 2ª série havia batido num colega de classe, e depois o xingara. Ou quando uma garota apareceu em nossa casa para estudar com nosso filho de 14 anos, usando roupas que deixavam muito a desejar — como mais tecido, por exemplo.

Se você começa a sentir-se incompetente como mãe e tudo o que consegue fazer é martirizar-se por não dominar a psicologia infantil, por favor, leia este capítulo e lembre-se dessas verdades: (1) Todas as mães têm dias ruins; (2) Mãe perfeita não existe; (3) Você não precisa de um talento surpreendente, de diploma, nem de um monte de dinheiro para ser uma grande mãe. Eis algumas coisas que *todas* podemos fazer para sermos uma super mãe.

Esteja disponível. Seus filhos devem saber que você está lá quando precisarem. Isso não significa que deve programar sua vida de acordo com os caprichos deles. Não

DIVERSÃO PARA AS CRIANÇAS

Faça um jogo de conhecimentos gerais. Escreva perguntas em um lado de uma ficha, e respostas, no outro. Empilhe as cartas e deixe que os membros da família revezem-se para tirá-las. Se a pergunta for respondida corretamente, o jogador fica com a carta. A pessoa que tiver mais cartas vence. Eis algumas sugestões de perguntas:

- ***Onde foi o primeiro encontro do papai e da mamãe?***
- ***Em que mês a mamãe e o papai ficaram noivos?***
- ***Qual foi a primeira palavra de Ben?***
- ***Em que viagem de férias Jonathan aprendeu a estalar os dedos?***

é saudável para uma criança achar que o universo gira em torno de si. Disponibilidade significa que você está aberta e que se doa de boa vontade, sem arrependimento. Se tem uma agenda cheia, priorize dedicar tempo exclusivo a cada filho.

Seja generosa de amor e perdão. Assegure aos seus filhos que são amados e aceitos mesmo quando falham. Nunca negue contato físico ou visual, mesmo quando cometerem erros ou a desapontarem. Certifique-se de que saibam que mesmo que você desaprove suas atitudes ou ações, ama-os incondicionalmente. Abrace, segure e toque seus filhos de forma amorosa e apropriada todos os dias. Olhe em seus olhos regularmente e diga-lhes o quanto os ama.

Elogie abundantemente. Crianças nunca saciam sua carência por grandes doses de elogios — não importa suas idades. A regra "cinco para um" é um ótimo parâmetro a seguir: Balance cada comentário negativo que fez a uma criança com cinco afirmações positivas. Pense antes de falar. Pergunte a si mesma se o que está querendo expressar irá edificar ou entristecer seu filho. A cada dia, encontre formas de afirmar os talentos e a personalidade única deles. Encoraje os demais familiares a fazer o mesmo uns com os outros.

BOM SABER

Estudos mostram que o ser humano ri mais aos quatro anos do que em qualquer outra época da vida. Isso é mais sério do que possa parecer. Risadas fazem com que o cérebro produza endorfina, que alivia o estresse e ativa o sistema imunológico. Ria de si mesma e com os outros. Ensine seus filhos a fazer o mesmo. Priorize que a família ria e divirta-se unida.

Seja justa. Todas sabemos que as pessoas são diferentes — na teoria. Mas quando temos de viver com suas peculiaridades em nossa casa, o procedimento operacional padrão parece ser "mexer e arrumar", em vez de "aceitar e afirmar". Nossos filhos farão coisas que nos perturbarão, e às vezes irão desobedecer-nos descaradamente. Mas antes de reagir, devemos parar e pensar: *Este é um problema do meu filho ou meu? Há realmente uma forma "perfeita" de retirar o lixo, limpar um cômodo ou fazer o dever de casa? Há algo realmente errado no que minha filha está fazendo, ou ela simplesmente não está executando do* meu *jeito?*

Seja divertida. Por mais estranho que pareça, divertir-se com seus filhos tem muito que ver com a forma pela qual reagem à sua firmeza. Os momentos que passam rindo, brincando e aproveitando juntos a vida fazem grandes depósitos na conta bancária emocional das crianças. Você expressa-lhes amor e comprometimento de formas palpáveis. Então, quando chega a hora de ser firme e administrar a disciplina, eles reconhecem que isso é motivado por sua preocupação com eles.

Encontro muitos pais que permitem que suas agendas lotadas e o estresse da vida roubem todo o tempo de diversão. Os resultados não são belos: Eles começam a levar a vida, e a si mesmos, muito a sério. Sentem-se culpados por não brincar e não apreciar sua família, então racionalizam seus sentimentos afirmando que optaram por um "tempo de qualidade" em vez de quantidade de tempo. Têm momentos com seus filhos entre reuniões, compromissos e outros "trabalhos importantes". A verdade é que não conseguem enganá-los, fazendo com que pensem que estão gostando de ficar um tempo com eles, enquanto suas mentes estão em qualquer outro lugar.

Outros pais ficam com seus filhos (entenda: fisicamente presentes) por longos períodos de tempo, mas não estão realmente com eles. Sentados juntos em frente à TV ou trabalhando no computador com a criança no cômodo ao lado não é um investimento emocional significativo. Quanto à criação, tempo de qualidade e quantidade de tempo são como o oxigênio que os filhos respiram. Embora a qualidade do oxigênio seja importante, a quantidade determina se irão crescer ou não.

Seja autêntica. Porque os filhos não possuem manual de instrução, cada pai cometerá erros. Enquanto tenta personalizar sua forma de agir para cada filho, tente lembrar-se de que eles não precisam de um perito, mas de um guia. Quando prestes a explodir, apenas admita isso, aprenda com isso, levante-se e prossiga. Longe de minar sua posição, a humildade dirá às crianças da forma mais poderosa: "Verdadeiramente estou com você. Não estou tentando transformá-lo em algo que não é. Eu o amo e estou no seu time".

Disponha-se a pedir ajuda. Se enfrenta uma situação mais séria ou uma questão permanente com um filho, procurar um pastor ou conselheiro profissional não é sinal de fraqueza — na verdade demonstra grande coragem, e pode ser o ato mais amoroso que pode tomar quanto a ele.

O Time do Lar

Forme o time da família

O bom gerente, de um lar ou de uma empresa, delega tarefas, assume responsabilidades por projetos iniciados e provê a assistência necessária. O bom Gerente Familiar está sempre aprendendo a fazer sua família trabalhar como um time. Até criancinhas podem aprender a guardar seus brinquedos, ajudar a dobrar roupa juntando meias, e limpar rodapés com meias nas mãos.

Algumas mães pensam estar fazendo um favor às suas famílias atuando como empregadas domésticas. Mas não é assim. Famílias que partilham responsabilidades nas tarefas domésticas são geralmente mais saudáveis e felizes que aquelas em que uma pessoa (comumente a mãe) faz a maior parte do trabalho. Prestamos um favor aos nossos filhos quando os envolvemos em tarefas domésticas. Ensinamos-lhes habilidades para a vida, como pôr louça na lavadora e passar pano no chão, que lhes serão úteis. Também lhes transmitimos capacidades cooperativas e colaborativas. Além disso, delegar ajuda a equilibrar responsabilidades e a carga de trabalho entre os parceiros. E isso constrói a ideia de que o lar pertence a todos, já que todos contribuem com seu cuidado.

Use estas estratégias para formar seu próprio "time familiar de limpeza".

Ajude os membros do time a adotar a causa. Sua família não comprará a ideia de dividir as tarefas do lar apenas porque a mamãe pediu, ou porque os Smiths o fazem. Se a família entender como e porque um novo sistema melhorará suas vidas, estará mais propensa a tentar. Por exemplo:

- "Se a casa estiver limpa, você poderá receber amigos".
- "Se todos trabalharmos, o serviço ficará pronto mais cedo e teremos mais tempo para diversão".
- "A mamãe ficará de bom humor". (Isso vale muito).
- "Querido, se você e as crianças encarregarem-se de recolher a bagunça do dia antes da hora de dormir, terei mais energia para você depois".

Disponha-se a negociar. Todos têm um nível diferente de tolerância para a sujeira. Há muito de verdade no velho ditado "O lar deve ser limpo o bastante para ser saudável e sujo o bastante para ser feliz". Noutras palavras, não conheço ninguém que goste de insetos arrastando-se pelos balcões. Por outro lado, quem se importa se a pia está brilhando, se a mamãe está sempre agindo como uma megera? É importante que você encontre um nível de limpeza confortável e baseado na colaboração de todos. Isso significa que todos terão provavelmente de fazer um pouco (e talvez, em alguns casos, muito); mas isso é o que forma um time e uma família.

Crie a definição de *limpeza* de sua família. Seja específica quanto aos padrões para cada cômodo e deixe que todos opinem. Talvez seu adolescente dê uma descrição geral de como gosta do banheiro: limpo. Ele provavelmente nunca pensou em porque há ou não há limo no box ou no que aquela escovinha engraçada está fazendo atrás do vaso. Criar uma definição de *limpo* é um excelente trampolim para discussão e uma boa forma de iniciar o processo de delegar tarefas necessárias para manter sua definição de *limpo*.

Estabeleça progressos com uma atitude positiva. Ninguém agarrará a oportunidade de fazer parte de seu time se você for negativa ("Estou doente e cansada de viver num chiqueiro") ou crítica ("Você não faz nada..."). Vociferar ordens é para pelotão da merinha e bando de cães.

Flagre os membros da família fazendo um bom trabalho e elogie-os. Se estiverem tentando, mas ainda não fizerem o trabalho corretamente, tire alguns minutos para encorajá-los e mostrar-lhes como executar a tarefa. Por exemplo, se sua filha tentou limpar a cozinha, elogie-a por haver colocado os pratos na lavadora. Se ela esqueceu de que limpar a pia e os balcões faz parte do trabalho, ofereça-se para mostrar-lhe como fazer e expresse sua confiança em sua habilidade para completar o serviço na próxima vez.

Seja compassiva e expresse confiança na habilidade do time em fazer um bom trabalho. Suas expectativas positivas e elogios quando o serviço é feito sempre elevam o nível da performance e criam um relacionamento mais positivo entre você e os membros do time. Agradeça ao seu marido e filhos por cada tarefa que executam, mesmo que espere mais deles. Sempre expresse gratidão.

MOVIMENTO ESTRATÉGICO

Maximize o tempo com sua família ao fim do dia. Vista roupas confortáveis e desconecte-se do mundo para poder conectar-se a ela. Desliguem todos os aparelhos eletrônicos e façam algo divertido juntos.

Não aceite não como resposta. Muitas mães se perguntam o que fazer quando os filhos não cooperam nem cumprem suas responsabilidades com a casa. Pense nestas questões: Seu filho assiste TV? Joga na TV ou no computador? Gosta de usar brinquedos e aparelhos eletrônicos?

- Estas atividades, e outras como estas, são *privilégios*, e não direitos. Você realmente ajuda seus filhos quando adota uma política que diga: Até que cumpra suas responsabilidades, não terá seus privilégios.
- Mais importante que a cooperação das crianças é a lição que aprendem sobre a vida real. É assim que o mundo dos adultos funciona: se não cumprimos nossas responsabilidades no trabalho, não temos o privilégio de receber um salário, e até mesmo de ter um emprego.
- Não tema trocar permissões por contribuições. Seus filhos merecem aprender em casa, onde as estacas são menores, em vez de no mundo frio e cruel, onde as barreiras são gigantescas.

Seja flexível. Eventos inesperados podem interromper a melhor das rotinas. Adapte-se à interrupção em vez de postar-se contra ela. Seu investimento em passar um tempo com sua filha desencorajada valerá mais a pena que uma casa aspirada. Fazer uma caminhada ou piquenique este fim de semana pode fazer mais pela moral da família do que um dia gasto empunhando flanelas ou limpando closets bolorentos.

Seja dinâmica quanto à forma de ajudar seu marido a fazer bem seu trabalho. Maridos são pessoas, e pessoas que acreditam que você faça parte do time delas tornam-se mais propensas a querer fazer parte de seu time. Interesse-se ativamente pela carreira de seu esposo. Pergunte-lhe sobre o estresse e os acontecimentos relacionados ao seu trabalho. E então, ouça suas respostas. Esteja atenta aos dias em que mais se encontra ocupado e ajude como puder, talvez fazendo as tarefas dele ou dando-lhe, ocasionalmente, uma noite livre de serviços.

Expanda seu time, se for mãe solteira. Explique o conceito de trabalhar como uma equipe aos seus filhos o mais cedo possível. Considere juntar-se à outra mãe solteira para que se ajudem a limpar a casa. Você e seus filhos vão à casa dela por duas horas semanalmente; ela fará o mesmo por você. As crianças com idade suficiente podem ajudar nas tarefas de limpeza, ou entreter os menorzinhos enquanto o serviço é feito. Quando as tarefas terminarem, façam algo divertido para recompensar as crianças por sua cooperação.

Tenha em mente que a formação do time é um processo. Não é algo que você faz, e pronto. Neste aspecto, é como limpar um banheiro, só que mais divertido! E nos dias em que pensar que sua missão é impossível, lembre-se de que Deus criou o seu time e faz parte dele. Ele está pronto a dar-lhe a sabedoria, a força e a paciência de que precisa para manter a família trabalhando unida para cumprir seus propósitos na terra.

Formando um time em 10 minutos

Formar um time é divertir-se e trabalhar juntos. Você não precisa de uma foto oficial, de expedições de aventura, nem de seminários de treinamento para promover uma comunicação saudável e estreitar os laços familiares. Você pode praticar táticas poderosas de formação de equipe em seguimentos de 10 minutos durante a semana. Pense nestas ideias:

- Tire 10 minutos aos domingos à noite para rever a agenda semanal da família. Certifique-se de que todas as atividades estejam listadas no calendário familiar, localizado num local central. Dê lembretes a todos dos detalhes importantes da agenda.
- Acordem 10 minutos mais cedo para que possam tomar um café da manhã simples em família. Usem estes momentos para conversar sobre os acontecimentos do dia e reafirmar às crianças de seu amor.
- Procure meios de acrescentar diversão às tarefas do lar. Ligue o timer da cozinha e faça a corrida da roupa dobrada. Quem consegue dobrar mais em 10 minutos?
- Gaste 10 minutos fazendo uma pesquisa online sobre eventos da semana na comunidade. Planejem fazer algo divertido juntos.
- Trabalhem num quebra cabeça desafiador 10 minutos a cada noite, antes de irem para a cama, até que o terminem.
- Tire 10 minutos para fazer algo especial por algum membro da família. Faça uma massagem nas pernas de seu filho após o treino de

futebol. Leve as roupas de seu marido à lavanderia quando ele estiver atrasado.

- Encontre 10 minutos em sua agenda para escrever ao marido ou filhos uma nota ou e-mail de encorajamento quando as coisas não estiverem indo bem.
- Reserve 10 minutos antes de seus filhos irem dormir para perguntar detalhes do dia. Dê-lhes atenção especial e escute-os (entenda: desligue o celular, o telefone e a televisão). Se perceber que não estão abertos para conversar, então, experimente perguntar-lhes sobre o dia durante o café da manhã ou assim que chegarem da escola. Eventualmente, você descobrirá quando ficam mais propensos a dizer-lhe o que realmente vai dentro de si — e é surpreendente o quanto podemos aprender em 10 minutos.
- Tire 10 minutos para fazer reservas para um jantar surpresa e agendar o serviço de uma babá. Convide seu marido numa data inesperada.
- Pergunte aos membros da família se pode dispor de 10 minutos de seu tempo. Dê-lhes a oportunidade de dizer-lhe honestamente de que forma pode tornar-se uma Gerente Familiar melhor. A sua disposição em escutar e aprender a levará longe.

Regras do lar

Tenham um conjunto de regras do time com as quais todos concordem para aliviar o estresse do cotidiano. Todos precisam conhecer as normas e políticas básicas sob as quais estão operando. Em algumas famílias, os pais falam sobre as regras que desejam estabelecer e apresenta-as às crianças. Em outras, o Gerente Familiar articula as regras após uma consulta com todos os membros do time. O ideal é um sistema colaborativo para estabelecer as regras do lar numa reunião em família.

Seja como for, é importante estabelecer regras para o lar, bem como um sistema de consequências e recompensas aplicável a todos. Além de poupar muita energia emocional, há também os benefícios em longo prazo. As habilidades relacionais que os filhos aprendem no lar, com respeito aos sentimentos do próximo e seus bens, tornarão mais fácil para eles estabelecer relacionamentos saudáveis mais tarde na vida.

Anos atrás, nossa família estipulou as 10 regras seguintes para nossas tarefas do lar. Dez não é um número mágico; você pode decidir que 8 ou 12 normas funcionam para a sua família. Nossas regras pretendem apenas ser um guia para que você crie suas próprias regras da família.

Regra 1: Estamos nisso juntos. As regras aplicam-se a todos — mamãe e papai também. As crianças não aceitarão duas medidas. Quando você lhes der permissão de levá-la à cadeirinha de pensar por causa de uma violação, elas sentir-se-ão donas das regras.

Regra 2: Não grite nem berre. Gritos e berros são apropriados apenas em emergências. Torne uma política da família não falar em tom alterado; ensine aos seus filhos alternativas para expressarem o que desejam e o que sentem de forma controlada.

Regra 3: Delete de seu vocabulário o termo "cale a boca". Todo ser humano é digno, único e merecedor de respeito. Certifique-se de que todos saibam que os agressores sofrerão consequências.

Regra 4: É totalmente proibido rir do outro de forma humilhante e pouco respeitosa. Rir juntos é saudável. Mas todos os membros da família têm limites. É importante que quando a família rir de alguém, isso seja divertido para todos. Não é legal rir do nariz grande de alguém, de uma deformidade, de um erro aparentemente tolo, medos ou fraquezas.

Liste os nomes e frases negativas que gostaria de banir do vocabulário da família: "imbecil", "estúpido", "traste", "não gosto de você", "você me irrita". Estabeleça o objetivo de extinguir essas expressões e frases de suas conversações.

Regra 5: Responsabilizar-se pelas próprias ações e palavras. Crianças não nascem sabendo comportar-se em situações de conflito. Quando seus filhos brigarem, sente-os e ouça as duas versões da história. Faça perguntas que levem todos a pensar nos dois lados do problema. Ajude-os a identificar a raiz do conflito e a focar-se no próprio comportamento, e não no que lhe foi feito. Ensine aos filhos que sempre são responsáveis por suas ações.

Regra 6: Peça perdão quando ferir ou magoar alguém, mesmo que tenha sido um acidente. Crianças precisam aprender a importância de restaurar um relacionamento. Isso pode ser especialmente desafiador quando acham que não fizeram nada de errado. Como responsável, dê o exemplo desculpando-se ao ferir ou desapontar uma criança, mesmo que não tenha sido intencionalmente.

Regra 7: Mantenha em sigilo o que partilhamos uns com os outros. Os membros da família precisam saber que podem confiar uns nos outros. Você é considerada uma fonte segura e compassiva de conselhos, na qual possam confiar? Não converse sobre os problemas de um filho com o outro. Jamais discuta com amigos assuntos confidenciais que seu cônjuge ou filhos partilharam com você.

Regra 8: Respeitem o espaço um do outro. Todos precisam de um grau de privacidade. Bater antes de abrir a porta fechada de alguém é um bom hábito para começar a praticar.

Regra 9: Respeitem as coisas dos outros. Crianças precisam aprender a respeitar os pertences alheios e a partilhar os seus com o próximo. Para fazerem isso, devem ter um senso de controle sobre suas coisas e respeitarem o controle que os outros exercem sobre seus próprios pertences. Isso significa que se um filho trouxe um amigo para brincar e desejam usar algo que pertença ao irmão que não está em casa no momento para dar sua permissão, deverá achar alguma outra coisa para divertirem-se.

Regra 10: Submetam-se ao sistema de tarefas da família e reúnam-se regularmente em encontros do time familiar. Todos os que vivem sob o teto de uma casa devem contribuir com sua manutenção. Identifique os conflitos persistentes de sua casa: de quem é a vez de alimentar o cachorro, lavar a louça ou aspirar a sala? Então, agende uma reunião em família e use a lista "Quem É Responsável pelo que?", nas páginas 73-75, para dividir as tarefas entre os membros da família.

BOM SABER

Estudos revelam que as crianças com quem os pais conversam frequentemente sobre religião demonstram um nível mais elevado de desenvolvimento cognitivo. Discussões sobre religião entre pais e filhos predispõem as crianças para um autocontrole maior, mas altercações paternas sobre religião suscitam nos filhos a diminuição do autocontrole, conforme pesquisa publicada pelo Instituto de Ciência Social.

Mais ideias a considerar para as regras do lar:

- Guarde o que pegou.
- Use boas maneiras para com os membros da família, assim como faz aos convidados.
- Se preparar um lanchinho na cozinha, limpe tudo depois. Molhe os pratos sujos e coloque-os na lavadora.
- Todos são responsáveis pela lavagem de suas roupas.
- Todos são participantes da limpeza semanal das áreas comuns. Além disso, cada um é responsável por manter seu espaço privado (quarto, local de trabalho) limpo de acordo com os padrões mutuamente estabelecidos.
- Não deixar toalhas molhadas nem roupa suja no chão do banheiro. Limpe a banheira após usá-la.
- Deixe que saibam com antecedência se deseja assistir ou gravar um programa de TV para o trabalho ou a escola. Consulte os demais antes de ligar música alta. Se precisar prosseguir em um projeto noite a dentro numa área comum, peça permissão antes de iniciar.
- Tomem notas de mensagens telefônicas uns para os outros.

- Em cada cômodo, certifique-se de que a sua sujeira esteja na lata de lixo. (Não importa o quanto amemos nossos filhos, catar seus lenços de papel, sobras de recortes, comida e lixo é desgostoso).

Lembre-se de que as regras do lar precisam ser revisadas conforme as crianças crescerem e as circunstâncias mudarem. Quando atualizar as normas, certifique-se de que todos saibam das alterações.

O QUE AS CRIANÇAS SÓ APRENDEM EM CASA: RESPOSTAS A ALGUMAS DAS QUESTÕES MAIS DIFÍCEIS PARA AS MÃES

Como Ensinar Bons Valores a meus Filhos?

Cuidar das necessidades físicas dos filhos é importante, mas ajudá-los a desenvolver um caráter forte é no mínimo vital. Nosso trabalho como pais é moldar o caráter dos filhos enquanto crescem, para dar-lhes o senso de certo e errado, e para prover-lhes uma bússola interna que os guiará através da vida.

Nenhum de nós jamais será um pai perfeito, nem conseguirá crianças perfeitas. Mas algo é certo: Se não tivermos objetivo algum, não teremos nada.

- *Seja intencional.* Tire tempo para listar os valores que você e seu esposo desejam transmitir às crianças. Eis alguns a considerar. Acrescente os seus à lista.

honestidade	amor por aprender
bondade	ética
amor	coragem
fé	amor à pátria
paciência	cuidado pelos outros
disciplina	vontade de ajudar
lealdade	compaixão
liderança	respeito
entusiasmo	

- *Aplauda seu filho.* Ele estará menos propenso a buscar aceitação nos lugares errados.
- *Seja consistente.* Lembre-se de que seu filho está aprendendo mesmo quando você não está ciente de que o está ensinando. Um dia ele seguirá seu exemplo, e não seu conselho.
- *Supervisione as mídias usadas por seu filho.* Monitore o que assiste na TV e o tempo na internet. (Leia as páginas 186-188 para ideias específicas).
- *Mantenha viva a chama.* Faça de seu matrimônio uma prioridade contínua. Essa é uma das maiores coisas que pode fazer por seus filhos.

- *Expresse suas expectativas.* Converse com os filhos mais velhos sobre seus sonhos para eles – que viverão conforme fortes valores.
- *Monte uma biblioteca.* Comece a colecionar filmes e audiolivros que entretenham seus filhos e ensinem-lhes valores ao mesmo tempo.
- *Não proteja seus filhos das consequências.* As decisões que tomamos diariamente fazem de nós o que seremos amanhã. Pequenas decisões podem ter grandes resultados — para o bem e para o mal.
- *Discutam a desvantagem do compromisso.* Certifique-se de que seus filhos saibam que se tiverem de fazer a coisa errada para ficar no time, estão no time errado.

BOM SABER
Se for ao cinema e achar o filme ofensivo, levante-se e saia. Encontre o gerente e gentilmente peça a devolução do dinheiro. Muitos estão autorizados a isso.

- *Ajude seus filhos a escolher suas companhias.* Encoraje seus filhos a convidar os amigos à sua casa. Assim, poderá conhecê-los. Se detectar um relacionamento nocivo — particularmente um que domine seu filho — fale sobre isso abertamente.
- *Aprenda com os próprios erros.* Perceba quando cometer um erro. Não dê desculpas nem tente justificar suas ações. Admita quando estiver errada.
- *Reconheça gestos de bondade.* Sempre que estiver com seus filhos e vir alguém sendo amável para com o próximo, mostre-lhes. Elogie os atos de bondade de seus filhos.
- *Ensine respeito pelas autoridades.* Os eventos diários oferecem muitas ocasiões para isso, mas as crianças precisam aprender por meio de seu exemplo. Não menospreze seus professores e treinadores. Lembre-se, muito mais é apreendido do que ensinado.
- *Honre comportamentos heroicos.* Aponte circunstâncias nos jornais e na vida diária em que pessoas foram heroínas.
- *Ensine boas maneiras.* Explique que boas maneiras são uma forma de mostrar respeito pelo próximo.
- *Ofereça apoio invisível.* Ore com e por seus filhos.

Como Ensinar meus Filhos a Dizer a Verdade?

- Se seu filho mentir, não leve isso na brincadeira. Mentira era um dos comportamentos que exigiam "disciplina automática" em nossa casa, quando os meninos estavam crescendo.

- Quando surpreender seu filho numa mentira, certifique-se de que ele saiba que você não aprova o comportamento dele, mas que ainda o aceita.
- Se seus filhos a surpreenderem numa mentira, reconheça isso. Não dê desculpas. Se você for confiável, é mais provável que seus filhos também o sejam.
- Nunca instrua seus filhos a mentir para você. Se alguém com quem não deseja falar ligar para sua casa e um de seus filhos atender, não lhe peça para dizer que não está. Se não deseja receber a ligação, simplesmente peça que anote o número de quem ligou e que diga que ligará mais tarde.
- Elogie seus filhos por serem corajosos ao dizer a verdade mesmo quando isso lhes trouxer problemas.
- Diferencie as coisas. Tudo bem em encorajar a habilidade de seus filhos de contar histórias imaginativas. Mas reforce a diferença entre mentir e escrever ou contar uma história.
- Meias verdades não são, realmente, a verdade. Você pode fazer o "jogo" da família para descobrir meias verdades. Peça a todos que pensem numa situação imaginária na qual sejam tentados a contar apenas meia verdade. Por exemplo, "terminei o dever de casa — mas apenas após falar uma hora ao telefone com minha amiga".
- Não prometa a seus filhos o que não puder ou não for capaz de cumprir; não faça acordos que não pretenda honrar. Seus filhos precisam saber que falar a verdade aplica-se também aos pais.
- Quando brincarem com algum jogo, conversem sobre a importância de jogar honestamente e sem trapaças — mesmo em brincadeiras.
- Quando comprar uma casa ou fizer um empréstimo para comprar um carro, leve seus filhos consigo ao banco. Explique-lhes a importância de assinar um contrato — que você está prometendo, ou "dizendo a verdade", que cumprirá com determinadas obrigações.
- Faça uma "revisão da verdade" em propagandas. Peça aos membros da família que recortem propagandas de revistas. Analisem cada uma para descobrirem de que forma a verdade foi exposta ou manipulada. Qual a verdadeira mensagem da propaganda? Seremos felizes, ficaremos saudáveis, sábios, seremos amados ou lindos se usarmos o Produto X?
- Procure livros, filmes e músicas para seus filhos, que falem sobre a verdade. Um bom exemplo é a História do Menino e do Lobo.

Como Levar meus Filhos a Obedecer?

É frustrante caminhar pela casa e sempre esbarrar nos casacos, tocas, luvas e botas úmidas, quando, naquela mesma manhã, você disse-lhes que tirassem as botas na entrada de casa, e que pendurassem os casacos antes de irem lanchar. Será que é tão difícil fazer isso? Não. Não é. Por isso é importante pensar na razão de não haverem obedecido.

Há muitas razões possíveis por que os filhos comportam-se mal, ignoram nossa autoridade, ou não cooperam nem seguem o que lhes pedimos que fizessem. E isso pede uma reação apropriada e justa.

Não entenderam. Às vezes a criança simplesmente não sabe que errou. Isto se deve tanto à nossa falha de comunicação quanto à incapacidade da criança de compreender. Se este for o caso, a criança precisa que a situação seja esclarecida — e não de punição. Especialmente com os pequeninos, uma justa reação à desobediência é perguntar: "Você entendeu que não era para ter feito isso?"

Não se lembraram. Às vezes as crianças esquecem por não nos levarem a sério, mas temos de reconhecer e reagir justamente a lapsos honestos de memória. Este é um problema frequente com crianças pequenas. Às vezes ajuda dar ao filho um lembrete e uma advertência quanto às consequências de seu esquecimento frequente: se esquecer de levar a merenda para a escola, terá de pedir dinheiro emprestado na secretaria e devolvê-lo mais tarde com suas próprias economias. Algumas crianças, em razão de estilos de aprendizagem especiais, têm dificuldades para lembrar-se de instruções em série. Em vez de dizer-lhes o que deseja que

⚠

AVISO!

Evite estes sérios erros dos pais:

- ***atender constantemente às demandas de seus filhos por mais coisas, após "encenar" uma fraca resistência***
- ***oferecer ajuda excessiva aos filhos nos deveres de casa e em outros projetos escolares***
- ***comprar para os filhos os últimos lançamentos, assim que chegarem às lojas***
- ***fazer com que os filhos tenham sempre dinheiro não merecido para gastar***
- ***punir os filhos por desobediência ou por quebrar regras, sem que você também as siga***
- ***proteger seus filhos das consequências diretas de seu mau comportamento***
- ***permitir que os filhos falem desrespeitosamente com você e com outras figuras de autoridade***
- ***permitir que os filhos assistam TV ou usem a internet sem supervisão***

façam, escreva ou demonstre os passos a seguir. Alguns pequeninos retêm melhor as informações desta forma.

Não são capazes. Às vezes a criança é física, mental ou emocionalmente incapaz de seguir regras. Muitos pais têm expectativas irreais para as crianças pequenas. Haverá respingos de leite, não por causa da falta de cuidado da criança de cinco anos, mas porque suas mãos são pequenas e descoordenadas. Antes de reagir duramente ao suposto mau comportamento, pare e pergunte a si mesma se suas expectativas são apropriadas à capacidade de reação da criança. Não é justo pedir aos filhos que se comportem além do que permite sua idade.

☆

MOVIMENTO ESTRATÉGICO

Ensinar sobre a autoridade dos pais começa cedo. Uma criança de dois anos, se indisciplinada, irá tornar-se um pequenino de seis desrespeitoso e intratável. Se continuar sem correção, tornar-se-á um adolescente desprezível. Lembre-se, quando for preciso aplicar um pouco de dor para ensinar aos filhos respeito pela autoridade, estará pavimentando o caminho deles rumo a uma longa carreira de sucesso.

Não acreditam em nós. Uma vasta diferença pode existir entre a perspectiva de uma criança e a dos pais quanto a um problema. Por exemplo, jamais esquecerei o dia em que me alterei por achar que meu filho estava sendo teimoso para tirar a farpa do dedo. Quando meu marido e eu o sentamos na pia do banheiro, segurando-lhe as pernas e as mãos, e dizendo-lhe "Fique quieto. Não vai doer", seu choro virou um grito, e ele começou a tremer. Então percebemos que uma farpa removida com uma agulha era tão traumática para uma criancinha quanto uma cirurgia sem anestesia, para nós. Ele não sabia que se sentiria melhor quando a farpa fosse removida. Nosso filho não tinha uma base a partir da qual pudesse confiar em nós, porque em vez de ouvirmos seus medos, lhe dissemos que estava fazendo tempestade em um copo de água. Às vezes um pouquinho de água é um oceano para os pequeninos.

Simplesmente querem as coisas do seu jeito. Muito mau comportamento e falha em obedecer provêm de conflitos entre as vontades. Quando uma criança pensa *"Farei o quiser quando quiser e do jeito que quiser"*, quer tenha 6 ou 16 anos, disciplina justa e apropriada é a única resposta.

Disciplina é muito mais que a habilidade de mandar a criança para o cantinho do castigo, manejar habilmente a colher de pau ou tomar as chaves do carro. O objetivo da disciplina é mudar a forma de a criança pensar para que ela, em troca, transforme o próprio comportamento e torne-se uma pessoa autodisciplinada.

Educar crianças requer um conhecimento perspicaz das formas únicas de disciplina e de quando cada uma é mais efetiva para fazer vir à tona boas escolhas e um caráter forte. Você usará cada uma em momentos diferentes da vida de seus filhos.

- Disciplina instrutiva: explicar as ações e atitudes que nós, os pais, decidimos não ser aceitáveis.
- Disciplina exemplar: exibir o comportamento que desejamos que nossos filhos pratiquem.
- Disciplina corretiva: repreender o mau comportamento em vez de pedir que a criança aja de outra forma.
- Disciplina recompensadora: elogiar a criança pelas coisas certas que fez.
- Disciplina punitiva: cortar privilégios para demonstrar as consequências de escolhas tolas.

Como Ensinar meus Filhos a Controlar a Raiva?

Parte de ser humano é sentir raiva, às vezes por boas razões. Mas ensinar os filhos a expressar sua raiva de formas saudáveis, bem como lidar com suas próprias faltas — pedir e receber o perdão de si mesmos e dos outros — seja, talvez, a maior dádiva que possamos dar-lhes. Viver em família significa aprender a colocar os sentimentos do próximo antes dos nossos. Nossa responsabilidade é ensinar e mostrar pelo exemplo o que fazer com sentimentos desconfortáveis, como a raiva. Isso quer dizer que mamãe e papai demonstram autocontrole, mesmo quando sentem vontade de bater a porta, atirar um objeto ou estapear alguém. Eis algumas dicas de como ensinar as crianças a lidar com essa emoção poderosa.

- Decida como irão ou não expressar raiva em sua família. Por exemplo: Jamais irão zangados para a cama um com o outro. Resolverão as disputas o quanto antes. Não baterão uns nos outros, não importa o que aconteça. (Deixe que as crianças participem da criação das diretrizes).
- Crie um lugar seguro para discutir ofensas passadas sobre as quais ainda

♡

DO CORAÇÃO

"Sem explosões" era uma regra com consequências quando nossos meninos eram pequenos. Desde cedo as crianças precisam saber que fazer pirraça não é um comportamento aceitável e que nunca terão o que desejam se fizerem birra. Explique as consequências de uma forma que possam entender. Ensine-lhes maneiras alternativas de pedir o que querem ou expressar controladamente seus sentimentos.

estejam raivosos. Reúna a família regularmente para esclarecer problemas em andamento, para que as mágoas não cresçam. Sentem e conversem honestamente sobre estas coisas. Certifique-se de que todos tenham a oportunidade de falar.

- Se expressar a raiva fisicamente é comum em sua família, lembre-se de que o lar que aprova violência é solo fértil para a solidão e depressão em crianças. Se precisar de ajuda, aconselhe-se com um pastor ou terapeuta familiar.
- Saiba que assistir violência na TV e no cinema aumenta a agressividade, instila o medo de tornar-se uma vítima, promove indiferença quanto às vítimas de agressões e estimula o apetite por mais violência. Decida o que permitirá que seus filhos assistam, e apegue-se ao que determinar. Certifique-se de que tenham ligado a TV para assistir um programa permitido, e não para ver o que está passando.
- Exercícios físicos são uma ótima maneira de aliviar sentimentos de raiva. Caminhe com seus filhos agitados em torno do quarteirão até que os ânimos tenham se acalmado.
- Todos perdemos a paciência às vezes. Quando isso acontecer, peça desculpas e aja de outra forma. Não se afunde em culpa. Não se abstenha de sua responsabilidade apenas porque comete erros periodicamente. Peça perdão, e prossiga.
- Identifique os conflitos constantes de sua casa, que fazem os ânimos alterar-se: quem não fez o que prometeu, quanto tempo alguém passa jogando videogame, quanto tempo é gasto ao telefone ou no computador, etc. Acrescente questões específicas às regras da casa, que prevejam diretrizes simples de justiça.
- Treine os times de futebol ou de baseball de seus filhos. Essa é uma grande oportunidade para ensinar-lhes que bons perdedores são os vencedores, e que maus vencedores são os perdedores.
- Lembre-se de que uma questão sempre tem dois lados. Quando for chamada para arbitrar entre seus filhos, certifique-se de estar ciente de todos os fatos.
- Deixe que seus filhos a vejam lidar com raiva e frustração de forma positiva. É irracional querer que as crianças sigam seus conselhos e ignorem-lhe os exemplos.

Como Transmitir minha Fé aos meus Filhos?

- Viva conforme o que afirma crer. O ditado é verdadeiro: Mais é aprendido que ensinado.

- Crie uma atmosfera em que seus filhos possam abertamente fazer perguntas e exercitar suas crenças. Questionamentos honestos, e até mesmo dúvidas sinceras, merecem discussões e respostas francas.
- Sinta-se confortável quanto sua fé. Converse sobre outras religiões com seus filhos e compare-as às suas crenças.
- Como família, comecem o dia à mesa do café lembrando a seus filhos da presença de Deus. Em nossa casa, líamos um capítulo do livro de Provérbios, que ensina a viver sabiamente, todas as manhãs antes da escola, e então orávamos pelo dia.
- Sente-se nos primeiros bancos de seu local de culto para que seus filhos possam ver o que está acontecendo e sintam-se mais envolvidos.
- Cante louvores ao colocar as crianças para dormir.
- Encoraje as crianças a participar do departamento infantil da igreja e de grupos de estudo bíblico. Amigos com os mesmos valores encorajam-se mutuamente a viver segundo altos padrões.
- Lembre aos filhos mais velhos, prestes a ingressar na universidade, que suas crenças sobre Deus poderão ser questionadas e até ridicularizadas. Certifique-se de que estejam firmados na verdade e prontos a defender sua fé.
- Cresça em sua vida espiritual para que seja uma fonte de força e sabedoria para seus filhos.
- Inicie uma jornada de oração por seus filhos. Anote suas orações, pedidos e as resposta que observou.

♡

DO CORAÇÃO

O lar é uma escola espiritual para as crianças. É onde estabelecemos a moral, o apetite espiritual e o legado de amor que esperamos que nossos filhos imitam. Como todos os nossos bens valiosos, ensinar às crianças sobre fé e espiritualidade pode e deve ser feito de forma amistosa: acessível, interessante e conforme o ritmo dos pequeninos.

Como Encorajar meus Filhos a Comer Corretamente e a Serem Ativos?

Uma forma de cuidar do físico de seus filhos é estabelecer padrões saudáveis. Como bônus, quando praticar o que ensina, também ficará mais saudável! Estabeleça metas nutricionais e de forma física para sua família. Reúnam-se para decidir um plano de alimentação saudável e um programa de exercícios que se enquadre na agenda e nos níveis de habilidade. Eis outras ideias:

- Peça ao seu restaurante de fast-food favorito uma tabela nutricional. Crie um questionário de múltipla escolha sobre os diferentes itens favoritos. Seus filhos poderão surpreender-se ao saber que fritas, Milk-shake e um hambúrguer gigante possuem 1.310 calorias.
- Converse com seus filhos sobre uma alimentação saudável e nutritiva. O Departamento Americano de Agricultura oferece alguns materiais úteis sobre a pirâmide alimentar (uma ferramenta visual para ajudar os pequeninos a entender rapidamente os principais grupos alimentares e quantas porções de cada um necessitam diariamente). Visite http://www.mypyramid.gov.
- Agende uma noite de esportes em família mensalmente, ou com mais frequência. Experimentem diferentes práticas, como basquete, boliche, pingue-pongue, patinação ou tênis.
- Organize um concurso em família. Registre quantos abdominais cada um consegue fazer no começo do verão. Façam abdominais três vezes por semana, e ao final do mês, façam outro concurso para verem o quanto cada um melhorou.
- Façam corridas frequentes de bicicleta. Estabeleçam uma rota antes de sair, escolhendo destinos novos e interessantes a cada semana.
- Incorpore exercícios à hora da limpeza em família. Façam agachamentos, caminhem rapidamente e alonguem-se enquanto completam as tarefas corriqueiras.
- Associem-se a programas esportivos oferecidos em escolas, e outras organizações.
- Desenvolvam uma agenda de exercícios da família. Eis um plano simples: Façam 20 minutos de musculação às segundas. Façam 30 minutos de atividades aeróbicas, como corridas, natação ou caminhadas, às quartas. Façam esportes recreativos, como andar de bicicleta, caminhadas ou skate, por uma hora às sextas.
- Invista em um DVD de exercícios e pratique com seus filhos.
- Tornem-se uma família bebedora de água. Perdemos o equivalente a 10 copos de água a cada dia de vida. E repomos apenas 4 através da alimentação. Uma desidratação oculta rouba-nos energia e faz-nos sentir letárgicos. Bebam água durante todo o dia, todos os dias.
- Tomem vitaminas. Pergunte ao pediatra qual é adequada aos seus filhos, e escolha um polivitamínico para si. Converse com o médico sobre as necessidades de seu corpo.

- Se morar perto da escola, considere andar tanto quanto possível. Você queimará calorias e economizará combustível. Caminhar até a escola oferece uma oportunidade excelente de estabelecer metas e expectativas para o dia. Andar até chegar em casa dá às crianças um tempo especial para conversarem com você sobre o dia.

Como Encorajar meus Pais a Envolverem-se com meus Filhos?

Avós são mais do que os rostos amigáveis de sempre na janela quando a sua família chega para uma visita. Também podem ser uma parte importante da cola que ajuda a unir a família com apoio, amor e conselhos.

Mesmo que seus pais vivam a horas de distância de você, ainda podem ser uma presença vital para seus filhos. Eis algumas formas de construir relacionamentos fortes e amorosos entre avós e netos.

DIVERSÃO PARA AS CRIANÇAS

Encoraje os avós a pesquisar e a registrar a árvore familiar. Procure na internet ideias e instruções de como fazer isso.

- Certifique-se de possuir uma boa foto dos avós disposta onde até o mais pequenino possa ver diariamente.
- Envie aos avós pelo correio o mesmo que seus filhos estiverem lendo. Eles poderão ler alguns dos livros e discutir o assunto com os netos por telefone, e-mail, ou numa visita.
- Peça aos avós que façam gravações de histórias para os pequeninos. As crianças apreciarão reconhecer-lhes a voz.
- Combinem conversas por telefone mensal ou semanalmente. Coloque até mesmo o filho mais novinho ao telefone com os avós. Mesmo que ainda não possa falar, poderá familiarizar-se com suas vozes e espalhar um pouco do charme infantil para a família.
- Faça com que as crianças "visitem" os avós regularmente via e-mail. Na época em que nossos filhos tinham quatro ou cinco, estavam aprendendo a jogar no computador. Uma vez que uma criança seja capaz de ler, não há melhor instante, nem forma mais econômica, para mantê-la em contado.
- Considere pedir aos avós e às crianças que escrevam uma história: Cada um escreverá um parágrafo e o enviará pelo correio, ou e-mail, para que o outro prossiga.
- Advirta os avós quanto às datas especiais para as crianças: aniversários, feriados, programações escolares e atividades extracurriculares. Assim, poderão telefonar ou enviar cartões para marcar estes momentos.

- Sugira a ideia de praticarem um hobby juntos — talvez jardinagem, fotografia ou montar álbuns. Avós e netos poderão trocar sementes, fotos e lembranças.
- Combinem uma situação em que todos saiam ganhando. Peça a avós bem dispostos que tomem conta um pouco das crianças. Eles terão ótimos momentos, e você, uma pausa merecida.

Antes de levar os filhos para visitar os avós, envie suas preferências por carta ou e-mail. Liste que cereais, almoços, bebidas e lanchinhos as crianças gostam, bem como a hora em que costumam dormir e acordar. Que tipo de travesseiro preferem? O que permite que assistam na TV? O que podem fazer para se divertir?

- Sugira a um dos avós que leve o neto para visitar algum lugar que esteja estudando na escola.
- Feriados podem ser muito corridos e estressantes para permitir um tempo de qualidade com os avós. Convide-os para participar de algum evento com sua família, que seja menos pomposo, mas ainda importante para o neto: um jogo da escola, apresentação do coral de crianças, um jogo de futebol durante a semana.
- Peça às crianças que ensinem aos avós alguns de seus jogos favoritos quando estiverem juntos. Terão um excelente quebrador de gelo e uma tradição para as visitas.

Adotando avós

Se seus pais já faleceram, peça a algum casal com quem relacione-se e partilhe valores que se torne avós substitutos de seus filhos. E se a ideia de avós for negativa para você em razão de abusos ou outra forma de crueldade, peça a algum casal de sua igreja ou vizinhança que preencha a lacuna.

Boas Maneiras Realmente Importam?

Boas maneiras fazem mais do que apenas tornar a presença das crianças agradável; constroem a confiança dos pequeninos enquanto encaram novas situações sociais. Ao ensinar, evite reclamações; seja gentil e consistente. E não se esqueça de elogiá-los quando agirem corretamente!

Modos à mesa

Lembre as crianças de:

- Sentarem-se corretamente.
- Ficarem quietas: Não arrastarem as cadeiras contra o assoalho, nem baterem os talheres nos pratos.

- Manterem os guardanapos no colo, e não esquecer-se de usá-los.
- Manterem no chão os pés da cadeira.
- Passarem os temperos ao redor, e não através da mesa.
- Não começarem a comer até que todos tenham se servido.
- Pedirem a quem estiver perto que "por favor" lhes passem o que estiverem precisando. E agradecer pela a ajuda.
- Pegarem pequenas porções. Podem repetir depois que todos tiverem sido servidos.
- Aceitarem o que lhes foi oferecido.
  Se não gostarem de algo, servir apenas uma pequena porção.
- Comerem devagar. Repousar a colher ou garfo enquanto mastigam.
- Mastigarem de boca fechada.
- Falarem apenas após engolir a comida.
- Não encherem demais a boca.
- Engolirem a comida antes de beber.
- Se houver comida presa em seus dentes, removê-la privadamente, após a refeição.
- Manterem os cotovelos e braços fora da mesa.
- Pedirem licença para retirar-se ao terminarem de comer.

☆

MOVIMENTO ESTRATÉGICO

Estabeleça a norma de a criança não poder brincar nem usar um presente até que uma nota de agradecimento seja escrita.

Normas de relacionamento

- Se seu filho for rude com você, espere desculpas sinceras.
- Se uma criança desrespeitosa visitar sua casa, aproveite a ocasião para discutir modos apropriados com seus filhos depois que as visitas forem embora.
- Pratiquem boas maneiras ao serem apresentados: ensine seus filhos a cumprimentar com um aperto de mãos os adultos sempre que os virem pela primeira vez.
- Dê o exemplo dizendo "Desculpe?", quando não ouvir o que alguém disse.
- Certifique-se de que seus filhos cheguem a tempo a suas atividades; é um hábito para toda a vida! Ensine-os a telefonar para o anfitrião quando um atraso for inevitável.
- Ensine-os a se importarem com quem estiver sozinho em uma festa, convidando-o a participar da conversa.

- Instrua seus filhos a oferecer ajuda na cozinha, a manter seus pertences organizados e a pendurar sua toalha molhada ao visitar a casa de outra criança.
- Certifique-se de que seus filhos agradeçam após haverem visitado alguém.
- Se a visita for especial ou houver durado mais que uma noite, trabalhe com as crianças numa nota de agradecimento a ser enviada ao anfitrião.

Como Evitar que a TV e a Internet Monopolizem a Vida de minha Família?

A TV e as crianças

BOM SABER
A Academia Americana de Pediatria recomenda que crianças com menos de dois anos não assistam televisão.

A televisão, se usada adequadamente, pode ser uma ferramenta de ensino. Quando assistida de forma moderada e orientada por pais vigilantes, a TV pode ajudar os pequenos a tornarem-se pensadores críticos. Tire o proveito máximo da televisão em sua casa considerando estas dicas:

- Não permita que as crianças tenham TV em seus quartos. Isso promove isolamento da família.
- Estabeleça um limite de programas assistidos semanalmente. Especialistas sugerem apenas 10 horas semanais.
- Ajude as crianças a perceber os efeitos especiais enganosos usados na TV.
- Não navegue pelos canais; selecione programas específicos na grade de programação a cada semana.
- Encoraje as crianças a assistir programas com modelos positivos, que as ensine cooperação, interação e apreço por outras culturas.

MOVIMENTO ESTRATÉGICO
Inicie a prática familiar de afastar-se da TV por determinadas horas.

- Ensine às crianças que agressão não é a forma de resolver conflitos.
- Mantenha a TV desligada durante as refeições e os deveres de casa.
- Encoraje as crianças a pensar e até questionar o que assistem, em vez de simplesmente absorverem tudo.
- Sempre que possível, assista antecipadamente os programas que seus filhos gostariam de ver. Aprove os que julgar adequados.
- Não permita que assistam algo apenas "porque todo mundo vê". Apegue-se aos valores de sua família e ao que decidiu ser o melhor para seus filhos.

- Sempre que possível, assista programas com seus filhos, e discutam uma das seguintes questões:
  Como você avaliaria este programa, numa escala de um a dez?
  Qual a mensagem do programa?
  Identificou-se com algum dos personagens?
  Acha que este programa retratou a vida como realmente é?
  O que poderia fazer para ajudar algum dos personagens?
  Houve algo no programa com o qual não concordou?
  O que, no programa, despertou-o ou inspirou-o a tornar-se uma pessoa melhor?
  Valeu a pena gastar tempo assistindo este programa?

Segurança na internet

Como pais responsáveis, jamais deveríamos conscientemente permitir que nossos filhos se comunicassem com um pervertido. Quando deixamos que nossas crianças acessem a internet sem supervisão, corremos o risco de que isso aconteça. Eis formas de proteger os pequeninos.

- Restrinja o acesso ao computador às áreas de convivência da casa, onde é possível monitorar facilmente as atividades online das crianças.
- Convide os filhos a ajudá-la a entender mais de computador. Aprenda sobre os recursos que seus filhos usam.
- Assine um serviço de bloqueio às páginas com material questionável.

DIVERSÃO PARA AS CRIANÇAS

Use o computador como uma ferramenta positiva para iniciar projetos com seus filhos:

- ***Pesquise as espécies de animais de estimação que desejam ter, ou lugares onde passar as férias.***
- ***Encontre sites para novos hobbies, como dobraduras e coleção de moedas.***
- ***Aprendam a salvar fotos e a criar apresentações.***
- ***Criem um jornal sobre sua família e enviem-no a seus parentes.***
- ***Aprendam sobre a importância histórica de algum lugar para onde pretendam viajar.***
- ***Procure cupons de comércios ou restaurantes locais que possam imprimir e usar.***
- ***Leiam sobre equipamentos de segurança para o lar, e então reúnam tais suprimentos.***
- ***Encontrem receitas fáceis para crianças e criem um arquivo com as favoritas.***

- Monitore cuidadosamente o envolvimento de seus filhos em salas de bate-papo e redes de relacionamento, como myspace.com. Pedófilos usam ambos para encontrar suas vítimas.
- Se seu filho receber um e-mail sugestivo, obsceno, agressivo ou ameaçador, não permita que responda. Encaminhe uma cópia da mensagem ao seu provedor de internet.
- Peça aos seus filhos que não partilhem qualquer informação pessoal, como endereço, telefone, número do trabalho ou o nome de sua escola pela internet.
- Monitore sua fatura do cartão de crédito. Muitos sites pornográficos requerem pagamentos por meio do cartão para fornecer o acesso. Considere assinar um provedor que restrinja o acesso a salas de bate-papo.
- Se suspeitar que algum membro da família tenha problemas com pornografia, visite http://www.troubledwith.com. Este site oferece dicas de prevenção e apoio aos pais.

⚠

AVISO!
Pornografia infantil gera 3 bilhões de dólares de receita anualmente.

Tenho Realmente de Conversar sobre Sexo com meus Filhos?

Mensagens sobre sexo estão em todo lugar, e uma coisa é certa: se não conversarmos com nossos filhos sobre sexo, eles conseguirão as informações na mídia e com colegas — e poderão ser informações erradas e até nocivas. É responsabilidade dos pais dar às crianças informação prática e precisa. Não estou falando sobre agendar uma noite para ministrar uma longa aula de educação sexual, na esperança de que ouçam tudo. Não é para ser assim: "Ufa! Finalmente terminei". Aqui temos ideias de como transmitir uma visão saudável do sexo às crianças.

- Seja honesta e positiva. Conte às crianças quais as intenções de Deus para o sexo. Perceba que seus adolescentes provavelmente não escutarão suas opiniões se parecer que está julgando seus amigos ou professores. Aprenda os fatos e apresente-os com amor. Lembre seus filhos de seu comprometimento por toda a vida com sua saúde, segurança e bem-estar.
- Seja um exemplo. Faça o que prega. Se diz aos filhos que vivam de um jeito, mas se comporta de forma contrária, a mensagem que captarão é a de que você não acredita ser realmente importante aquilo que lhes ensina.
- Esteja disponível e acessível. As perguntas dos filhos poderão chocá-la às vezes, mas simplesmente seja grata por estarem fazendo-lhe indagações e desejarem conversar com você.

- Disponibilize boas informações. Tenha bons livros, vídeos e panfletos em casa para que seus filhos os consultem quando tiverem alguma dúvida. Lembre-se, quanto menos você pressionar, mais dispostos ficarão a dar uma olhada.
- Descubra qual o programa educacional sobre sexo da escola de seus filhos. Muitas escolas oferecem reuniões informativas antes do início das aulas. Se não for assim, pergunte ao coordenador ou professor sobre o currículo. O que você descobrir poderá surpreendê-la, e também lhe dará a chance de conversar com seus filhos sobre seus próprios valores e opiniões. Permita que seus filhos também expressem o que pensam. Escutar é uma boa forma de manter seus filhos abertos.

BOM SABER
Conforme a pesquisa de 2007 do Pew Internet & American Life, 55% dos adolescentes americanos usam a internet para participar de redes de relacionamento.

- Lembre-se de que sexo é bom e de que os hormônios existem. A curiosidade sobre o sexo não irá embora apenas porque nunca discutiram o assunto. De fato, evitar o tema pode torná-lo ainda mais excitante. Reforce seus valores. Fale sobre o que acredita. Diga aos filhos que fica orgulhosa quando tomam decisões saudáveis e maduras.
- Confie neles. Diga aos filhos que pretende confiar neles. Elogie-os quando conquistarem esta confiança. Quando cometerem erros (e o farão), fale sobre como podem corrigi-los e reconquistar sua confiança. Não os deixe sentir-se sem esperança.

Como Ajudar meus Filhos nos Anos da Adolescência?

Ensine-os o certo e o errado. Não confunda as crianças com a noção de que não há uma moral absoluta, nem decida deixar que diferenciem o certo do errado do jeito deles. O preço que pagarão por este aprendizado será alto demais.

Não permita que nada interrompa seu amor. Se deseja que seus adolescentes abracem seus valores, certifique-se de que saibam que você os valoriza. Seu compromisso incondicional com eles é a âncora que lhes dará estabilidade durante os anos turbulentos da adolescência. Seus filhos cometerão erros e a desapontarão. Certifique-se de que jamais duvidem de sua aceitação e amor, mesmo quando falharem. Certifique-se de que desejam agradá-la porque você os ama, e não para assegurarem-se de seu amor.

Fale na linguagem do amor deles. Sendo a parte mais velha e sábia do relacionamento entre pais e adolescentes, responsabilize-se pelo processo de comunicação. Muitos pais ficam perplexos ao descobrir que seus adolescentes não sabem o quanto são amados. Isso porque os pais estão "falando" uma linguagem do amor que seus filhos não compreendem. Tire um tempo para descobrir que tipos de comportamento de sua parte enchem o tanque emocional de seu adolescente com um senso de bem-estar. (Leitura recomendada: *The Five Love Languages of Teenagers (As Cinco Linguagens do Amor dos Adolescentes)*, de Gary Chapman).

BOM SABER

Quanto maior a percepção do adolescente da competência e da confiabilidade de sua mãe, mais frequentemente conversará com ela sobre as consequências morais e sociais de ser sexualmente ativo, conforme artigo do periódico Journal of Marriage and Family.

Dê-lhes liberdade — gradualmente. Os pais cometem um grande erro adotando um dos extremos: evitando que os adolescentes tomem decisões próprias, ou dando-lhes liberdade absoluta. Pais sábios começam cedo a ensinar os filhos a tomar decisões apropriadas às suas idades baseados no seguinte principio: Liberdade traz responsabilidade, e responsabilidade traz liberdade. Conforme os adolescentes demonstram ser capazes de lidar com responsabilidades, os pais sábios os liberam gradualmente para que tomem mais e mais decisões próprias. E quando falham, o que farão, certas decisões precisam ser suspensas temporariamente para ensinar-lhes que escolhas trazem consequências e que privilégios podem ser restaurados quando demonstrarem responsabilidade.

Confie em seu adolescente, mas fique com olhos e ouvidos abertos. Confiança é um conectivo relacional poderoso. Confie neles até que se mostrem duvidosos. Então, lhes ensine a reconstruir a confiança. Ser vigilante acerca das ameaças que cercam seus filhos não é o mesmo que desconfiança. Por melhor que seu adolescente possa ser, não afunde a cabeça na areia. Influências poderosas podem dominar seus filhos antes que possam perceber de que forma foram capturados. Ouça as músicas de seus filhos. Pergunte-lhes se compreendem as letras de suas canções favoritas. Pesquisas mostram que quando nossas mentes recebem uma mensagem seis vezes, ela fica registrada permanentemente lá. Não pense que letras sobre sexo casual, rebeldia e suicídio não afetam as decisões de nossos filhos. Esteja alerta quanto aos amigos de seus adolescentes. Se quiserem ser amigos de alguém cujos valores e hábitos sejam questionáveis, deixe que levem tal amigo à sua casa. Se vir que este relacionamento poderá não ser saudável para seu filho, e que este não é forte o suficiente para dar um basta na amizade, falem sobre isso abertamente.

Não proteja os adolescentes das consequências. A segunda "maldição" mais poderosa que os pais podem infligir, após exigirem que os filhos ganhem seu amor, é falhar ao não permitir que os adolescentes saibam que escolhas trazem consequências. Eles precisam saber que não podem recriar o mundo à sua maneira. Devem aceitar as coisas como são. Experiência é o melhor mestre, então, deixe que experimentem as falhas enquanto você está ao redor para erguê-los e ajudá-los a firmarem-se outra vez.

BOM SABER
Quanto mais os adolescentes sentam-se às refeições com seus pais, menor a probabilidade de fumarem, beberem ou usarem drogas ilegais. De fato, comparados aos adolescentes com refeições em famílias regulares, os que comem com suas famílias apenas duas noites por semana ou menos correm o dobro do risco de abusarem de substâncias, conforme a Universidade de Columbia.

Não se esqueça de quem são os pais. Crianças não precisam de um melhor amigo por perto tanto quando precisam dos pais. Não tenha medo de dizer "Não!" Pais que temem a raiva ou a rejeição de seu adolescente tendem a ser pessoas carentes, que usam os filhos para saciar o próprio senso emocional de bem-estar. Estabeleça limites e atenha-se a eles, a não ser que perceba que não fazem sentido. É importante que os pais conversem com os adolescentes sobre normas de comportamento, expectativas e as consequências de não aderir aos padrões adotados por você e seu esposo. Seja específica sobre o que é e o que não é um comportamento adequado. Priorize agendar tempo para pedir que seus filhos descrevam os padrões pessoais que sentem que deveriam estabelecer para si mesmos, conforme passam a tomar decisões sozinhos gradualmente sem supervisão.

Acolha-os bem. Seu adolescente é um membro importante da família, que tem necessidades em mudança, e você precisa fazer adaptações para atender tais necessidades e desejos. Crie uma atmosfera calorosa e receptiva para que os adolescentes e seus amigos queiram ficar em sua casa. Terão um lugar seguro e divertido para ir, e você saberá o que estão fazendo. Tenha muito refrigerante e lanchinhos à mão, e prepare-se para um pouco de bagunça e música mais barulhenta que agradável.

Peça desculpas quando cometer um erro grave. Adolescentes têm um senso de justiça aumentado. Como mãe, você cometerá erros. Você nem sempre será o modelo de maturidade, sabedoria e amor de que seus filhos precisam. Encobrir o erro ou dar desculpas apenas aumentará o problema. É melhor confessar o que fez e pedir perdão. Você descobrirá que as crianças preferem pais honestos em vez de perfeitos. Você também ficará mais próxima de seu adolescente, em vez de criar um abismo. Se seu filho souber que o ama, você descobrirá que este amor cobre uma multidão de pecados paternais.

Mantenha os adolescentes como parte da vida em família. É natural e saudável que os adolescentes comecem a expressar sua independência à medida que se tornam adultos. Mas há limites saudáveis que você precisa estabelecer. Adolescentes têm a tendência natural de achar que o mundo gira ao redor de si, de suas necessidades e de seus amigos. O pensamento "sou o centro do universo" deve ser interrompido em prol da saúde emocional da criança, de seus relacionamentos futuros e da sanidade familiar. Eis algumas sugestões:

- Ponha-os para trabalhar. Por mais atarefado que o mundo possa ser, os adolescentes precisam saber que você espera que seja membros que contribuam com o time familiar. Estudos mostram que crianças que não têm tarefas no lar não se sentem valorizadas.
- Use viagens e saídas regulares em família para interromper a demanda de seu filho de passar tempo continuamente com seus amigos. Certifique-se de que isso seja divertido para eles.

Não permita que a pressionem. Por mais petulante, arrogante e hostil que seja um adolescente, é sempre assombrado pela profunda questão de insegurança em sua alma: "Você me ama?". Em vez de ganhar o amor, às vezes os adolescentes irão testá-lo pressionando-a. Certifique-se de responder ao você-me-ama com um "Sim!", estando preparada. Por mais frustrante e tentador que possa ser descer ao seu nível de imaturidade emocional, não se esqueça de sua responsabilidade de manter a comunicação — de forma calma, espero.

Crie oportunidades de aprendizado para que cresçam física, emocional, social e espiritualmente. Seu exemplo é o mestre mais importante que seu filho terá na vida.

- Permita que trabalhem com você e que vejam como lida com a vida.
- Mande seu filho para um bom acampamento de verão. Isso ajuda tremendamente as crianças a tomar decisões que os amigos mais velhos, e os pais, é claro, admirarão. Num acampamento as crianças podem aprender flexibilidade, independência e responsabilidade. Também podem aprimorar suas habilidades esportivas e sociais, desenvolvendo autodisciplina e crescendo em caráter. Se sua igreja não promover acampamentos de verão, visite http://www.cciusa.org para a listagem de acampamentos de sua região.

- Ajude seus adolescentes a começar um negócio ou a procurar emprego. Reflitam sobre seus talentos e recursos, e pensem no que poderiam fazer. Ajude-os a elaborar um bom currículo. Ensine-lhes a importância de olhar as pessoas nos olhos e a cumprimentar com um firme aperto de mãos ao serem entrevistados.

Apoie seus sonhos. Deixe que saibam que você está no time deles. Demonstre interesse por seus amigos, trabalhos e atividades escolares. Discuta as habilidades e pontos fortes de seus adolescentes, e ajude-os a sonhar grandes sonhos sobre aquilo que podem alcançar. Mostre cuidado para com eles prestando atenção em suas tarefas, quando poderia simplesmente cuidar dos próprios afazeres. Certifique-se de que tenham variedade de suprimentos, boa iluminação e uma atmosfera acolhedora em seus "escritórios". Trabalhe com os adolescentes para estabelecer alguns critérios, como: É permitido estudar ouvindo música? Haverá pausas para lanchinhos?, etc.

Ajude os adolescentes a tomar decisões sábias. Embora a maioria dos adolescentes pense ser mais espertos que seus pais, não possuem a experiência e sabedoria para tomar todas as próprias decisões ou encarar os desafios da vida sozinhos. Ainda precisam de disciplina e amor. E mais que tudo, precisam ser encorajados a começar a pensar e a comportar-se responsavelmente, como adultos.

Conforme as crianças entram nos anos da adolescência, espera-se que tenham internalizado o código de ética que você ensinou-lhes e delineado seus limites morais. Quer sinta que está firmemente ancorada ou um tanto confusa, é uma boa ideia conversar sobre esta importante questão. Priorize agendar um tempo para pedir às crianças que descrevam os padrões pessoais que acreditam dever adotar para si mesmas enquanto começam a agir mais frequentemente sem supervisão. Se não souberem verbalizar suas respostas, ajude-as apresentando-lhes alguns cenários nos quais provavelmente se encontrarão encarando situações difíceis. Por exemplo, pergunte como agiriam nas seguintes situações.

- Ficou sabendo que um amigo está usando ou vendendo drogas.
- Descobriu que muitos dos alunos de sua escola não acreditam haver problema em colar nas provas.
- Foi abusado sexualmente.
- Perguntaram-lhe se gostaria de fazer algo "só para se divertir", mas sabia que era contra a lei.
- Está numa festa em que perdeu o controle. Todos estão bebendo, e você começa a questionar a segurança das pessoas que estão na festa, inclusive a sua.
- Ofereceram-lhe a oportunidade de ganhar dinheiro fazendo algo que contraria a sua consciência.

- Teve a oportunidade de conseguir uma identidade falsa.
- Aprendeu uma forma simples de entrar e sair furtivamente da casa de um amigo.
- Um amigo começa a conversar sobre suicídio.

Quando seu filho crescido encara uma escolha difícil, o fato de analisá-la antecipadamente não é garantia de que tenha a melhor reação, mas facilitará para ele tomar uma decisão sábia. E lembre-se, você conhece seu filho melhor que ninguém – às vezes melhor que ele próprio. Todos temos pontos cegos – os buracos negros da vida que sugam-nos para dentro devido à nossa personalidade, tendências naturais ou criação. Talvez nunca tenha pensado nisto desta forma, embora provavelmente tenha percebido alguns dos buracos negros de seu filho desde a mais tenra idade.

Fale abertamente com seu adolescente sobre normas comportamentais e expectativas, e sobre as consequências de não aderir aos padrões estabelecidos por você e seu esposo. Seja específica sobre o que é e o que não é um comportamento adequado. Uma boa forma de fazê-lo é através de um contrato entre você e seu filho. Vocês poderão assinar e datar o documento para que caso uma infração ocorra, ele não venha a dizer "não sabia que não era permitido" como desculpa.

Veja um modelo de contrato na página 195.

LIDANDO COM O DIA A DIA — DA FAMÍLIA E DOS "DE FORA"

Preparando-se para o Bebê

O dia em que o bebê chega é jubiloso. Avós, parentes e amigos provavelmente desejarão visitar e "ajudar". Embora bem intencionadas, todas essas pessoas podem, na verdade, dar mais trabalho. Os irmãos podem estar entusiasmados quanto ao novo irmãozinho, mas podem sentir-se ignorados em meio ao burburinho. Eis algumas dicas de como partilhar a alegria sem ficar com dor de cabeça — e de como amenizar o período de adaptação entre os irmãos.

Antes do nascimento

- Compre uma pasta com divisórias para organizar o monte de informações que cercam o nascimento: registros, informações dos médicos, números de emergência e dicas e artigos para ler quando encontrar alguns raros minutos livres.
- Seja graciosa mas clara, antes do nascimento, sobre quais familiares e amigos deseja que estejam na sala de parto, na sala de espera, e em casa quando retornar com o bebê.

GERENCIAMENTO FAMILIAR

CONTRATO ENTRE PAIS E ADOLESCENTES

É importante para os pais que conversem com os adolescentes acerca de expectativas e padrões comportamentais, e sobre as consequências de não aderir aos critérios estabelecidos por você e seu esposo. Seja específica sobre o que é e o que não é um comportamento aceitável. Uma boa forma de fazê-lo é através de um contrato entre você e seu filho. Vocês poderão assinar e datar o documento para que caso uma infração ocorra, ele não venha a dizer "não sabia que não era permitido" como desculpa.

Eis alguns tópicos que pode incluir em seu contrato.

- Minha opinião importa muito, mas isto não é uma democracia. Por isso, meus pais têm a palavra final.
- Expressarei minha liberdade responsavelmente. Pedirei permissão quando não estiver certo do que meus pais gostariam que eu fizesse.
- Cada membro de minha família é valioso, então tratarei a todos e a qualquer convidado em minha casa com respeito e consideração.
- Também não abusarei dos membros de minha família física ou verbalmente – incluindo grosserias, xingamentos e apelidos.
- Tratarei o meu corpo e o de qualquer pessoa com profundo respeito. Drogas, cigarros e bebidas alcoólicas não são permitidos. Pornografia e contato sexual entre pessoas não casadas estão proibidos.
- A não ser que tenha discutido previamente uma exceção, chegarei em casa às ________ nos dias de semana, e às ________ nas noites de sexta e sábado, e deixarei o papai e a mamãe cientes de onde estou a todo tempo.
- Aceito ser confiável em todos os assuntos.
- Entendo que meus pertences são um privilégio, não um direito, por isso cuidarei de minhas posses e respeitarei o que é dos outros. Pedirei antes de tomar emprestado, baterei antes de entrar, e cuidarei dos pertences alheios como se fossem meus.
- Serei responsável quanto a meus horários. Responsabilidade vem antes dos privilégios, por isso farei os deveres de casa e minhas tarefas domésticas antes de usar a televisão, o computador, ou de qualquer atividade de lazer.

- Crie uma lista de tarefas que as pessoas poderão fazer se perguntarem como ajudar. Assim, aproveitará esta oferta de ajuda de forma prática quando o bebê nascer. Para os que estão ávidos por ajudar, além de trazer refeições, poderão lavar roupa, fazer tarefas na rua, e levar os outros filhos de carro aos seus compromissos. Poderão até ajudar como babás uma noite por semana para que você e seu esposo possam sair.

BOM SABER
Novos pais perdem habitualmente entre 400 a 750 horas de sono nos primeiros anos de vida do bebê.

Ajudando irmãos a superar antes do nascimento

- Façam uma reunião de família para anunciar esta bênção. Considere as idades de seus filhos — uma criancinha pode ser capaz de lidar com novidades sobre o bebê mais rapidamente que um adolescente. Se alguém reagir negativamente, não fique na defensiva — seja honesta quanto suas próprias apreensões.
- Apresente a mudança sob uma perspectiva positiva, mesmo que seus próprios sentimentos estejam confusos. Não diga: "Não sei como poderemos receber outra pessoa em nossa casa já super populosa e em nossa agitada agenda". Diga: "Será divertido trabalharmos juntos para receber o bebê em nossa família!"
- Fale frequentemente sobre as mudanças. Aborde o assunto nas conversas diárias. Inicie uma contagem regressiva num calendário. Saiba que fingir é geralmente a forma de as crianças expressarem suas inseguranças — fale com elas. Faça com que saibam o quanto as ama e que grandes irmãos serão.

Após o nascimento

- Nas primeiras semanas após o bebê chegar, certifique-se de dar a si mesma e à sua família espaço pleno para adaptar-se à nova rotina — e a uma nova personalidade em casa.
- Evite visitas quando você ou o bebê estiverem dormido, pendurando um amigável aviso "Não perturbe — família dormindo", na entrada de casa.
- Sem culpa, tire o tempo necessário para adaptar-se ao seu filho.

Ajudando irmãos a superar após o nascimento

- Nos primeiros dias em casa, explique às crianças pequenas que vocês precisam descansar. De formas apropriadas às suas idades, expliquelhes que ter um bebê provoca muitas mudanças em seu corpo, mas que em breve tudo voltará ao normal.

- Demonstre afeição extra pelos irmãos do bebê. Tente passar minutos a sós com cada filho todos os dias. Pergunte sobre o dia de todos, ou leiam um livro favorito juntos. Deixe que falem sobre seus anseios.
- Dê aos irmãos tempo para que se ajustem. Não importa o quanto os tenha preparado, a realidade leva tempo para ser absorvida.

Cooperativas de Babás

Formando uma cooperativa com outros pais ocupados, você será capaz de lidar com compromissos no meio do dia e saídas à noite mais facilmente.

Quando funcionam

- Crianças ficam com amigos que também são pais. Você pode relaxar, sabendo que seus filhos estão com adultos bondosos e experientes.
- Seus filhos veem estas saídas como um agrado: Em vez de serem "deixadas para trás" pela mamãe e o papai, podem brincar com outras crianças — e outros brinquedos de criança.
- Porque você também coopera, não precisa sentir-se culpada ao solicitar ajuda. Todos se beneficiam e contribuem de bom grado.

Como começar uma cooperativa de babás

- Liste as famílias locais, com valores familiares semelhantes, que possam se interessar.
- Reúna os participantes para discutir os requerimentos para associar-se, para decidir se contratarão alguém, o tamanho da cooperativa, a frequência das reuniões, os suprimentos necessários, normais gerais para conduzir emergências, o que fazer caso uma criança adoeça repentinamente, como lidar com questões disciplinares, como lidar com

MOVIMENTO ESTRATÉGICO

Após a licença maternidade, considere voltar ao trabalho ao final da semana. Começar numa quarta ou quinta lhe dará tempo suficiente para perceber que ajustes terá de fazer à sua agenda, sem causar muito estresse. Você também pode considerar trabalhar em horários parciais no primeiro mês para facilitar a volta à rotina para você e o bebê. Trabalhe com a creche para tornar esta transição o mais tranquila possível. Considere fazer um "teste", deixando o bebê na creche apenas metade do dia. Veja quanto tempo levou para arrumarem-se pela manhã, e programe uma rotina.

atrasos na hora de buscar as crianças, e como os membros serão aceitos ou eliminados.

- Organize um sistema de pontos. Use tíquetes ou pontos. Por exemplo, "cobre" um tíquete ou ponto, ou mais, por cuidar de uma criança por uma hora. Se usar pontos, precisará de uma secretária para registrar os pontos acumulados e gastos por cada associado.
- Organize os membros num rodízio das tarefas de secretária: digitar e distribuir cópias das regras, informações sobre reuniões e atestados médicos.
- Organize um registro para cada criança. Deverá incluir alergias alimentares, necessidades médicas especiais, nome e telefone do pediatra, o hospital que os pais preferem, informações do seguro, contatos de emergência, etc.

⚠

AVISO!
Sugiro às mamães que quando tiverem um grupo de crianças em sua casa, pendurem uma toalha de rosto no alto da porta do banheiro para que quando as crianças usarem-no, a porta não feche completamente. Dessa forma, é menos provável que fiquem trancadas.

Grupo de Atividades Lúdicas

Iniciar um grupo de atividades (no qual mamães com crianças em idades similares revezam-se, tanto recebendo todo o grupo de mães e crianças, ou planejando atividades e supervisionando apenas os pequeninos enquanto brincam) é uma ótima forma de darem um descanso umas às outras. Para iniciar um grupo de atividades com as mães de sua vizinhança, agende uma reunião para discutirem o seguinte:

- Haverá quantas crianças no grupo? Quatro crianças é um ótimo número, caso tenham menos de quatro anos, especialmente se apenas um dos pais estiver disponível para supervisioná-las.
- Duas horas são mais que suficientes para pré-escolares brincarem em grupo. Se as mães decidirem revezar-se na supervisão de todas as crianças, você pode estabelecer 15 minutos para recebê-las, 30 minutos para desenhos ou alguma atividade planejada, 15 minutos para um lanchinho, 45 minutos para brincar no quintal ou atividades livres e 15 minutos para descansar enquanto ouvem uma história ou música.
- Quando o grupo irá reunir-se, e com que frequência. Manhãs costumam ser melhores porque as crianças pequenas tendem a estar menos cansadas antes do almoço e mais dispostas a cooperar com outras crianças e a experimentar atividades novas.

- Onde o grupo se reunirá. A casa do anfitrião é o mais comum, embora também possam decidir reunir-se em algum playground local ou centro comunitário.
- Como lidarão com brigas, ansiedade por separação e outras questões.
- Dieta especial, atividades restritas ou alergias. Poderão criar uma lista única de lanches e atividades aprovadas pelas mães.
- Precauções de segurança e como lidar com emergências.
- Informações de contato. Certifique-se de haver coletado o endereço de cada mãe, número telefônico, do celular, e-mail e um número telefônico adicional de emergência, caso não consiga localizá-la.
- É uma boa ideia colocar tudo por escrito e dar uma cópia das normas a cada mãe antes que as crianças se reúnam pela primeira vez. Se for a sua vez de receber os pequeninos, planeje com antecedência para ter à mão todos os suprimentos e lanchinhos necessários.

Creches

Proporção de crianças por assistentes

A Associação Americana de Educação de Crianças Pequenas recomenda o seguinte:

0 a 2 anos: máximo de 8 crianças para cada 2 assistentes.
2 a 2.5 anos: máximo de 12 crianças para cada 2 assistentes.
2.5 a 3 anos: máximo de 14 crianças para cada 2 assistentes.
3 a 5 anos: máximo de 10 crianças para cada 2 assistentes.

Seu filho está em boas mãos?

Para muitas mães, o cuidado das crianças é uma questão sobre a qual às vezes é difícil sentir-se bem. Se a creche for uma necessidade, converse com outras mães de sua região e cheque nas igrejas as opiniões quanto à qualidade das creches. E antes de visitar uma creche, familiarize-se com as normas de licença para o funcionamento destes estabelecimentos. Ao entrevistar possíveis opções, tenha em mente que uma boa creche:

- respeita seus valores
- é alguém de quem você poderá ser amigo
- responde de bom grado perguntas sobre si mesma
- cumprimenta seus filhos
- demonstra o caráter que você deseja que seus filhos aprendam
- oferece uma rotina segura e simples
- explica as regras de forma firme e amigável às crianças
- dá atenção especial à criança que estiver doente ou aborrecida

- demonstra e ensina respeito pelas diferenças das pessoas
- encoraja o bom comportamento das crianças com elogios
- obviamente gosta de crianças e respeita-lhes a individualidade
- conversa e segura os bebês
- lida com necessidades especiais sem reclamar
- fala com a criança com o nome que ela prefere (ex., Randy em vez de Randall)
- conversa com as crianças, perguntando-lhes sobre seu dia e respondendo-lhes às perguntas
- ensina hábitos saudáveis, como lavar as mãos após idas ao banheiro
- dá mais atenção ao seu filho do que a você
- encoraja independência e constrói habilidades, como lavar as mãos e o rosto e recolher brinquedos
- sabe quando oferecer ajuda e quando deixar a criança se virar
- está atenta às necessidades da criança
- não tolera chacota entre as crianças

Indícios de um assistente despreparado

- ergue a voz e usa punições severas: batendo, isolando a criança, negando-lhe comida
- ignora seu filho
- passa horas em frente à TV ou ao telefone
- usa linguagem negativa, dizendo "não" frequentemente e dispensando disciplina desnecessariamente
- tolera chacotas entre as crianças e o mau comportamento

Babás: Informações Importantes que Devem Saber

Além de suas informações de contato e de outros números de emergência, a babá deve saber o seguinte:

- normas para o que a criança deverá comer ou beber
- hora da soneca ou de ir para a cama, e como fazer isto
- atividades preferidas de seus filhos
- coisas que seus filhos não podem fazer quando você está fora
- normas para a TV e os programas permitidos
- medidas disciplinares
- instruções para o uso dos assentos do carro e de outros equipamentos
- política de não abrir a porta a estranhos e sobre como atender ao telefone
- normas para o uso do telefone, da TV, do computador, quanto a beber ou fumar, ou receber visitantes
- instruções quanto aos animais de estimação

- o que fazer numa emergência
- localização dos alarmes de incêndio e antifurto, suprimentos de primeiros socorros, caixa de fusíveis, lanternas, todas as entradas e saídas
- seu endereço com direções claras sobre como chegar à sua casa, em casos de emergência

Formulário de consentimento médico

Providencie um formulário de consentimento no caso de seu filho necessitar de atendimento médico. O formulário deverá incluir:

- nome de seu filho
- data de nascimento
- informações sobre o seguro saúde
- nomes e telefones dos médicos
- histórico médico, como medicamentos, alergias e doenças crônicas
- esta afirmação: "Qualquer médico licenciado, dentista ou hospital pode fornecer atendimento emergencial necessário ao meu filho [nome da criança] quando solicitado pela pessoa portadora deste formulário de consentimento".
- Assinaturas de ambos os responsáveis.

Educação

Dando ao pequenino um pouco de aprendizado

Adquirir as habilidades necessárias para sobressair-se na escola começa bem antes de que seu filho ponha o pé em sala de aula. Envolvendo o pequenino em tarefas criativas e simples e em jogos divertidos designados para acentuar os conhecimentos, você estará dando-lhe um dos maiores presentes: o amor pelo aprendizado.

Leitura

- Leia para seus filhos diariamente. Isso os ajuda a desenvolver habilidades de escuta e observação, e estimula a imaginação.
- Estabeleça um cantinho de leitura com uma poltrona confortável, boa iluminação e um cesto de livros.
- Em sua coleção, inclua livros cujos conteúdos abordem temas relacionados às crianças, como: a chegada de um irmãozinho, uma viagem, ou uma consulta com o médico ou dentista.
- Antes de ler um livro novo para seu pequenino, diga-lhe o título e pergunte-lhe sobre o que acha que será a história. Quando estiver quase terminando o livro, peça-lhe que invente um final para ele.

GERENCIAMENTO FAMILIAR

INFORMAÇÕES GERAIS PARA BABÁS

Telefone Celular ____________________

Endereço ____________________

Instruções do Sistema de Segurança ____________________

Monitoramento __________ Código __________ Senha __________

Localização de...

Lanternas ____________________

Extintores de Incêndio ____________________

Quadro da Eletricidade ____________________

Registro da Água ____________________

Telefone de um Centro de Intoxicações ____________________

Plano de Fuga em Incêndios ____________________

____

Alimentos/Bebidas/Lanches ____________________

____

Instruções para Refeições ____________________

____

Medicamentos ____________________

Dose/Horário/Instruções ____________________

____

Regras da Casa

Hora de Ir para a Cama ____________________

Deveres de Casa ____________________

TV/Computador ____________________

Amigos ____________________

Animais ____________________

GERENCIAMENTO FAMILIAR

CONSENTIMENTO PARA TRATAMENTOS MÉDICOS EMERGENCIAIS PARA MENORES DE IDADE*

Nome da Criança ________________ Data de Nascimento __/__/__
Número da Identidade ______________________________
Endereço ______________________________
____

Médico da Criança ________________________ Telefone________
Endereço ______________________________
____

Plano de Saúde ________________________ Telefone________
Nome do Titular ______________________________
Identidade do Titular ______________________
Categoria do Plano de Saúde ________________
Telefone para Usuários do Plano______________

Eu, ______________________________, pai portador da guarda da criança acima citada, autorizo qualquer um dos seguintes adultos

Nome ________________________ Relacionamento __________
Endereço ______________________________
Nome ________________________ Relacionamento __________
Endereço ______________________________

a consentir com quaisquer exames de Raio X, anestesias, diagnósticos ou tratamentos médicos ou cirúrgicos e cuidados hospitalares prestados ao menor sob a supervisão geral ou especial e sob recomendação de qualquer médico ou cirurgião licenciado à prática, e a consentir com quaisquer exames de Raio X, anestesias, tratamentos ou diagnósticos dentários cirúrgicos e cuidados hospitalares prestados ao menor por qualquer dentista licenciado à prática.

______________________________ ______________
Assinatura do Responsável Legal Data

Autorizado por: Reconhecido por mim nesta data: ________

____
ASSINATURA DO TABELIÃO

Estado: ________________ Minha comissão expira em: ________

*Cheque com seu médico requerimentos especiais para seu estado.

- Conecte a leitura de livros aos programas de televisão. Se seu filho assiste a um programa sobre pássaros, localize na biblioteca um livro sobre o mesmo tema e leiam-no juntos.
- Ensine as letras do alfabeto às crianças fazendo com que percebam todos os caracteres em destaque nas páginas de revistas. Quando a criança localizar uma letra, poderá pintá-la com um marcador de texto.
- Faça um livro do alfabeto. Num bloco em espiral, escreva cada letra do alfabeto numa página diferente. Folheie revistas e ajude seu filho a encontrar desenhos que comecem com cada letra. Recorte-os e cole-os no bloco.
- Invente histórias que estimulem a imaginação da criança. Quando estiver no carro ou à mesa do jantar, peça a um dos membros da família que comece uma história. Depois, cada um terá de acrescentar elementos à aventura. Por exemplo:

  Papai: Havia um cachorro chamado Banjo, que vivia...

  Mamãe: numa cidadezinha do Colorado. Era um cachorro de tamanho médio...

  1ª criança: com manchas brancas e pretas. Todos amavam Banjo porque...

  2ª criança: ele resgatara muitas pessoas que se haviam perdido na neve durante o inverno. Mas certa tarde...

Habilidades para a vida

- Ensine os pequeninos a seguir instruções. Quando lhes mostrar como executar uma nova tarefa ou habilidade, exemplifique cada etapa do trabalho. Então, deixem que participem com você até que possam fazer sozinhos a tarefa. E lembre-se de dar as instruções uma de cada vez, seguidas de exemplos práticos de cada etapa.
- Ao levar uma criança ao banco, padaria, lavanderia ou correios, fale com ela sobre o tipo de trabalho que as pessoas fazem e porque seus serviços são necessários.
- Converse sobre sons com seu filho: trabalhadores consertando a rua, o apito do trem, cachorros latindo, o toque da máquina registradora ou pássaros cantando. Tentem imitar os sons juntos.
- Criancinhas precisam construir coisas com blocos, brincar com argila, encaixar peças e fazer atividades simples, como dobraduras, engatinhar, pular e caminhar. Isso as ajuda a desenvolver a coordenação motora ampla e fina, e prepara-as para aprender habilidades que requerem destreza física na escola.

- Ensine no caminho. Procure exemplos enquanto estiverem no carro. Listras largas e estreitas; ângulos dos telhados; curvas da estrada; círculos dos sinais de trânsito e bueiros.
- Designe seu filho para ser o repórter do tempo. Sua tarefa é consultar a previsão diária num jornal, no rádio, na TV ou internet, e contar à família para que possam planejar as atividades do dia. Cheque o termômetro para ver se ele estava correto quanto à temperatura prevista para o dia. Acompanhe as previsões e os resultados numa lousa branca.

Ingressando na escola: diminua o pavor das primeiras vezes

Ingressar na escola é a maior de todas as mudanças na vida da criança. Você poderá fazer uma transição mais tranquila visitando a escola antecipadamente, bem como introduzindo novas rotinas e atividades antes do início das aulas:

- Ao visitar a escola com seu filho, mostre-lhe quais atividades acontecerão lá; informe-se dos nomes de sua professora e colegas de classe; descubra qual será sua sala de aula e onde localizam-se os banheiros. Se possível, consiga uma lista com números de telefones para que possa organizar um dia de brincadeiras com os colegas de classe antes do início das aulas.
- Uma semana ou mais antes do primeiro dia, implemente mudanças na agenda e nas rotinas dos trabalhos domésticos. Levantem-se, vistam-se e tomem café como planejam fazer quando as aulas começarem.
- Caminhem juntos até o ponto de ônibus ou até a escola algumas vezes. Revisem as normas de segurança e o que combinaram para a volta depois da aula. Lembre a seus filhos de jamais voltarem para casa com qualquer outra pessoa, e de nunca entrarem num carro com um estranho. (Não escreva o nome de seu filho com letras grandes em sua merendeira ou mochila; um estranho poderá enganar a criança fazendo-se passar por amigo ao chamá-la pelo nome).
- Planeje um dia especial para a compra de material escolar e dos uniformes.
- Compre roupas “fáceis” — sapatos com velcro, camisetas de malha sem etiquetas e com aberturas grandes, que passem facilmente pelo pescoço. Botões, colchetes, zíperes e cadarços atrasam a criança.
- Certifique-se de que seu filho sinta-se confortável usando um banheiro público. Lembre-o de sempre lavar as mãos ao terminar.

- Pratique com seu filho o uso da merendeira e da garrafa térmica.
- Planeje passar alguns minutos extras antes deixar seu filho na escola. Seja sensível; até mesmo uma criança confiante pode estressar-se com uma nova situação.
- Celebre o momento! Fotografe em casa o primeiro dia de aula de seu filho.

De volta à escola

Contagem regressiva para a volta às aulas

Duas semanas antes

☆

MOVIMENTO ESTRATÉGICO

Tire um tempo agora para providenciar carimbos com o nome de cada criança. Isso facilitará identificar seus pertences, inclusive os suprimentos escolares.

• • • • • • • • • • •

- Planeje um jantar especial para celebrar o fim do verão, e comece a antecipar o novo ano escolar. Conversem sobre como a escola é a "carreira" da criança, tão importante quanto a de um adulto. Após o jantar, distribua papel e caneta e ajude as crianças a listar suas metas para o ano escolar. Guarde as listas numa pasta de arquivo para revisá-las ao fim de cada mês. Isso a ajudará a lembrar-se de parabenizar seus filhos por atingirem suas metas em certas áreas e a fazerem ajustes para ir bem em outras.
- Agende um dia para comprar material escolar. Compre suprimentos extras para ter à mão nos projetos e trabalhos de casa, como papéis coloridos, canetas e marcadores, pastas para recortes e cartolinas. Estabeleça um lugar onde as crianças possam fazer os deveres de casa e manter guardados os suprimentos.
- Compre os uniformes escolares.
- Estabeleça uma base de operação em casa — sua Central de Controle, na qual mantém-se a par da agenda da família e de outros detalhes importantes — num local central, como um balcão ou escrivaninha na cozinha. Mantenha a agenda da família, mensagens telefônicas e a lista de mercado lá, bem como suprimentos de escritório, agenda telefônica, cardápios de restaurantes que entreguem refeições e uma lixeira.
- Compre caixas empilháveis, uma para cada criança, e deixe que cada um personalize a sua. Disponha-as próximo à Central de Controle, e instrua seus filhos a colocar nas caixas os papéis e formulários da

escola imediatamente após chegarem em casa. É responsabilidade da mamãe e do papai olhar os papéis à noite e tomar as medidas necessárias.

Uma semana antes

- Converse com seus filhos sobre segurança. Planeje o caminho que farão para ir e voltar da escola. Desenvolvam um código familiar. Se alguém que não for da família tiver de buscar seu filho na escola, a pessoa poderá usar o código para mostrar que é seguro entrar no carro. Esta palavra também pode significar "Socorro" se seu filho precisar telefonar-lhe numa situação ameaçadora.
- Compre um despertador para cada filho. Coloque-o longe da cama, para que a criança tenha de levantar-se para desligá-lo.
- Comece a colocar as crianças pequenas de 10 a 15 minutos mais cedo na cama para acertar seus relógios biológicos. Peça aos mais velhos que comecem a ajustar suas rotinas da hora de dormir e das manhãs.
- Discutam suas agendas matinais. Decidam quanto tempo cada um precisa para aprontar-se de manhã.
- Designe às crianças tarefas que encorajem o trabalho em equipe e a responsabilidade, para tornar mais tranquila a apressada rotina dos dias de escola. Faça um rodízio para permitir às crianças que experimentem serviços variados.
- Uma das crianças poderá ser o "arauto" encarregado de dar a todos o aviso de que restam 10 minutos para a hora de sair.
- Prepare sua câmera para as fotos do primeiro dia de aula.

MOVIMENTO ESTRATÉGICO

Crie um plano de emergência para buscar as crianças na escola caso adoeçam quando você estiver ocupada.

Primeiro dia de aula

- Ponham em ação o que planejaram nas últimas duas semanas.
- Tenha momentos especiais de oração por seus filhos
- Tire fotos!

Formas de encorajar o aprendizado fora da escola

- Encoraje as crianças a ler por prazer e a sempre ter um livro "em andamento". Demonstrem interesse pelo que estiverem lendo, fazendo perguntas sobre a história e os personagens. Ofereça recompensas por suas leituras.

BOM SABER
Três tipos de envolvimento dos pais em casa estão consistentemente associados ao alto desempenho do estudante: organizar e monitorar ativamente o tempo da criança, ajudar com o trabalho de casa e discutir assuntos da escola, segundo o Journal of Family Psychology.

- Promova a exploração. Se seu filho perguntar porque um animal se comporta de determinada forma, ou porque as estrelas brilham, faça disso o tema de uma pesquisa juntos na internet ou na biblioteca.
- Plantem juntos uma pequena flor, erva ou vegetal. Use catálogos de plantas para guiar suas escolhas. Leiam as instruções sobre o plantio e o cuidado.
- Peça a seu filho que registre os pontos durante uma partida de mini golfe. Peça-lhe que informe a média de tacadas por jogador.
- Dê a seus filhos a oportunidade de fazer projetos criativos pelos quais demonstrem interesse, como desenho, costura, montagem de miniaturas, cuidar de animais, geologia ou trabalhar em projetos de mecânica.
- Ajude seus filhos a enviar pinturas, poemas, piadas ou histórias a revistas de crianças.
- Tenha um bom dicionário à mão. Quando seus filhos lerem uma palavra que não conheçam ou ouvirem na TV um termo não familiar, ensine-os a consultar o dicionário.
- Faça um bom uso de revistas velhas. Dê a duas ou mais crianças uma lista de 25 coisas para procurar, como um menino, uma menina, um carro, flores, uma bandeira ou um cavalo. Peça-lhes que recortem os itens. Vence quem encontrar mais.

Dicas de dever de casa

Demonstre interesse pelos deveres de casa de seus filhos e disponha os trabalhinhos dos quais sentem orgulho no quadro de aviso. Veja seus livros de texto e pergunte-lhes o que mais gostam de aprender. Pergunte quais matérias são as mais difíceis para eles e em que precisam de ajuda. Deixe que saibam que você também tem problemas com algumas matérias.

- Ensine as crianças a listar o que precisa ser feito semanalmente, e então priorizem o que precisa ser acabado primeiro.
- Ajude as crianças a calcular quanto tempo levarão para completar o trabalho de casa, e deixe que contem o tempo sozinhas. Elas começarão a aprender a administrar o tempo.

- Ajude-as a entender a importância de antecipar atividades, como certificar-se de que seus uniformes de educação física estão limpos e reunir todos os equipamentos com bastante antecedência antes dos jogos.
- Ensine seus filhos a fazer tarefas simultâneas assistindo TV. Podem limpar suas mochilas ou organizar suprimentos de arte e da escola durante seus programas favoritos.
- Exemplifique os comportamentos que deseja que seus filhos adotem. Se a virem prorrogar um projeto que precisa ser concluído, não espere que se comportem diferentemente. Conversem sobre como podem aprender juntos a ser melhores gerentes do tempo.

BOM SABER
Apenas um quarto dos alunos da quarta até a oitava série apresentam performance dentro do nível esperado em matemática, segundo o Departamento Americano de Educação.

- À medida que crescem, encoraje as crianças a manter sua própria agenda, onde possam registrar fatos e datas importantes.
- Ajude-as a fragmentar grandes tarefas em pequenos segmentos — escrever o resumo de um livro ou preparar-se para a feira de ciências.
- Crie um programa de incentivo ao dever de casa. As crianças ganharão pontos que se converterão em um prêmio ao fazer o dever de casa no dia designado, ao completá-lo a tempo e tendo uma boa atitude quanto às lições.
- Discuta com as crianças como executarão projetos especiais antes de iniciá-los. Ajude-as a pensar no seguinte: O que deseja o professor? Que itens são necessários para concluir o projeto? O que há disponível? Que outros recursos precisam ser preparados? Ajude-as a listar os passos necessários.
- Analise os recursos disponíveis antes de iniciar projetos. A biblioteca pública geralmente abriga coleções especiais sobre diversos temas. Recortes também podem ser úteis. Os avós podem ter antiguidades, livros, jornais e fotografias que podem ser usados em reportagens especiais. Se a criança

MOVIMENTO ESTRATÉGICO
Para ajudar as crianças a dormir, especialistas recomendam tirar de seus quartos televisões e computadores.

tiver de redigir um texto sobre o sistema judiciário, por exemplo, combine uma entrevista com um advogado. Se tiver um hobby, seu filho poderá usá-lo como fonte para um projeto.

- Estude com seus filhos. Uma mãe que conheço matriculou-se num curso de álgebra para ajudar seu filho novato nos estudos.
- Enfatize a importância do capricho. Os professores são influenciados pela aparência do trabalho. Se seu filho tem uma letra de mão deficiente, encoraje-o a tirar o tempo necessário para torná-la legível. Recompense-o por praticar a caligrafia em casa. Quando possível, deixe-o fazer o trabalho no computador.
- Converse com seu filho sobre o desempenho que precisará apresentar para passar à próxima série.

Trabalhos e provas

Ajude seus filhos a estudar eficientemente para as provas. Encoraje-os a:

- revisar anotações após as aulas
- destacar as informações essenciais nos livros de texto (se os possuírem) e as anotações feitas em classe, para facilitar a revisão dos conteúdos importantes
- perguntar ao professor que matérias serão cobradas nos testes, quando não souberem ao certo
- guardar testes antigos para que sirvam como parâmetros de estudo
- reunir-se com outros estudantes para revisar o conteúdo antes das provas
- estudar conforme seus relógios biológicos (quando cada criança fica mais alerta — bem cedo pela manhã, ou ao entardecer?)
- para uma memorização excelente, estudar com a mente descansada
- aprender a usar estratégias de memorização, como acrônimos, palavras principais, ideias relacionadas e rima
- reler as respostas antes de devolver o teste ao professor, e usar um dicionário para checar a grafia das palavras, caso não esteja usando um computador

Normas para uma Cooperativa de Transporte

Parte do trabalho da Gerente Familiar é ter a certeza de que as crianças chegarão ao lugar certo, na hora certa e com o equipamento certo. Se parece que sua missão de motorista é pesada demais para apenas uma pessoa, talvez seja hora de organizar uma cooperativa. Estes critérios a ajudarão.

Reúna um grupo

- Encontre outros pais que também se beneficiem com uma cooperativa de transporte.
- Deixe que seus filhos manifestem reações a cada um dos nomes citados como candidatos da cooperativa. Observe se estão confortáveis com tais pessoas.

DIVERSÃO PARA AS CRIANÇAS
Semanalmente, disponha enigmas e jogos de palavras num local central. Vence o primeiro a dizer à mamãe a resposta certa. Anuncie o ganhador no jantar de sábado à noite.

Estabeleça normas

- Informe-se sobre os procedimentos de segurança da escola quanto à entrada e saída dos alunos.
- Certifique-se de que os motoristas possuam seguros adequados, que cubram acidentes relativos ao transporte das crianças em seus carros.
- Discutam um plano de substituição dos motoristas, em caso de doença.
- Decidam se desejam contribuir diariamente ou semanalmente com a cooperativa.

MOVIMENTO ESTRATÉGICO
Se receber algum e-mail e julgá-lo suspeito, encaminhe-o para a Polícia Federal.

Reúna informações

- Faça com que cada pai informe seus nomes, o nome de seus filhos, informações essenciais, endereços e números de contato. Faça cópias e distribua. Mantenham estas informações no carro, caso ocorram emergências.

Esclareçam normas de segurança

- Instrua os motoristas a portarem o celular, mas não a conversarem enquanto dirigem.
- Estabeleçam que cintos de segurança estejam disponíveis e sejam usados por todas as crianças. Adotem a política de apenas sair com o carro quando todos estiverem nos cintos, e se certifiquem de que crianças menores de 12 anos não usem o banco da frente (ou outros assentos com *air bag*).

- Discutam e estabeleçam políticas sobre:
  - comer e beber no carro
  - manter as portas travadas e as janelas fechadas quando o carro estiver em movimento
  - o que fazer quando não houver ninguém em casa quando a criança for entregue
  - a disciplina de crianças pouco colaborativas

Crianças Sozinhas em Casa

Saber que seu filho chegará a uma casa vazia após a escola não é fácil para você, nem para ele. As dicas a seguir a ajudarão a pavimentar o caminho rumo à segurança e responsabilidade, e farão com que seu filho saiba que você se importa, mesmo quando não está lá.

- Deixe notas com palavras de encorajamento e afeição em local visível. Escreva-as sábado à noite e espalhe uma por dia no caminho que faz até a porta de saída pela manhã.
- Disponha uma lista com ideias para lanchinhos na porta da geladeira. Para minimizar o uso dos equipamentos da cozinha, sugira apenas lanches que não precisarem de cozimento.
- Discutam e estabeleçam regras para estar sozinho em casa. Disponha as regras adotadas num local visível, de forma que o "esqueci que não era permitido" não seja usado como desculpa. Suas regras devem cobrir os seguintes assuntos:
  - É permitida a visita de amigos? Os filhos deverão pedir permissão antes?
  - Que tarefas deverão ser feitas a cada dia?
  - Quando o trabalho de casa deverá ser feito?
  - Quanto tempo de TV e computador é permitido, e que programas estão liberados?
  - Seus filhos podem ir a algum outro lugar após a escola? Como a informarão do local onde se encontram?

- Conversem sobre como as crianças deverão lidar com o seguinte:
  - atender ao telefone e anotar mensagens
  - perder a chave de casa
  - comporta-se ao chegar em casa
  - perder o ônibus escolar ou a carona da cooperativa de transporte
  - doença ou ferimento acidental
  - emergências climáticas ou incêndios
  - um estranho ao telefone ou à porta de casa

- Seja sábia quanto ao seu trabalho voluntário. Digamos que queira envolver-se mais em sua igreja, e pediram-lhe que ajudasse o comitê de missões, que se reúne duas vezes ao mês às segundas à noite. Isso representaria passar mais tempo afastada de sua família. Você também ficou sabendo que o pastor dos jovens procura adultos voluntários para acompanhá-los ao lar dos desabrigados, onde servem o jantar nas noites de quinta. Ao pesar os benefícios de ambas as opções, você percebe que desde que seu filho esteja envolvido no grupo jovem, você poderia passar um tempo com ele e partilhar a satisfação de ajudar o próximo juntos — um benefício extra. Quando perceber que atividade permitirá que passe mais tempo com seu filho, decida.

MOVIMENTO ESTRATÉGICO

Pense em quatro ou cinco cardápios fáceis para o jantar, que você possa preparar em 30 minutos, e tenha os ingredientes à mão para os dias em que as atividades após a escola atrasarem, e não houver tempo de preparar o prato planejado.

- Converse antecipadamente com seu chefe sobre eventos importantes da escola. Sua antecipação aumentará as chances de que alguém a substitua no trabalho. Eis uma lista de funções relativas à escola a considerar:

  levar e buscar no primeiro dia de aula
  escola aberta aos pais e reuniões com professores
  assembleias, apresentações ou programações nos feriados, nas quais seu filho tenha afazeres
  uma ou duas viagens ao campo
  feira de artes ou de ciências da qual seu filho seja participante
  jogos esportivos dos quais seus filho participe
  formaturas e outras celebrações de encerramento do ano

- Se não puder comparecer a um evento importante, peça a um familiar ou amigo próximo que vá em seu lugar. Se possível, peça a alguém que filme o evento para que você e seu filho possam assisti-lo juntos mais tarde.
- Maximize o tempo com sua família ao fim do dia. Vista roupas confortáveis e desconecte-se do mundo para conectar-se à família. Desligue temporariamente todos os aparelhos eletrônicos, inclusive o telefone, televisão e computador.

Excesso de Atividades

Num estudo recente realizado pela KidsHealth.org, 41% das crianças entrevistadas, nas idades de 9 a 13 anos, relataram sentir-se estressadas a maior parte do tempo por terem muitos afazeres, e 77% desejavam ter mais tempo livre.

- Crianças precisam de tempo livre para recarregar as baterias. Tempo livre ajuda-as a aprender a entreterem-se sozinhas, estimula a criatividade, e ajuda-as a descobrir as coisas que gostam de fazer, e as habilidades que Deus lhes deu. Precisam de tempo para trabalhos de arte, para experimentar instrumentos musicais, para socializar-se, brincar com jogos e fantasiar.
- Não sobrecarregue a agenda de seu filho com práticas e atividades. Pode ser preciso deletar alguns itens da agenda, se seu filho apresentar sinais, como:

  deixar o trabalho de casa inacabado ou terminá-lo tarde da noite por não haver tempo suficiente durante o dia
  comer apressadamente para não perder a hora
  reclamar por ter de ir a alguma prática, jogo ou atividade
  não dormir o suficiente
  desdobrar-se para cumprir a agenda

Crianças Doentes

Dias com crianças doentes são inevitáveis, mas há formas de facilitar as coisas para você e seu filho.

MOVIMENTO ESTRATÉGICO

Ao levar uma criança doente ao médico, tente agendar o primeiro horário do dia, ou o primeiro após o almoço. É menos provável que tenha de esperar.

- Prepare-se. Tenha à mão o telefone do médico e do farmacêutico. Ao ligar para o médico, esteja pronta para as seguintes informações:

  temperatura da criança
  sintomas — dor de cabeça, na garganta, vômito, diarreia, dor de estômago, erupções, padrões de sono incomuns
  medicamentos que já ministrou

- Mantenha o estoque do armário de remédios com os suprimentos necessários.
- Ligue antes de levar uma criança doente à consulta, já que os médicos costumam atrasar-se. Pergunte à recepcionista sobre um horário de atendimento realista, para que não tenha de passar um tempo desnecessário na sala de espera.
- Crie a "bolsa de ir ao médico", com livros, jogos, adesivos e outros objetos divertidos, para que seu filho desfrute apenas quando tiver de ir ao médico.

- Se tiver outras crianças, deixe as que estiverem bem com outra mãe ou com uma babá enquanto leva o filho doente ao médico. Desta forma, poderá focar toda sua atenção na criança que não está bem enquanto espera. E retribua o favor quando os filhos de sua amiga tiverem de ir ao pediatra.
- Crie uma caixa especial que deverá ser guardada e usada apenas nos dias em que a criança está doente. Recheie-a com objetos, como livros de atividades, lápis de cor, adesivos e quebra-cabeça, ou modelos em miniatura para montar.
- Designe um lugar na despensa para "alimentos especiais para quem estiver doente", como sopa de macarrão e frango, soda, gelatina, bebidas isotônicas e biscoitos de água e sal. (A gelatina é mais divertida para as crianças quando preparada numa fôrma de bolo e cortada em formatos divertidos com um cortador de biscoitos. Torradas também ficam mais atraentes quando cortadas assim).
- Crie uma atmosfera renovada para a criança que esteja com uma doença que demora a sarar. Disponha travesseiros com fronhas limpas e deixe ar fresco entrar no quarto diariamente. Envie ao seu filho "pelo correio" um presentinho a cada dia — canetas novas, um saco de jujubas, sementes de flores, um pequeno livro. Esperar a chegada do carteiro será algo divertido a fazer todos os dias.
- Ilumine o quarto de seu filho doente com papel crepom colorido e um pôster divertido fixado no teto.
- Telefone para o professor de seu filho perguntando se pode buscar seu trabalho de casa. Encoraje o estudo tanto quanto possível enquanto a criança estiver em casa.

Rotinas da Hora de Dormir

Sem um sono adequado, o corpo das crianças não é capaz de lutar contra infecções de forma eficaz. A privação do sono pode até afetar futuramente a vida das crianças. Quando você e eu ficamos cansadas, percebemos que o dia fica mais difícil devido à sonolência. As crianças, porém, não entendem isso.

- Estabeleça a hora de dormir nos dias de aula, e atenha-se a isso. Trinta minutos antes da hora de dormir, encoraje as crianças a terminar qualquer projeto ou atividade e a começar suas rotinas da hora de ir para a cama: lavar o rosto, escovar o dente e vestir o pijama. Assim, terão um senso do ritmo diário. Mesmo que acordem tarde nos fins de semana, não altere significativamente a rotina, se quiser manter de forma fácil os horários dos dias de escola.

- Inclua na rotina atividades que ajudem seus filhos a desacelerar e a relaxar (como tomar banho ou ler um livro). Passem alguns minutos recapitulando o dia e orem juntos.
- Antecipe-se às distrações da hora de dormir. Certifique-se de que as crianças tenham ido ao banheiro antes de se deitarem. Deixe um copo ao lado da cama da criança que frequentemente pede para beber água. Providencie uma luz noturna ou abajur para o filho que costuma ter medo no escuro.
- Estabeleça a hora de apagar a luz instalando um timer nas tomadas dos quartos. Permita que leiam ou que ouçam histórias até a hora de apagar a luz.

CONSTRUINDO OUTROS RELACIONAMENTOS

Criando Tempo para as Amigas

Por mais que ame sua família, precisa de amigas para conversar, rir, comiserar-se, e para ter com quem orar. Provavelmente a maioria de nós está regularmente fazendo novas amizades — na vizinhança, no trabalho ou academia, na escola ou reuniões da comunidade ou na igreja. Temos muito que ver com a forma pela qual cada relacionamento se desenvolve.

MOVIMENTO ESTRATÉGICO

Crie a rotina de reunir-se regularmente com algumas amigas que não pode ver sempre. Talvez decidam ir a uma loja de antiguidades juntas nos primeiros sábados de abril e de outubro a cada ano. Ou inicie uma tradição, como irem ao mesmo salão, ou almoçarem juntas na primeira quarta-feira de cada mês.

A realidade das amizades é que declinam e esvaem-se de nossas vidas. E talvez uma das formas de saber se uma amiga é realmente amiga é ver se ela compreende isso.

Se está sempre sobrecarregada pelas demandas de sua família, igreja, trabalho e outras atividades, pode pensar que investir em amizades seja simplesmente impossível. Antes de desistir, pense em experimentar uma ou duas das seguintes ideias:

- Sempre que planejar atividades para suas crianças, considere incluir uma amiga e seus filhos. Se for a um evento, como o piquenique da escola ou assistir um desfile militar, porque não convidar outra mãe e seus filhos para irem juntas? Ou se sua filha pedir-lhe para frequentar uma academia, porque não procura saber se a filha de sua amiga deseja matricular-se nas mesmas aulas? Suas filhas gostarão de exercitar-se juntas, e você e sua amiga terão algum tempo.

- Planeje um almoço mensal. Mesmo que se encontre com sua amiga e os filhos dela em algum restaurante fast-food de uma área recreativa, poderá ter algum tempo ininterrupto para conversar enquanto as crianças brincam.
- Tenha sempre à mão cartões de amizade. Talvez fique sabendo que uma amiga está doente, mas não tem tempo para visitá-la ou telefonar. Simplesmente receber de você uma mensagem de apoio poderá iluminar-lhe o dia e estreitar a amizade.
- Descubram uma atividade extra. Pode ser montar álbuns, algum jogo de tabuleiro ou um estudo bíblico semanal. Apenas pensar na próxima reunião fará com que se sintam mais leves.

Embora meus pais nunca tenham me ensinado formalmente qualquer princípio sobre amizades, observei suas vidas, aprendi e identifiquei três estratégias na construção de relacionamentos:

1. Tome a iniciativa.
- Seja amigável; seja a primeira a dizer oi.
- Diga sempre o nome da outra pessoa.
- Demonstre interesse genuíno pela vida do outro.

2. Estabeleça um relacionamento.
- Pense consigo mesma: *Aceito você do jeito que é.*
- Ouça com atenção — perceba sentimentos e pensamentos.
- Dê elogios sinceros quando esperados.
- Procure formas de dar, não de receber.
- Procure ocasiões onde possam passar tempo juntas.

3. Edifique a amizade.
- Deixe que saibam suas opiniões.
- Procure seus conselhos.
- Crie tempo para elas.
- Lembre-se de datas importantes.

♡

DO CORAÇÃO

Aprendi com meus pais o valor das amizades. Desde cedo, observava-os investirem continuamente em seus relacionamentos. Muitos dos amigos que tinham quando eu ainda estava na pré-escola são ainda seus melhores amigos, 50 anos depois. Passaram por tempos difíceis e tempos bons, crianças rebeldes, negócios falidos, mortes e divórcios. É uma alegria ver meus pais desfrutando seus últimos dias com seus amigos, alguns deles novos, embora muitos sejam as mesmas pessoas que conheci por toda a vida.

- Partilhe recursos pessoais.
- Partilhe honestamente sua alegria e tristeza.
- Evite ser possessiva e controladora.
- Ore com e por elas.

Una-se à Vizinhança para Segurança e Diversão

Conhecer os vizinhos é importante. Podem trabalhar juntos para fazer da vizinhança um lugar mais seguro para se brincar fora de casa, designar casas "seguras" para onde as crianças possam ir caso sintam-se assediadas, e advertir uns aos outros quanto a transeuntes suspeitos em sua área. Podem cuidar das casas e recolherem as correspondências uns dos outros durante as férias.

Eis formas de promover a amizade, de relacionar-se e de zelar pela segurança de seus arredores:

- Crie e distribua uma lista principal de contatos. As famílias interessadas podem fornecer nomes, endereços, números telefônicos, idades das crianças e hobbies familiares. Todos poderão informar os serviços e lojas preferidas da região. Esta lista também é uma boa oportunidade para as adolescentes demonstrarem seu interesse em trabalhar como babás.
- Desenvolva um site da vizinhança para postar informações importantes ou divertidas, partilhar receitas, listar os eventos futuros, etc. Você pode fazê-lo gratuitamente através do Yahoo (http://www.yahoo.com), e do Neighborhood Link (http://www.neighborhoodlink.com).
- Inicie um jantar mensal em que todos colaborem com um prato, sempre em uma casa diferente. Você também pode formar um grupo culinário ou de leitura.
- Coordene uma grande venda de garagem.
- Participem de uma causa em comum. Reúnam um grupo para solicitar às autoridades um semáforo ou um radar de velocidade.
- Atente às formas de celebrar, sejam ocasiões grandes ou pequenas: Pendure balões na caixa de correio da criança que estiver fazendo aniversário; amarre um grande arco azul ou rosa à porta da casa quando um bebê chegar; receba, com sua torta favorita, o estudante que volta para casa.
- Ajude os vizinhos idosos com o trabalho de jardinagem e com a manutenção das luzes.
- Pratique a generosidade emprestando ferramentas de jardinagem. (Pintar os cabos com uma cor vibrante antes de emprestar ajudará os vizinhos a lembrar-se de que as ferramentas pertencem a você).
- Ofereça a festa da "Criança Nova no Pedaço" para novos vizinhos.
- Inicie uma tradição anual (O Dia do Piquenique, um churrasco num feriado, etc.).

CAPÍTULO 5

GERENCIANDO FINANÇAS

O gerenciamento financeiro, como qualquer outro tipo de gerenciamento (inclusive a limpeza de banheiros!), é, na verdade, um processo, e não uma meta a ser alcançada, e depois esquecida. Suas prioridades sobre como gerencia o dinheiro de sua família variará conforme o crescimento dela. Além do mais, alimentar uma família de cinco custa mais que alimentar uma de três. O seguro automobilístico para um jovem é mais caro que comprar um triciclo. A universidade é mais cara que a pré-escola.

Algumas das preocupações financeiras com as quais você deve lidar como Gerente Familiar são:

- estabelecer e rever periodicamente as prioridades financeiras da família
- estabelecer e seguir um orçamento
- fazer render pouquíssimos reais
- declarar bens e manter registros
- selecionar investimentos apropriados
- decidir a quem fazer doações
- calcular um seguro adequado às necessidades de sua família
- contratar um plano de aposentadoria
- preencher formulários dos planos de saúde
- fazer a compra inteligente de um automóvel
- incluir no orçamento a creche de seu filho
- fazer compras inteligentes de alimentos, roupas, móveis, presentes e equipamentos
- estabelecer crédito
- ensinar às crianças o valor de cada real
- lidar com questões complicadas, como testamentos e decisões póstumas
- preparar-se para enviar os filhos à universidade

O gerenciamento financeiro é, na verdade, um processo, e não uma meta a ser alcançada, e depois esquecida.

Essa lista cobre o básico, embora exista sempre algo a mais. Talvez seja criar um plano de emergência para crises financeiras. É desnecessário dizer que será fácil fazer isso se você realmente souber fazer a compra inteligente de um carro, tiver um orçamento mensal (de forma que saiba que cortes precisam ser feitos), e vive conforme as prioridades estabelecidas para a sua família.

Tudo isso pode soar como um fardo se você, como eu, não achar que é boa em números. Mas não desanime. Tenho prazer em anunciar uma vitória conquistada com dificuldades e uma verdade reconfortante: Você não precisa ser graduada em contabilidade para gerenciar eficazmente o departamento financeiro. Eu deveria saber. O termo *orçamento* não fazia parte de meu vocabulário, até que me casei. Até aquele ponto, meus pais proveram tudo o que necessitei. Quando adolescente, tive minha própria conta bancária, mas nunca me importei em equilibrá-la. Não sabia ao certo quanto dinheiro havia nela, e isso não importava. Se gastasse muito, o gerente ligaria para a minha mãe, e ela imediatamente depositaria o suficiente para cobrir meus gastos. Sim, era uma vida protegida.

Tomar decisões financeiras será fácil se viver conforme as prioridades estabelecidas para a sua família.

A realidade das finanças surgiu cedo em nosso matrimônio. Éramos estudantes, e nem sempre havia dinheiro. Gastava o que tínhamos com alimentos que não consumíamos, com roupas de que não necessitava, e com mobílias que atraíam poeira e pouco práticas para decorarmos nosso apartamento. Bill tentava mostrar-me os equívocos que cometia, mas eu ficava na defensiva. Para mim, dinheiro era para gastar, e não para poupar.

Mas isso mudou rapidamente quando tivemos nosso primeiro filho, uma tremenda conta hospitalar para pagar, e outra pessoa para alimentar, vestir e enviar à universidade algum dia.

Tudo a respeito de aprender a gerenciar finanças surgiu do nada. No começo não foi fácil, mas eventualmente percebi que os contratos bancários não eram escritos em idiomas estrangeiros e que a movimentação bancária mensal não era mais que as simples soma e subtração. E ainda posso me lembrar do estímulo à minha confiança quando esta pessoa avessa a números percebeu um erro em nosso contrato de quitação de imóvel.

Você também pode tornar-se uma melhor gerente do dinheiro de sua família. Neste capítulo você encontrará conselhos práticos sobre desenvolver uma estratégia financeira e metas concretas para sua família, bem como dicas sobre como organizar suas informações financeiras e ensinar os filhos a respeito do dinheiro.

O Mais Importante a Lembrar

1. Tudo o que possui é um presente de Deus.

2. Aquilo que *cultiva* em seus filhos é mais importante que aquilo que *deixa* para eles.

3. Não é aquilo que faz, mas o que dá, que enriquece a vida.

4. Tempos de dificuldades financeiras podem torná-la amarga ou melhorá-la — a escolha é sua.

5. Poucos compromissos financeiros mensais dão-lhe maior liberdade e flexibilidade para gastar o dinheiro da forma que preferir.

6. A alegria de uma compra feita com cartão de crédito não dura até a data de vencimento do cartão.

7. Se ainda não decidiu o que valoriza na vida, quando o dinheiro ficar apertado, poderá facilmente sentir-se insegura, descontente e incapaz de desfrutar as bênçãos que possui.

8. Se você ainda corre atrás da riqueza às custas da vida familiar, da saúde pessoal, e da saúde do matrimônio, descobrirá que não controla realmente a sua riqueza, mas ela a controla.

9. Não use as riquezas como um manto de segurança, mas como uma ferramenta.

10. Gerenciar finanças não diz respeito ao dinheiro, mas à forma pela qual o encara.

ESTRATÉGIAS E SOLUÇÕES PARA GERENCIAR O DEPARTAMENTO DE FINANÇAS

CRIANDO A ESTRATÉGIA FINANCEIRA DE SUA FAMÍLIA

A maioria dos casais divorcia-se mais em razão das questões financeiras do que a respeito de qualquer outro problema. Discutir e estabelecer uma estratégia financeira para a família irá poupá-la de muita angústia. A chave para um plano financeiro sólido inclui:

- determinar sua visão do dinheiro
- decidir prioridades
- criar um orçamento

Se a ideia de pensar em todas essas questões e criar alguns planejamentos sólidos parecer um pouco árdua agora, apenas lembre-se de que pode executar cada um dos seguintes passos aos poucos. O tempo investido na criação de um planejamento sólido valerá a pena mais tarde!

A Filosofia Financeira da Família

Todos temos uma filosofia quanto ao dinheiro, e quer nos preocupemos ou não com isso, vivemos conforme ela o dia todo, todos os dias. É importante entender sua filosofia financeira porque ela influenciará suas prioridades e hábitos de consumo.

De certa forma, cada um foi influenciado pela forma como nossos pais conduziam as finanças e por aquilo que valorizavam. Então, quando duas pessoas unem-se em casamento, levam consigo filosofias distintas quanto ao dinheiro e uma porção de padrões que julgam perfeitamente normais.

- Qual seu ponto de vista quanto ao dinheiro?
- E o do seu esposo?
- Seus pontos de vista causaram conflitos? Como?

Sente-se a sós, se for mãe solteira, ou com seu esposo para esclarecerem suas filosofias quanto ao dinheiro. Pensem no que os itens a seguir representam na hora de usarem seu dinheiro.

Ser responsável.
Ser produtivo.
Ser honesto.
Ser generoso.
Ser você mesmo.
Ser realista.

As Necessidades Financeiras da Família

Uma vez que tenha sua filosofia muito bem acertada, precisa estabelecer prioridades. De outra forma, será fácil perder o foco quanto ao que é realmente importante. Sem prioridades, estará mais propensa a tomar decisões impulsivas e a gastar dinheiro que não deveria ser gasto (o que fará com que se sinta pior do que quando tentou sentir-se bem comprando!).

Ou talvez se sinta paralisada, incapaz de gastar qualquer quantia agora. A não ser que tenha decidido o que valoriza na vida, poderá facilmente sentir-se insegura, descontente e incapaz de desfrutar as bênçãos que a vida lhe dá.

Ache algum tempo agora para pensar em prioridades financeiras para a família. Faça isso sozinha ou com seu esposo. Inclua os filhos mais velhos, se for apropriado, não importa o que pareça ser o melhor para a situação de sua família. Use estas perguntas e as lacunas a preencher para guiá-la no estabelecimento das prioridades.

1. O que cada um de vocês valoriza mais quanto à vida hoje?
2. Se tivesse dinheiro disponível, quais seriam seus três maiores desejos?
3. Liste três coisas que deseja, mas que o dinheiro não compra.
4. O quanto é suficiente? Sentir-me-ei bem quanto ao dinheiro quando tivermos ______ (quantia) no banco. Ficarei contente quando tivermos ______.
5. Liste as doações que gostaria de fazer? Quanto gostaria de doar?
6. Financeiramente, onde gostaria de chegar daqui a 12 meses, 5 anos e 20 anos?
7. Como se sente quanto a criar uma dívida? E quanto a conseguir pagá-la?
8. Se pudesse escolher entre um trabalho que ama, mas que lhe paga menos, e o emprego que tem agora, mas que não aprecia, qual escolheria? Se escolhesse o emprego que ama, o que faria para cortar despesas ou aumentar a renda de outra forma?
9. Faça a si mesma a seguinte indagação: "Se tivesse mais dinheiro, o gastaria com ____________". (Às vezes, pensar no que gostaríamos de gastar e naquilo com o que realmente gastamos pode ajudar-nos a mudar as coisas sem havermos aumentado a quantidade de dinheiro que gastamos).
10. Preencha a lacuna: "Se repentinamente nos víssemos em meio a uma crise financeira, poderia abrir mão de ____________".
11. Se fosse repentinamente abençoado com riquezas, como reagiria? Como as suas prioridades mudariam?

O Plano Financeiro da Família

Havendo decidido sua filosofia e prioridades, precisa de uma estratégia para fazer estas coisas acontecerem. Porque cada um de nós passa por situações diferentes, não posso dizer-lhe exatamente como criar um planejamento financeiro para sua família. Mas posso mostrar-lhe as questões com as quais todos temos de lidar ao formularmos uma estratégia personalizada para o bem-estar financeiro de nossas famílias.

♡

DO CORAÇÃO
É uma bênção de Deus possuir dinheiro e as coisas que ele pode comprar. Apenas temos de cuidar para que não se torne mais importante que aquilo que não pode ser comprado.

- Você precisa de um orçamento.
- Precisa de um plano de poupança.
- Precisa decidir o quanto doar à igreja e/ou organizações de caridade.
- Precisa manter de forma fácil e organizada registros importantes.
- Se tiver dívidas, precisa de uma estratégia para reduzi-las.
- Precisa saber qual a cobertura de seu seguro.
- Precisa de um plano para compras maiores.
- Precisa arquivar declarações de impostos.
- Precisa de um plano para cobrir os gastos educacionais dos filhos.
- Precisa saber quando deseja aposentar-se, e de que forma pretende viver quando isso acontecer.

Orçamentos e planejamentos de gastos

Você precisa de um planejamento de gastos que detalhe exatamente para onde o dinheiro deve ir. Você não vai ao supermercado sem uma lista, e não deseja encarar uma pilha de contas e despesas sem um plano para pagá-las. Eis como desenvolver um plano.

1. Determine sua renda mensal. Analise o ganho médio da família, já cobrados os impostos.
2. Calcule as despesas mensais.

- creche
- cartões de crédito e outros empréstimos
- lazer
- alimentação
- planos de saúde e seguros
- moradia
- utilidades

- escola e materiais escolares
- custo com transportes e prestações do carro
- remédios e cosméticos
- presentes
- ofertas e outras doações de caridade
- taxas de sócio (academias, clubes, associações de moradores)

Agora, totalize todas essas categorias e determine seus gastos mensais.

3. Determine se está operando com um excedente ou com um déficit, e decida o que fazer a respeito.

- Subtraia os gastos mensais da renda total.
- Se seus gastos mensais forem menores que a renda, você realmente é dono do que possui. Pode considerar iniciar um fundo de poupança para emergências, mas apenas se não tiver débitos pendentes.
- Se seus gastos mensais forem iguais à renda, está muito próximo de extrapolá-lo. Precisa de um plano que a ajude a gastar menos que a renda mensal.
- Se seus gastos forem maiores que sua renda mensal, enfrenta uma dura decisão: aumentar a renda ou reduzir os gastos.

4. Crie um plano de poupança.

Depois que todo o débito do cartão de crédito for pago, comece um plano de poupança. Ou use este plano como uma meta para erradicar o débito do cartão de crédito. Reveja os pontos a seguir e determine a quantia mínima que precisa poupar:

- Liste suas metas financeiras — a curto prazo (ser capaz de pagar as contas em dia, liquidar a dívida do cartão de crédito) e a longo prazo

BOM SABER

Bancos desejam manter os clientes satisfeitos e estão sempre reduzindo encargos, taxas e juros, e oferecendo outras compensações para que você mantenha seus negócios em sua instituição.

MOVIMENTO ESTRATÉGICO

Ao terminar de pagar o carro, continue fazendo "pagamentos imaginários" mensalmente numa poupança. Desta forma, estará poupando para uma futura compra de automóvel (ou terá dinheiro para reparos custosos do carro que possui). Assim, ao planejar a compra de outro carro, será fácil enquadrá-la no orçamento.

(comprar uma casa, poupar para a aposentadoria) — e pense no tipo de planejamento de gastos que a ajudaria a atingir tais metas.

BOM SABER
Se pagar apenas o mínimo de uma fatura de cartão de crédito de R$ 2.500, levará 44 anos para terminar de pagá-la.

- Tenha depositado no mínimo a quantia referente de três a seis salários mensais, para emergências.
- Separe ao menos 5% do salário para uma conta de aposentadoria privada ou fundo de pensão.
- Para compras maiores, imagine o quanto pode poupar mensalmente. Efetue a compra quando tiver o dinheiro disponível; não compre a crédito.

Agora, subtraia de sua receita mensal, já descontados os impostos, a quantia que precisa poupar para atingir estas metas. Pode ter restado muito pouco. Não desanime. Se isso lhe parecer absolutamente irracional, reveja as metas das poupanças. Mas sempre fique de olho para onde vai o seu dinheiro.

5. Acompanhe como o dinheiro é gasto.

- Mantenha um diário de gastos (de papel ou eletrônico), por um mês. Isso lhe dará um quadro mais acurado de seus padrões de gastos. E é sempre um processo revelador.

MOVIMENTO ESTRATÉGICO
Compare juros dos cartões de crédito para escolher o de menor custo.

- Separe em duas categorias as suas despesas: fixas (prestações da casa e do carro, seguros, etc.) e variáveis (roupas, cartões de crédito, lazer, etc.).
- Pense em como reduzir as despesas variáveis.
- Ponha seu plano em ação.
- Crie uma planilha para detalhar seu planejamento de gastos.
- A cada mês, preencha as despesas reais e o dinheiro poupado perto dos números projetados.
- Compare ambas as colunas para ver seu desempenho em cumprir com o planejado.
- Reveja o planejamento de gastos conforme mudarem seus ganhos e despesas.

Ideias para Cortar Gastos

O passo 3 na página 225 ressalta que se você descobriu que gasta mais do que recebe, tem duas escolhas: cortar os gastos ou aumentar a receita. Primeiramente, veremos formas de como ajustar os gastos; depois, veremos ideias de como prover renda extra para a família.

Movimentos financeiros estratégicos

- Divida grandes metas financeiras em pequenas partes. Por exemplo, se deseja poupar R$ 1.250,00 no próximo ano, significa que deve guardar R$ 3,43 por dia. Pense em como pode deixar de gastar R$ 3,43 por dia. Poderia diminuir o tamanho do café da manhã? Preparar em casa a merenda das crianças? Ler o jornal online? Efetuar numa única saída de carro tudo o que tiver de ser feito na rua? Considere abrir uma poupança especial para a sua meta, para que se sinta menos tentada a acessar o dinheiro para as despesas do cotidiano.
- Use um cartão de crédito que lhe dê milhas aéreas ou pontos que poderá trocar em outras compras.
- Guarde notas fiscais. Tenha um arquivo fácil de acessar em sua Central de Controle para guardar notas fiscais, para o caso de devolver algo.
- Pense em quantas horas precisará trabalhar para pagar aquilo que deseja comprar. Por exemplo, se ganha R$ 10 por hora e o item custa R$ 80, pergunte a si mesma se a compra valerá oito horas de trabalho.

BOM SABER
Cerca de 2% do combustível podem ser desperdiçados se os pneus não forem calibrados devidamente.

Poupadores fáceis e rápidos de dinheiro

- Abra uma poupança numa agência bancária que fique no mesmo centro comercial que o supermercado. Ao usar cupons, em vez de deduzir de sua conta de mercado o valor deles, peça a restituição em dinheiro. Você poderá, imediatamente, depositar o dinheiro na agência da loja.
- Limite idas ao caixa eletrônico. Retire o dinheiro que precisará para as próximas duas semanas. Guarde-o em um envelope, num lugar seguro. Acompanhe os gastos notando quanto e quando você e os membros da família precisam do dinheiro do envelope.

BOM SABER
Os americanos gastaram $17.5 bilhões com saldo negativo em 2007. A media de taxas pagas por cada saque a descoberto foi de $34, de acordo com o Center for Responsible Lending.

Pergunte antes de Comprar

Sempre que pensar em comprar algo, não importa o que for, faça a si mesma estas 10 perguntas antes de render-se:

- Realmente precisamos disso?
- Posso fazer o mesmo com as coisas que já tenho?
- Com que frequência usarei isto?
- Quanto espaço isto ocupará?
- De quanto cuidado isto precisa?
- Isto é durável?
- O design e a qualidade atendem aos meus padrões?
- Há informação disponível para ajudar-me a decidir?
- O preço está correto? Posso achar o mesmo produto numa loja de usados?
- Que diferença isto realmente fará em nossa casa?

- Compare compras online antes de comprar um carro, equipamentos domésticos ou qualquer outra coisa. Poderá economizar grandes quantias.
- Evite comprar presentes no último minuto, o que pode sair caro. Da próxima vez que estiver no shopping, gaste alguns minutos a mais procurando presentes genéricos, como livros, velas ou filmes, para ter sempre à mão.
- Crie o hábito de coletar os trocos de sua bolsa e bolsos ao final de cada dia. Em media, os americanos têm consigo $1.28 de troco. Então, se guardar $1.28 por dia durante 365 dias, terá $467.20! Envolva a família na diversão e guardem o dinheiro para algo especial.
- Torne-se uma colecionadora de cupons. Veja nas páginas 150-156 ideias de como economizar no supermercado.
- Se comprar maquiagem numa loja de departamentos, peça ao vendedor amostras de outros produtos que gostaria de experimentar, como hidratantes ou removedores de maquiagem. Geralmente podem fazer isto, e as amostras esticarão o tempo até que precise comprar estes itens.
- O fim das quinzenas é um bom tempo para encontrar promoções. As lojas precisam estimular as vendas, e por isso remarcam os preços.

Compra inteligente de roupas e acessórios

Poucas coisas são mais frustrantes que planejar vestir algo novo e perceber, ao provar a roupa, que ela caiu melhor no cabide da loja do que em você. Evite estresse e economize tempo e dinheiro tornando-se uma compradora econômica.

BOM SABER

Em média, mulheres americanas passam cerca de 400 horas por ano fazendo compras.

- *Antes de comprar, considere o custo envolvido na manutenção.* Talvez encontre um belo terninho de linho na promoção. Leve em conta que o linho amassa muito, e que terá de passar a roupa sempre que quiser usá-la, e lavá-la a seco quando sujar.
- *Considere o custo dos ajustes.* Veja roupas como investimentos, e os ajustes, como parte deles. Se não estiver disposta a pagar uma costureira para ajustar as peças, e não souber fazer isso sozinha, não compre.
- *Compre confortavelmente.* Ao comprar roupas para si, use peças fáceis de tirar, meias finas, se tiver o costume de usá-las e maquie-se e arrume os cabelos como de costume. Se for comprar uma saia ou vestido, leve sapatos de salto consigo. Assim, terá uma visão mais acurada do resultado final, e saberá se ajustes serão necessários.
- *Deixe as etiquetas nas roupas.* Antes de efetuar a compra, certifique-se de que possa devolver qualquer item que decidir não manter, particularmente os que foram remarcados para liquidação. Ao chegar em casa, veja como ficam no conforto de seu quarto, em frente ao seu espelho. Com quais peças de seu guarda roupa o item combina? Você possui acessórios apropriados? Remova a etiqueta apenas quando tiver certeza de que manterá o item.
- *Aprenda os padrões de desconto.* Muitas lojas de roupa remarcam os preços em datas certas — talvez cerca de quatro a seis semanas antes da chegada de uma nova coleção. Observe os padrões de sua loja favorita (você pode informar-se online se não tiver tempo de ir à loja), ou pergunte a algum vendedor prestativo sobre o calendário de liquidações.
- *Devolva itens educadamente.* Lembre ao vendedor que você é uma consumidora frequente, sorria, e respeitosamente peça para ver o gerente, se necessário.
- *Entenda a política de trocas.* Ter por escrito a política de trocas da loja antes de efetuar a compra simplificará qualquer aborrecimento.

- *Entenda a política de reajustes.* Algumas lojas oferecerão um crédito se alguns dos itens que comprou entrar em liquidação em sete dias.

BOM SABER
Mulheres que compram online passam cerca de 1.2 horas por semana comprando na Internet, conforme enquete online realizada pelo ShopSmart.

- *Lembre-se de que vitrines podem ser enganosas.* Pense duas vezes antes de correr ao caixa caso algo lhe chame a atenção. Por exemplo, se um arranjo de flores parecer exuberante, você precisará comprar mais que um punhado delas para conseguir o mesmo efeito. Descubra tudo o que foi usado no arranjo, e calcule o custo antes de decidir montá-lo sozinha.
- *Manequins vestem tamanhos pequenos e nunca estiveram grávidas!* Evite a depressão no provador escolhendo roupas que se enquadrem em seu tipo físico e estilo de vida.
- *Não procure itens danificados, mas não os ignore completamente.* Você poderá receber um generoso desconto se faltar um botão no terninho, ou se a bolsa de couro estiver arranhada. É perfeitamente legal pedir uma redução no preço.
- *Não presuma que deva comprar uma roupa de marca que achou numa loja do tipo outlet.* Veja se as estampas foram bem posicionadas e se há tecido disponível para ajustes nas costuras. Às vezes, as fábricas eliminam as sobras destinadas a futuros ajustes nas peças feitas especificamente para as lojas *outlet.*
- *Cheque a nota fiscal antes de sair da loja.* Máquinas registradoras não são infalíveis.

Seja um comprador *online* inteligente

- *Compare preços.* A internet é ideal para comparar passagens aéreas, diárias de hotel e carros.
- *Saiba detalhes.* Certifique-se de haver entendido as taxas de entrega, prazos, garantias e políticas de troca antes de finalizar a compra.
- *Conheça o comerciante.* Seja cautelosa quanto a fazer compras de empresas com cujos nomes e reputação não esteja familiarizada. Se tiver dúvidas quanto a um negócio, visite http://www.consumer.gov. Você encontrará guias para o consumidor, dicas e links com recursos valiosos.
- *Acompanhe suas informações pessoais.* Saiba o que a empresa planeja fazer com as informações coletadas sobre você. O site deve em sua página uma política de privacidade.
- *Diga sim a notícias por e-mail.* Concorde em receber notícias por e-mail de sites que já conhece. Isso geralmente inclui promoções e ven-

das sem taxa de entrega. Ao mesmo tempo, disponha-se a deletar os e-mails que a tentarem a fazer compras sem necessidade.

- *Mantenha registros.* Saiba o que solicitou e aquilo que lhe foi prometido. Certifique-se de imprimir e arquivar uma cópia da nota fiscal.
- *Inspecione cuidadosamente.* Cheque os produtos após a entrega.
- *Guarde tudo.* Guarde todos os papéis e embalagens para o caso de querer devolver o produto.

☆

MOVIMENTO ESTRATÉGICO

Antes de dirigir-se à loja para comprar qualquer coisa, cheque descontos na internet. Haverá cupons online para quase tudo o que precisar.

Seja esperta quanto a presentes para datas especiais

Em media, os americanos gastaram entre $700 e $1,100 em presentes nas datas festivas de 2007. Pessoas que compram a crédito estes presentes acabam gastando entre 20 e 25% a mais que as que compraram à vista.

- *Comece cedo.* Comece o mais cedo que puder e fique de olho em presentes em promoção. Designe uma prateleira ou espaço num closet para guardar as primeiras compras.
- *Tenha uma lista.* Ter uma lista facilita o processo. Acrescente à lista ideias de presente para cada pessoa durante o ano, especialmente ao ouvi-las mencionar algo que gostariam de ter.
- *Estabeleça um limite de gastos.* Saiba quanto poderá gastar com os presentes e atenha-se a este valor.
- *Compre em quantidade.* Se puder comprar o mesmo presente para um professor e o treinador, faça isso.

Trocas

Troca é uma prática inteligente de negócios que você e uma amiga podem usar para partilhar técnicas ou itens, e para economizarem tempo e dinheiro uma da outra.

Por exemplo:

- *Troquem serviços.* Se estiver forte no Departamento de Eventos Especiais ou de Alimentos, mas sente-se menos confiante quanto ao Financeiro, peça a uma amiga, que seja boa em gerenciar dinheiro, que lhe dê uma ajudinha. Retribua o favor sugerindo ideias de cardápios e fazendo uma decoração para o aniversário dela.

- *Ofereça a festa da troca.* Decida um tema, como brinquedos, equipamentos para bebês ou roupas de criança. Convide amigas a trazer alguns destes itens à festa, e todos voltarão para casa com algo "novo" sem gastar um centavo.
- *Troque nos feriados.* Durante as épocas festivas, use as trocas para maximizar seu potencial e minimizar suas fraquezas. Se não for uma grande cozinheira, mas souber fazer belas embalagens de presente, diga a uma amiga que embrulhará os presentes dela se ela preparar para você algumas comidinhas para o feriado.
- *Troque tarefas de manutenção do lar ou de decoração.* Sugira a uma amiga que a ajudará a pintar o quarto de seu filho se ela ajudar-lhe a instalar o papel de parede no banheiro.

Ideias para Aumentar sua Renda

Quando o orçamento fica apertado, muitos casais consideram imediatamente enviar o cônjuge que não trabalha (geralmente a mulher) a pôr mãos à obra. Antes de tomar essa atitude, certifique-se de fazer as contas. Você poderá descobrir que a renda acrescentada na verdade não ajudará no resultado final.

Quanto dinheiro você realmente ganha?

Um dos motivos que levam uma mãe a arrumar um emprego, além do seu trabalho de mãe, é ganhar dinheiro extra para sua família. Se esta for a única razão para trabalhar, dê uma boa e longa olhada nos números e veja se esta ainda é uma ideia lucrativa. Às vezes, após todos os cálculos de despesas, fica mais barato continuar em casa. Iso é especialmente verdadeiro se o trabalho for algo que você não aprecia. Outra alternativa é encontrar um trabalho que possa fazer em casa para diminuir ou eliminar algumas destas despesas.

Complete o esboço a seguir e veja onde se encontra no custo do trabalho:

Salário bruto semanal: ____________________

Total de impostos: ____________________

Outras deduções da folha de pagamento: ____________________

Ajuda de transporte: ____________________

Quanto gastará com transporte e estacionamento:____________________

Roupas de trabalho: ____________________

Alimentos (almoço e lanche): ____________________

Dinheiro para pequenas despesas: ____________________

Gastos com conveniências (comida para viagem, refeições fora):

____

Creche: ____________________

Salário restante: ____________________

Trabalhando em casa

Se decidiu que deve contribuir com a renda da família, não presuma que isto signifique que deva passar de 5 a 9 horas em um escritório. Trabalhar em casa, quer independentemente ou não, tem se popularizado muito entre mulheres de dupla carreira de trabalho. Aqui, temos seis perguntas para ajudá-la a decidir se esta alternativa é viável:

1. Você trabalha bem independentemente? Em avaliações passadas, como o empregador classificou-a quanto a prazos e produtividade? Se recebeu boa pontuação, pode apresentá-la como evidência para provar ao seu empregador e a si mesma que é capaz de trabalhar em casa.
2. Realisticamente, seu trabalho pode ser feito fora do ambiente coorporativo? Requer concentração ininterrupta? Demanda muito espaço e equipamento especial? O seu trabalho pode ser feito usando computador, fax, modem, e-mail, pager ou mensagem de voz? A empresa providenciará tais recursos? Se não, você pode cobrir os custos?
3. Uma semana comprimida (12 horas de trabalho por três dias, ou 10, por quatro) funcionaria melhor que seu sistema atual?
4. Como o chefe a supervisionará? Com que frequência terá de ir a reuniões no escritório? O chefe poderá avaliar seu trabalho se executá-lo em casa?
5. Que benefícios você trará ao empregador? Menos dias não trabalhados (uma criança doente não mais representará horas perdidas)? Aumento de flexibilidade para atender clientes e às necessidades da empresa (projetos especiais poderão ser feitos após as horas regulares de trabalho)? Redução da necessidade de disponibilizar escritórios e estacionamento? Aumentar a satisfação do empregador? A empresa economizará se você reduzir a carga horária? A chave para negociar a agenda de trabalho é fazer com que o empregador veja que também ganhará com o combinado.
6. Se você alguns ou todos os seus benefícios, poderá cobri-los por si mesma?

Se trabalhar em casa parecer-lhe viável após haver respondido a essas perguntas, pesquise opções de creches. Encontre para seus filhos creches em meio período para quando estiver fora de casa. Além disso, tenha um plano para cuidar das crianças nas férias escolares. Certifique-se de que seu chefe saiba que você não cuidará de seus filhos durante o horário de trabalho.

Então, escreva uma proposta formal que exponha seu pedido de trabalhar em casa. Inclua a data em que deseja começar. Resuma o porque de acreditar que seu trabalho adequa-se a esta modalidade, e descreva sua proposta de rotina diária. Sugira um período de experiência. Lembre-se de que seu chefe pode precisar da aprovação de um superior, especialmente se a empresa jamais teve um funcionário que trabalhasse em casa. Uma proposta bem escrita convencerá o chefe.

Conservadores da sanidade no lar e no escritório

Uma das maiores vantagens de trabalhar ou ter os negócios estabelecidos em casa é a flexibilidade. Mas ser capaz de equilibrar o trabalho remunerado e o trabalho como Gerente Familiar requer uma dose extra de disciplina e organização, bem como estabelecer junto com sua família algumas regras básicas do lar.

Eis algumas diretrizes sobre como alcançar este equilíbrio.

- Se tiver crianças pequenas, contrate alguém para tomar conta delas enquanto trabalha. Isso permitirá que trabalhe concentrada por diversas horas, sem ter de esperar por sonecas ou pelo anoitecer. Considere negociar o cuidado das crianças com outras mães da pré-escola ou da vizinhança.
- Se escolheu não contratar uma babá, precisará ser extremamente disciplinada quanto ao tempo. Trabalhe sua agenda em torno das sonecas de seus filhos e do horário escolar, e crie um plano B para os dias em que as crianças não cochilarem, tiverem férias ou ficarem doentes e faltarem à escola.
- Para proteger suas horas de trabalho, identifique todas as chamadas telefônicas enquanto seus filhos estiverem na escola, creche ou com a babá.
- Desenvolva regras para o telefone. Certa mãe pintou um dos lados de uma raquete de pingue-pongue de vermelho, e o outro, de verde. Quando a mãe achava-se numa ligação casual e pessoal, erguia o lado verde, e quando as crianças precisavam fazer silêncio e aguardar (exceto em emergências), ela erguia o lado vermelho. Recompense seus filhos por seguirem as regras.
- Estabeleça fronteiras para o local de trabalho. Poder trabalhar atrás de uma porta fechada é ideal para evitar distrações. Se for impossível, tenha indicadores que demarquem sua zona de trabalho; por exemplo, cones cor de laranja, que você pode comprar em lojas de equipamentos de segurança. Você precisa alertar aos transeuntes de que "a mamãe está trabalhando — não perturbe".
- Pense nos projetos idealizando as partes que os compõem. Se não tiver tempo para concluir um projeto inteiramente, use o tempo disponível para finalizar partes dele.
- Estabeleça um "escritório do lar" para seus filhos com suprimentos de arte, papéis, canetas, fitas e uma velha pasta. Uma das brincadeiras

favoritas de meus filhos era "trabalhar", e eles engajavam-se de tal forma em seus próprios projetos, que eu ganhava tempo extra para trabalhar.

- Agende tempo pessoal específico para tarefas, idas à rua, exercícios, tempo com as amigas, etc. A flexibilidade para combinar a casa com outros trabalhos torna tentador reduzir sua produtividade com o trabalho doméstico, tarefas na rua ou simplesmente falar com uma amiga ao telefone.

Se Estiver Realmente Endividada

Ligue para os credores e explique o problema. Tomar a iniciativa e trabalhar num plano de pagamento é melhor que evitar ou não retornar ligações.

Algum pagamento é sempre melhor que nenhum, e os credores apreciarão o seu esforço. Procure no banco conselhos sobre como contatar os credores e estruturar um plano de pagamento.

Renda reduzida

Quando um dos cônjuges perde o emprego, a onda de choque percorre toda a família. Você tem contas a pagar e precisa achar outra fonte de renda. Se tiver fundo de garantia, use-o. Embora não reponha o salário que tinha, terá algum dinheiro na conta bancária. E tenha um plano de ação para minimizar gastos, enquanto um novo emprego não aparece.

MOVIMENTO ESTRATÉGICO

O Departamento Americano de Desenvolvimento Urbano e Habitação adverte as famílias a não gastar mais de 30% de sua renda bruta com despesas de moradia.

- O primeiro passo crítico é conversar com os filhos sobre a mudança. Eles deverão receber ideias sobre como ganhar seu próprio dinheirinho; envolva-os nesta mudança.
- Encolha o orçamento agora, e não quando o dinheiro se for. Dê uma longa olhada em seu planejamento de gastos e veja quais ajustes são possíveis. Seja forte.
- Liste algumas atividades gratuitas ou baratas de que sua família pode desfrutar. Vídeos grátis da biblioteca local, eventos da comunidade, e observar as estrelas são ótimos entretenimentos para a família.
- Não mergulhe nas economias. Toda família precisa de uma rede de proteção, então deixe a poupança intacta. Faça um esforço para separar um real por dia e trocados em moedas para depositar no cofrinho da família. Ao mesmo tempo, resista ao desejo de comprar com o cartão de crédito.

- Você e seu esposo devem escutar o que o outro tem a dizer e omitir toda a crítica. Trabalhar como um time é importante, especialmente agora. Mantenham um foco positivo um no outro e em arrumar um emprego. Criem planos de ação para elaborarem currículos, distribuí-los e preparem-se para as entrevistas.
- Comecem a procurar emprego imediatamente. Pensem que seu novo trabalho é encontrar o novo trabalho certo. Não encare este período como se fosse férias. Mas tire tempo para ser grato por um boa entrevista recompensando a si mesma com um descanso sexta à tarde, ou fazendo uma longa caminhada pela manhã — algo que não podia fazer no emprego antigo.

BOM SABER

Em 2007, em média, os seguros saúde contemplaram indivíduos com a quantia de $4,479, e famílias, com $12,106, segundo a Kaiser Family Foundation.

- Considere o aconselhamento se o estresse familiar estiver grande demais. Conversar com um pastor, terapeuta ou assistente social sobre a situação sempre alivia a tensão familiar e a ansiedade. O pagamento, se feito, é numa escala móvel, e o seguro sempre reembolsa uma parte do custo.
- Se um de vocês ainda está empregado, investigue o programa de assistência ao desempregado.
- Seja flexível com seus planos, e conte a todos que está procurando emprego. Nunca sabemos quem tem nosso grande próximo trabalho, que é perfeito, numa empresa totalmente inesperada.
- Algumas despesas são essenciais para o bem-estar da família, e é melhor que não sejam tocadas. Eis alguns pagamentos que você *deve* manter.
    - *Seguro médico e dentário.* Toda a família deve estar coberta pelo seguro do cônjuge que está empregado. Se ninguém estiver empregado, procure um vendedor de seguros para informar-se sobre planos mais acessíveis.
    - *Aluguel ou prestação.* Você precisa de um lugar para morar.
    - *Seguro de vida.* Considere aumentar o valor da apólice do cônjuge que está trabalhando.
    - *Remédios.* Não comprar um medicamento necessário pode fazer com que economize alguns reais hoje, mas as consequências em longo prazo serão devastadoras.
    - *Alimentação.* Mantenha os alimentos nutritivos: cereais, frutas, vegetais e carnes. Elimine conveniências e *junk foods*, alimentos processados e bebidas.

ORGANIZAR O DINHEIRO É IMPORTANTE

Pagar Contas

Pagando contas online, economizará horas a cada mês. Muitos bancos oferecem o pagamento de contas pela internet. É fácil aprender e simplifica grandemente a tarefa estabelecer arquivos para cada beneficiário. Você até pode programar o sistema para pagamentos automáticos, para nunca mais esquecer um aluguel ou prestação.

Você pode efetuar pagamentos online através de programas como o Quicken, ou criar contas online com empresas particulares. Muitas oferecem a opção de enviar contas por e-mail, o que minimiza a bagunça com papéis.

Priorizar Contas

Se não consegue pagar todas as contas do mês, é importante saber quais contas não pagas geram quais consequências. Isso manterá sua avaliação para crédito o mais forte possível.

Isto é o que acontece quando os pagamentos não são feitos:

- Prestações de moradia são de alta prioridade. O processo de embargo começa apenas após diversos pagamentos não efetuados, mas bastam poucos atrasos para manchar seu nome no mercado.
- Cartões de banco também registram faltas de pagamento imediatamente. Tente pagar ao menos o mínimo no vencimento a cada mês.
- Pagamentos de seguros de casa e carros são geralmente feitos adiantadamente e incluem um período de 30 dias de tolerância, de forma que algum atraso é permitido.
- Prestações de carro permitem atraso ou pagamento parcial se seu histórico de pagamentos for bom. A reaquisição do automóvel acontece geralmente apenas após meses seguidos sem pagamento.
- Utilidades geralmente permitem atrasos ocasionais ou a falta de alguns pagamentos.

É claro, se você deixa continuamente de efetuar pagamentos, tem um sério problema a resolver. Reveja seu planejamento de gastos e procure ajuda adicional. Algumas igrejas oferecem aconselhamento financeiro. Existem, também, agências de assistência a famílias em crise financeira.

Impostos

Impostos continuam a ser uma dor de cabeça perpétua à maioria das famílias. Mas há formas de simplificar o processo e organizar a papelada, e evitar a correria de última hora.

Restituição

Se a sua família é uma das que celebram receber restituição anualmente, reveja sua festa. A restituição significa que o governo usou livremente um pouco de seu suado dinheiro durante o ano. Em vez disso, equilibre os impostos retidos na fonte, a fim de que se equiparem às deduções ao final do ano.

☆

MOVIMENTO ESTRATÉGICO

Ajude seus filhos a perceber que se divertir não precisa ser necessariamente caro. Pratiquem hobbies e atividades de baixo custo, como jardinagem, jogos de tabuleiro, caminhadas, artesanatos e piqueniques. Levantem-se cedo, vejam o nascer do sol e preparem o café da manhã numa fogueira ou churrasqueira num parque. Andem de bicicleta (pedalem até um local determinado, e voltem). Informe-se sobre os programas e atividades gratuitos de sua cidade.

• • • • • • • • • • •

Organizando-se

Manter organizados os registros de impostos durante o ano facilita muito o preparo da declaração. Prepare pastas ou envelopes separados para cada categoria de dedução. Então guarde, durante o ano, notas fiscais, informativos bancários e outros documentos. Se tiver dúvida entre guardar determinado papel ou jogá-lo fora, guarde-o. Tente organizar-se conforme as seguintes categorias:

Doações. Guarde o canhoto de qualquer cheque que tenha sido usado numa doação. Para doações acima de $250, precisará de um recibo da organização beneficiária reconhecendo sua doação. Quando doar algo que não seja dinheiro, como roupas, seu antigo carro ou mobília, faça uma lista especificando o valor de cada item, e peça à organização que emita uma nota fiscal com o valor total dos objetos doados. Lembre-se de guardar comprovante de gastos com o transporte utilizado em algum trabalho voluntário. Isso é dedutível.

Negócios e despesas relacionadas ao trabalho. Dependendo do tipo de seu negócio, diversos itens são dedutíveis. Isso pode incluir custo dos uniformes, assinatura de revistas e jornais, e pedágios. Quando estiver procurando emprego, todos os gastos relacionados a isto são igualmente dedutíveis, bem como o custo dos transportes ao local das entrevistas. Gastos de ter um escritório em casa já são mais complicados, sendo apenas uma percentagem deles dedutíveis. Consulte um guia de declaração de bens e impostos.

Cuidado com dependentes. Todas as despesas devidas ao cuidado de seus dependentes, incluindo a creche, pensão alimentícia, cuidados médicos e qualquer gasto especial, são dedutíveis, baseando-se no fato de você trabalhar ou não, e na idade de seus dependentes.

Fontes de renda. Todos os anos você receberá informativos de todos os empregadores que lhe pagaram por serviços prestados no último ano. Reúna todos estes informativos, pois são fontes de renda taxáveis. Venda de propriedades e informações sobre aluguéis também devem ficar nesta pasta.

MOVIMENTO ESTRATÉGICO

Nunca faça nem compre regularmente para os seus filhos algo que sejam capazes de fazer ou comprar sozinhos. Sua missão é torná-los adultos independentes e autossuficientes.

Investimentos. Todos os gastos com compra de software para contabilidade, com pagamento do preparo da declaração do imposto de renda e com cofres de segurança são dedutíveis. Guarde cuidadosamente todas as informações sobre qualquer investimento, para que seus lucros e perdas provenientes destas transações sejam acuradamente calculados.

Despesas médicas. A cada dependente é permitido deduções decorrentes das despesas médicas ocorridas no último ano. Tais despesas devem ser detalhadas no formulário. Para cada membro da família, mantenha uma pasta separada com despesas de consultas, incluindo gastos em farmácias.

Despesas com hipotecas. Ao final do ano, a empresa que lhe fez o empréstimo lhe enviará um resumo dos pagamentos que você efetuou. O valor deste informativo é dedutível.

DO CORAÇÃO

O privilégio de ter dinheiro traz grande responsabilidade. Uma das lições mais importantes que podemos ensinar aos filhos é a perspectiva adequada quanto ao dinheiro e aos bens. E isso não aprenderão na escola. Nossas casas devem ser a sala de aula.

GERENCIAMENTO FINANCEIRO PARA CRIANÇAS

A melhor forma de ensinar bons valores quanto ao dinheiro às crianças é procurar as oportunidades do cotidiano e aplicá-las à vida dos pequeninos.

Diretrizes para Ensinar às Crianças sobre Dinheiro

Seja responsável. Certifique-se de que seus filhos saibam que você não reporá imediatamente itens que foram quebrados, destruídos ou furtados devido à irresponsabilidade deles.

Seja produtivo. Assim que as crianças puderem colaborar em casa, designe-lhes tarefas regulares. Até criancinhas de dois anos podem dobrar panos de prato e recolher brinquedos.

Ser honesto. As crianças precisam aprender que é errado pegar o que não lhes pertence — incluindo coisas não materiais, como tempo do empregador, o crédito por algo que outra pessoa conquistou, ou serviços que usem, e pelos quais não pagaram.

Ser generoso. Os pequeninos precisam ser ensinados a partilhar seus recursos e tempo com os outros. Conforme crescerem, encoraje-as a envolver-se com as instituições mantidas pela igreja, e organizações de caridade. Sejam uma família de doadores.

Ser você mesmo. As crianças precisam entender que não são aquilo que possuem, usam ou dirigem. Todos somos valiosos como existências humanas únicas.

Ser realista. As crianças precisam saber que nenhum de nós sempre tem o que merece, mas na maior parte do tempo teremos mais do que precisamos. Temos de nutrir o contentamento pelo que temos.

Lições de Economia do Cotidiano para Crianças

Você pode usar todo tipo de situações do cotidiano como trampolim para discussões sobre assuntos financeiros. Eis alguns:

- Da próxima vez que for ao caixa eletrônico ou descontar um cheque, tire alguns segundos para explicar que a máquina não está imprimindo dinheiro. O dinheiro está saindo de sua conta — uma conexão que seu filho não fará sem sua ajuda.
- No supermercado, ajude seus filhos a localizar os preços, para que decidam juntos qual cereal ou refrigerante será melhor comprar.
- Em casa, façam o jogo do dinheiro — literalmente. Reúnam a família para uma partida de Banco Imobiliário ou Life, e tenham divertidas lições sobre o pagamento de hipotecas, de contas ou mensalidades ou sobre a compra de ações.
- Quando pagar contas, envolva as crianças para que vejam o custo das coisas. Enfatize que as informações financeiras de sua família são privadas e que detalhes não devem ser partilhados.
- Conforme as crianças chegarem à adolescência, considere permitir que escolham suas roupas para que comecem a aprender sobre or-

çamentos. Dê-lhes diretrizes sobre os itens que serão responsáveis por comprar, e o tipo apropriado de roupas.

- Se comprar algo e o vendedor, distraidamente, devolver-lhe troco a mais, deixe que seus filhos a vejam devolver a quantia extra à loja.
- Há algo em sua casa pelo qual deveria estar pagando, mas não o faz? Canais extras da TV a cabo que foram disponibilizados por engano? Uma revista assinada por um vizinho que foi entregue em sua casa? Torne a situação em uma oportunidade de ensino corrigindo-a e dizendo às crianças que é errado aceitar algo pelo qual não pagou.

DIVERSÃO PARA AS CRIANÇAS

Deixe que os pequeninos recortem e arquivem cupons de revistas e jornais, e fiquem com o valor economizado.

- Deixe que as crianças se responsabilizem por taxas de atraso. Faça com que guardem os DVDs nas caixas assim que terminarem de assisti-los e que os coloquem próximo à porta de saída. Quando se esquecerem, deverão pagar a multa por atraso.
- Verifique brechós antes de comprar roupas pouco usadas, como de esqui ou trajes formais. Peça às crianças que comparem os preços e percebam a economia.
- No supermercado, dê ao seu filho uma calculadora, e peça-lhe que some o preço de tudo o que for posto dentro do carrinho.
- Crie a regra: Se as crianças deixarem seus pertences em locais onde possam ser furtados ou quebrados, deverão ajudar a pagar a substituição de tais objetos.

Mesadas

Dar mesada às crianças é uma grande ferramenta para que aprendam habilidades quanto ao gerenciamento financeiro, bem como para ensinar-lhes o valor de fazer parte do time familiar. Os pequeninos devem aprender desde cedo que cada membro do time contribui para o bem-estar da família.

DIVERSÃO PARA AS CRIANÇAS

Faça uma cópia do primeiro contracheque de seus filhos e emoldure-o.

Adote em sua casa a filosofia de que, além da própria carreira (a escola é a carreira da criança, tão importante quanto o trabalho do papai e da mamãe), todos são responsáveis por certas tarefas no lar. Determine um valor para a mesada que receberão se fizerem sua parte das tarefas. Eis outras ideias a considerar:

- Comece a dar mesada às crianças aos seis anos, de acordo com sua habilidade de contar e de sua compreensão quanto ao dinheiro. Considere dar-lhes R$ 1,00 por ano de vida.
- Estabeleça regras quanto ao que podem ou não comprar com suas mesadas e quando poderão usar seu dinheiro para comprar algo.
- Encoraje-os a poupar parte da mesada. Se quiserem comprar um item mais caro, ajude-os a estabelecer metas de economia.
- Encoraje os pequeninos a doar parte de suas mesadas à caridade ou à igreja. Inspire-os a doar mostrando-lhes o que a sua oferta poderá prover.
- Se as crianças não cumprirem suas responsabilidades, suspenda-lhes a mesada. Quando crescerem, se não tiverem aprendido a importância de cumprirem com seus compromissos, não terão o privilégio de possuir um salário.
- Pague somente pelos trabalhos que forem concluídos. Tarefas feitas pela metade não merecem metade da mesada.
- Dê às crianças a oportunidade de ganhar dinheiro extra designando-lhes tarefas especiais, como limpar a garagem e o porão. Disponha avisos, como "Precisa-se de Ajudantes", no quadro de avisos ou na porta da geladeira, que lhes mostrem uma oportunidade de ganhar dinheiro extra.
- Ajude seus filhos a pensar em formas de ganhar dinheiro fora do círculo familiar. Podem considerar trabalhos como o de babá, babá de animais de estimação ou fazer tarefas na rua. Se quiserem começar seu próprio pequeno negócio, cheque se em sua região é preciso uma licença ou permissão. Então crie um folheto ou cartão para ser distribuído nas casas ou disposto em quadros públicos de aviso.

CAPÍTULO 6

GERENCIANDO EVENTOS ESPECIAIS

Isto é verdade: Seus filhos não se lembrarão de quantas máquinas de roupa você lavou, nem se o chão da cozinha era limpo diariamente. Mas se lembrarão da festa natalina anual que sua família oferecia aos familiares e amigos, das férias em que perderam a vara do papai no fundo do lago enquanto aprendiam a pescar, da tradição de espalhar pistas pela casa, que levavam a um presente especial, e das celebrações fora de hora que você criava para comemorar ótimos boletins escolares. Recordarão da vez em que a família quis passar um dia no campo, como autênticos fazendeiros, mas que foi um fiasco, apesar de muito divertida.

Na maioria das casas, a mamãe geralmente organiza e coordena eventos especiais e celebrações em família. Estas ocasiões podem ser grandes ou pequenas, ocorrer uma vez na vida ou anualmente. O que têm em comum é que reviram a rotina de suas tarefas e atividades diárias. Festas, nascimentos, formaturas, férias, casamentos, aniversários, natal e outros feriados enquadram-se no departamento de Eventos Especiais no trabalho de Gerente Familiar. Cada evento requer determinado planejamento, pesquisa, coleta de informações, delegação de tarefas, prazos e todo o decorrer, até que o evento esteja encerrado.

> ***Você fará um favor a si mesma e à sua família decidindo receber de forma divertida, não importando o que seja.***

Dependendo do estilo de sua família e de quais feriados e ocasiões considera importante e dignos de celebração, terá de supervisionar alguns ou muitos eventos especiais a cada ano. Nem todos precisam ser agendados com antecedência; alguns poderão ser inteiramente espontâneos. Mas todos requerem algum planejamento e execução, o que pode acontecer em algumas horas ou em períodos de semanas ou meses.

Embora as recordações preciosas da família sejam formadas durante estes eventos especiais e celebrações, este departamento empurra a maioria das mães à beira do precipício. Mais do que a pesquisa, o planejamento e o evento em si, as expectativas — nossas e dos outros (aquilo que imaginamos que esperam do nós) — podem fazer com que nos desesperemos e saiamos de controle. Você fará um favor a si mesma e à sua família decidindo receber de forma divertida, não importando o que seja, manejando habilidosamente seus planos cuidadosamente traçados ou rindo ao vê-los ir por água a baixo. Estabelecer uma agenda em função de sua mãe, de seus sogros e dos amigos é um caminho certo à frustração e desapontamento. Mas uma atitude descontraída preparará o caminho para que todos (inclusive você!) aproveitem mais a ocasião. Dê a si mesma uma folga. Você realmente precisa fazer uma salada de batata em casa, quando a delicatéssen oferece um substituto perfeitamente bom? Lembre-se, o objetivo é promover memórias positivas, e não levar a si mesma à loucura. Não há regras sobre como sua família deve celebrar feriados e ocasiões especiais. As prioridades de sua família são aqueles por quem deve batalhar para desfrutar da companhia.

Embora muitas mães comprem a filosofia de que celebrações são importantes, descobrem que as semanas e meses vão embora sem que tenham deixado alguma recordação especial significativa — e sequer positiva. Talvez você se identifique com isso, e apenas pensar em planejar uma atividade a mais faz com que grite. Se este é o caso, por favor, considere esta ideia. Prepare para si uma xícara de chá, encontre um lugar tranquilo para sentar-se, e apenas lembre-se. Recorde a ocasião especial mais feliz que viveu com seu cônjuge ou família. Lembre-se dos desastres que agora parecem divertidos — mesmo que, no momento, não o tenham sido. Lembre-se das vezes em que se esquivou de eventos especiais memoráveis — e também das coisas que gostaria de ter feito de forma diferente para as ocasiões que não deram certo.

O processo é tão importante quanto a festa, a viagem ou o próprio feriado.

Então, enquanto lê as soluções neste capítulo, marque as ideias que deseja adotar. Muitas a ajudarão a planejar e a simplificar — e também acrescentarão dinamismo às ocasiões especiais de sua família e celebrações. E tenha em mente que o processo é tão importante quanto a festa, a viagem ou o feriado em si. Você está ensinando aos seus filhos o valor de planejar-se para algo especial, honrar alguém ou levar adiante uma tradição familiar, trabalhando juntos nos detalhes, sentindo a satisfação de fazer progressos e ver que todo o seu trabalho duro transformou-se num evento maravilhoso. Todos estes elementos fazem parte da experiência de construir memórias. Você está perpetuando tradições, criando memórias partilhadas e oportunidades para que sua família desfrute junta os momentos especiais da vida. Isso é demais.

O Mais Importante a Lembrar

1. Como todo projeto, planejar uma festa de formatura ou uma celebração de feriado requer planejamento, pesquisa, desenvolvimento, delegação de tarefas e prazos.

2. Não espere ter dinheiro suficiente para planejar a festa perfeita. Se algo merece ser celebrado, deverá ser, não importa o quão simples seja o evento.

3. A mente de cada criança é um museu de memórias.

4. Celebrações e experiências em comum solidificam a família. É como poder dizer: "É assim que nossa família sempre faz isso".

5. Partilhe o trabalho, bem como a diversão. A ideia não é apenas poupar-se de idas ao terapeuta, mas promover os laços familiares e o espírito de equipe — e tornar as memórias duradouras.

6. Não espere que seus filhos sejam perfeitos antes e durante o seu evento especial. Esqueça de suas emoções e lide com o mau comportamento calmamente e em particular.

7. Pessoas são mais importantes que qualquer ocasião. Deixar tudo de lado para consolar uma criança triste é mais importante que certificar-se de que a decoração da mesa está perfeita.

8. Às vezes é melhor levar de forma modesta uma tradição adiante do que cair em um desses extremos: esquecer-se da ocasião totalmente ou comemorá-la de forma tão grandiosa, a ponto de seu estresse chegar à zona de perigo.

9. Aceite o fato de que calamidade e confusão são sempre convidados indesejáveis nas celebrações. A comida queimará, o vaso entupirá e suas forças se esvairão. Mas ainda poderá guardar boas recordações se for capaz de rir dos contratempos e dos planos que não deram certo.

10. Você não deve esperar pelo próximo ano, mês ou por circunstâncias propícias. Não há tempo melhor que agora para começar a criar memórias positivas para seus filhos.

ESTRATÉGIAS E SOLUÇÕES PARA GERENCIAR EVENTOS ESPECIAIS

ENTRETENIMENTO

10 Passos para um Evento Inesquecível

Aplicar as mesmas estratégias que uma empresa usa — planejamento, pesquisa e desenvolvimento, delegação e prazos — funciona para aniversários, férias, feriados, reuniões familiares, e todos os outros eventos que você supervisiona como a gerente de sua família.

Eis alguns passos para priorizar eventos e torná-los executáveis, não importando a ocasião.

1. Converse com a família sobre os eventos que gostariam de celebrar. Decidam o que é importante para a família: aniversários, formaturas e feriados fazem parte do calendário de qualquer família, mas você não deve depositar neles a mesma importância que todos lhes atribuem. Toda família é livre para decidir que dias — não importa o quão "bobos" ou inesperados — são dignos de confetes e balões. Use a lista de feriados da página 222, e liste os que deseja comemorar.
2. Deixe exposto seu calendário. Marque, mês a mês, as ocasiões e eventos especiais que ocorrerão: aniversários, feriados, casamentos, etc. Então liste os eventos em que deseja trabalhar: a festa de aniversário de sua filha, reunir amigos para assistir uma partida de futebol, um churrasco para a vizinhança no feriado. Uma vez que tiver o calendário, se lembrará de planejar os cardápios, de ficar de olho em itens da festa que estejam em promoção, e tudo o mais.
3. Anote os eventos especiais no calendário usando caneta, e não lápis. Uma vez que tenha marcado os eventos, não permita que ninguém sugira que você os ignore. Simplesmente diga não aos convites e demandas que lhe roubem o tempo especial com sua família.
4. Use uma lista de checagem para cada ocasião. Quando determinar as tarefas a serem feitas, os itens que precisa comprar, e os convidados, inclua-os em sua lista. Agora decida o que poderá delegar e então esquecer, e o que deseja fazer você mesma. Isso a ajudará a pensar mais claramente e a sentir-se menos sobrecarregada. Mantendo todas as informações num lugar único, ficará no controle de todos os detalhes.

5. Delegue e delete. É aqui que você diz à família "Estamos nisso juntos". Trabalhar em equipe estreita os laços, desenvolve o espírito familiar e celebra expressões de criatividade. Assim, quando tiver preparado a lista do que cada um deverá fazer para algum evento especial, convoque uma reunião familiar e peça voluntários. Lembre-se, você gerencia a família. Não precisa fazer isso da forma como todos fazem — inclusive sua mãe. Então, coragem: Alguns itens da lista não é você que precisa fazer (é ou não é?). Você pode comprar um bolo na confeitaria em vez de gastar todo o fim de semana tentando fazer um na cor de algum personagem? Se for oferecer um jantar no feriado para seus familiares, poderia pedir a alguns deles que tragam alguns dos pratos? Ou pedir a alguém que chegue mais cedo para ajudá-la com a arrumação, ou que vá embora mais tarde para colaborar com a limpeza? Seja generosa em dividir a carga de trabalhos e em deixar a si mesma fora da zona de combate.
6. Conduza a pesquisa e o desenvolvimento. Para obter sucesso total em um evento, é preciso fazer telefonemas e pesquisar na internet. Comece coletando as informações necessárias, como a diária do hotel em que

☆

MOVIMENTO ESTRATÉGICO

Gosto de usar um pequeno fichário para fazer anotações dos eventos. Desta forma, mantenho toda a informação de que preciso num único lugar e posso facilmente levá-la comigo quando tiver de sair para providenciar algo para o evento. Faça uma lista de quem a atendeu, das atividades, da decoração, e de tudo mais. Anote o que deu certo e o que não funcionou. Você poupará tempo e evitará problemas na próxima vez!

Após o evento, faço uma limpeza no fichário, mantendo apenas as informações de que precisarei como referência futura. Guardo estas informações num envelope etiquetado na seção de Eventos Especiais de meu arquivo. Há vezes em que lido com três assuntos em meu fichário, simultaneamente, como as férias da família, um casamento e a recepção do filho que voltará da universidade.

ficará durante as férias, datas em que alguma área do parque fica disponível para que o time de futebol de seu filho possa comemorar o aniversário da equipe ou dos suprimentos que deverá incluir na lista do chá de bebê que está organizando para sua amiga. Se outros de sua família forem os responsáveis por estas tarefas, dê-lhes prazos e supervisione-os para ter certeza de que tudo seja feito.

7. Pratique a máxima dos cinco minutos. Observe os fragmentos de tempo aqui e ali para completar algo em prol da ocasião. Por exemplo, se não tem um bloco de tempo para endereçar todos os convites, faça alguns quando tiver cinco minutos livres. E finalmente terá completado toda a lista.
8. Execute e desfrute. Agora precisa desfrutar de seu trabalho: Todo o planejamento, compras, pesquisa, embrulhos, telefonemas, convites e decisões têm seu valor. Não se esqueça de eventos especiais são, em primeiro lugar, para serem apreciados, e não para transformarem-se em labor estafante. Como Gerente Familiar, você dita o ritmo. Então não se estresse e aproveite o momento!
9. Aprecie seu time e honre o trabalho que fizerem. Ao final de um evento, certifique-se de agradecer aos membros da família por sua contribuição e dê a si mesma a satisfação de saber que acrescentou outra grande recordação às lembranças de sua família.
10. Recapitule. Conversem e anotem o que funcionou e o que não deu certo, e também as ideias para a próxima ocasião. Revele fotos e tirem um tempo em família para recordar o dia. Considere deixar que algum membro criativo da família organize um scrapbook ou álbum especial de fotos do evento.

Datas dos Feriados

Use esta lista para lembrar-se dos feriados que virão, ou para escolher os que lhe parecerem interessantes. Quando você e sua família decidirem quais comemorarão, pesquise do que trata cada um especificamente para ter ideias de como celebrar o dia.

Ano Novo... 1 de janeiro
Dia Mundial do Compositor... 15 de Janeiro
Carnaval... quarenta e sete dias antes da Páscoa
Dia da Mulher... 8 de março
Dia da Poesia... 14 de março
Dia da Escola... 15 de março
Dia da Água... 22 de março
Páscoa... março ou abril
Pentecostes... o sétimo domingo após a Páscoa
Corpus Christ ... a segunda quinta-feira após o Pentecostes
Dia da Mentira... 1 de abril
Dia do Hino Nacional...13 de abril
Dia do Índio... 19 de abril
Tiradentes... 21 de abril
Fundação de Brasília... 21 de Abril
Descobrimento do Brasil... 22 de abril
Dia do Livro... 23 de abril
Dia do Trabalho... 1 de maio
Dia da Liberdade de Imprensa... 3 de maio
Dia das Comunicações... 5 de maio
Dia das Mães... segundo domingo de maio
Dia do Enfermeiro... 12 de maio
Lei Áurea... 13 de maio
Dia da Língua Nacional... 21 de maio
Dia do Vestibulando... 24 de maio
Dia do Geógrafo... 29 de maio
Dia do Meio Ambiente... 5 de junho
Dia dos Namorados... 12 de junho
Dia Nacional da Ciência... 8 de julho
Revolução Constitucionalista... 9 de julho
Dia do Selo Postal... 1 de agosto
Dia dos Pais... segundo domingo de agosto
Dia do Estudante... 11 de agosto
Dia da Fotografia... 19 de agosto
Dia do Folclore... 22 de agosto
Dia do Soldado... 25 de agosto
Dia do Biólogo... 3 de setembro
Dia da Amazônia... 5 de setembro
Independência do Brasil... 7 de setembro
Dia da Árvore... 21 de setembro
Dia do Rádio... 25 de setembro
Dia do Idoso... 1 de outubro
Dia dos Animais... 4 de outubro
Dia da Criança... 12 de outubro
Dia do Professor... 15 de outubro
Dia do Médico... 18 de outubro
Dia do Comércio... terceira segunda-feira de outubro
Dia do Aviador... 23 de outubro
Dia da Democracia... 25 de outubro
Dia do Servidor Público... 28 de outubro
Finados... 2 de novembro
Dia do Inventor... 4 de novembro
Proclamação da República... 15 de novembro
Dia da Bandeira... 19 de novembro
Dia da Consciência Negra... 20 de novembro
Dia do Voluntário... 5 de dezembro
Dia do Atleta... 21 de dezembro
Natal... 25 de dezembro

Quando fazer o que

Três a quatro semanas antes da festa

- Decida um tema — se quiser ter um.
- Faça a lista de convidados. Se tiver uma lista maior do que sua casa pode abrigar confortavelmente, em vez de um jantar formal, considere um bufê mais descontraído. Ou escolha um dia em que todos possam sair. Para uma festa grande e especial, não conte com as condições climáticas. Em vez de ser positiva afirmando que não choverá, alugue um salão de festas.
- Envie os convites (e não se esqueça dos mapas!).
- Planeje o cardápio; calcule a quantidade de comida e prepare a lista de compras.
- Planeje a agenda do preparo dos alimentos — quando assar e congelar, ou comprar de um fornecedor.
- Compre alimentos não perecíveis e suprimentos com antecedência.
- Prenda na porta da geladeira um envelope para depositar as notas fiscais. Isso a ajudará a acompanhar os gastos.
- Faça um inventário e comece a reunir os equipamentos. Reserve com antecedência o que precisar ser alugado.
- Considere contratar alguém para ajudá-la durante a festa e após, com a limpeza.
- Comece a polir a prataria nos pequenos tempos livres que tiver.

♡

DO CORAÇÃO

Divertir-se é desfrutar de uma refeição ou ocasião especial com as pessoas que você admira, e não tentar impressioná-las com sua competência culinária ou decoração impecável.

Duas semanas antes da festa

- Finalize os planos de decoração.
- Prepare os alimentos que puder congelar.
- Decida o que usará na festa. Ajuste as roupas, ou mande-as à lavanderia, se precisarem, ou compre algo novo. Cheque os acessórios.
- Se estiver planejando uma festa para adultos, planeje algo para entreter as crianças.
- Planeje a música; reúna CDs; prepare os equipamentos de som.

Uma semana antes da festa

- Organize a cozinha para a festa.
- Fique de olho nas confirmações de presença dos convidados; planeje suas posições à mesa; escreva-lhes os nomes em cartões.

- Retire dos balcões os equipamentos e itens de que não precisará.
- Limpe o forno para evitar que os alimentos assados absorvam outros odores.
- Comece a estabelecer lugares para tarefas específicas, como para servir as bebidas, agrupar as travessas de alimento e organizar os pratos.
- Limpe a geladeira para criar espaço.
- Compre sacos de gelo ou faça cubos diariamente, e guarde-os em sacos plásticos.
- Apronte as toalhas e guardanapos da festa. Guarde-os cuidadosamente para que não amassem.
- Lave copos, pratos e travessas, se preciso.
- Confirme o horário de chegada de cada profissional que contratou ou dos amigos a quem pediu ajuda.
- Compre as bebidas.

Dois ou três dias antes da festa

- Finalize o número de convidados.
- Cozinhe a comida que será reaquecida ou servida fria.
- Arrume a disposição das mobílias.
- Comece a decoração.
- Providencie um lugar para os casacos.
- Compre tudo, menos os perecíveis de última hora.
- Faça uma lista de tarefas para os ajudantes ou contratados.
- Prepare a lenha da lareira.

Um dia antes da festa

- Lave as verduras e vegetais; guarde-os em sacos plásticos.
- Estabeleça uma mesa e etiquete as travessas identificando o que deverão conter. (Isso a ajudará a lembrar-se da salada que está no fundo do refrigerador).
- Gele as bebidas.
- Prepare as músicas.
- Faça na casa uma limpeza de última hora.
- Compre gelo, se preciso, e flores frescas. Disponha as flores em recipientes.
- Prepare as comidas que puderem ou tiverem de ser guardadas antes da hora de servir.

O Melhor Bufê

- Use utensílios de mesa, alimentos e acessórios variados para um visual interessante.
- Disponha as travessas no começo do bufê, seguidas pelas entradas, prato principal, e então salada e vegetais.
- Disponha condimentos, pães, guardanapos e talheres ao final da mesa.
- Sirva as bebidas em outra mesa.
- Organize o cômodo regularmente para que os convidados tenham onde colocar copos e outros itens.
- Deixe um espaço para circulação atrás da mesa do bufê.
- Cuidado com as fiações, para evitar acidentes.

O dia da festa

- Compre os alimentos perecíveis de última hora.
- Finalize os pratos o mais cedo possível.
- Dê uma rápida ajeitada na casa.
- Troque as toalhas dos banheiros.
- Saia e entre pela porta da frente como se fosse a primeira convidada. Há algo de última hora que precisa ser feito?
- Acenda a lareira.
- Vista-se uma hora antes da chegada dos convidados, mas fique de avental.
- Cheque os banheiros: abasteça-os de papel higiênico, toalhas e sabonete. Acenda uma luz noturna ou deixe a luz acesa se o interruptor for difícil de achar.

Os últimos 60 minutos

- Finalize os alimentos quentes no forno.
- Retire os canapés e entradas.

- Ligue a música
- Acenda as velas
- Disponha os alimentos e bebidas
- Receba com alegria os convidados à porta.

Após a festa

- Dependendo de seu estilo, faça apenas a limpeza necessária para evitar que alimentos estraguem ou sejam comidos pelos animais de estimação durante a noite.
- Comece um caderno para ocasiões especiais, no qual anotará o que deu certo e o que não deu. Poderá usar este recurso na próxima vez em que oferecer uma festa.

MOVIMENTO ESTRATÉGICO

Acenda velas de citronela uma hora antes de começar a festa no jardim para afastar os mosquitos.

Dicas para Entretenimento: Detalhes, Simplicidade e Atmosfera

- Se estiver planejando uma festa ou recepção de grande porte, reserve a locação, o bufê e os animadores com antecedência.
- Abaixe a temperatura do ambiente antes de os convidados chegarem.
- Para uma apresentação mais dramática, sirva canapés em pequenos espelhos, e não em bandejas.
- Não inclua no cardápio alimentos que demandem uma porção de preparos de última hora.
- Para o bufê, escolha os alimentos que conservem uma boa aparência mesmo após algumas horas. Evite pratos como saladas verdes com molho, saladas congeladas e alimentos crocantes que venham a murchar e a ficar empapados.
- Inspecione as bandejas na véspera do evento para prever como será o fluxo dos pratos servidos.

BOM SABER

Geralmente, uma embalagem fechada de cream cheese permanece em bom estado por até um mês após a data de compra. Após a abertura, use ou jogue fora em 10 dias.

- Disponha uma mesa de bebidas num outro cômodo, além da que estiver próxima aos alimentos.
- Sirva ponchos com pedaços e bebidas com cubos de gelo utilizando jarras com bicos, para evitar que os pedaços pulem para os copos enquanto servir.
- Além da mesa principal na sala de jantar, disponha canapés e aperitivos em áreas de convivência estratégicas.
- Escolha a música cuidadosamente. Mantenha o volume baixo para que possam conversar. Música clássica funciona bem para jantares formais e bufês; apresente os convidados aos seus compositores favoritos, ou peça ajuda em uma loja de discos para encontrar seleções de Mozart, Bethoven ou Vivaldi.
- idere usar música ao vivo. Informe-se nas escolas de sua região sobre bandas formadas por alunos que se apresentem em festas.
- Bandas de estudantes não custam caro, mas cheque seus honorários e repertórios antes de contratá-los.
- Se o tempo estiver chuvoso, disponha capachos dentro e fora das portas. Providencie um container plástico para os guarda-chuvas.
- Aumente o tamanho de sua mesa de trabalho, nas grandes festas, cortando madeira compensada do tamanho e formato que precisar. Estenda um cobertor sobre a sua mesa, e então disponha o compensado sobre ele, e cubra-o com uma toalha de mesa.
- Se estiver oferecendo uma grande festa, deixe que seus filhos sirvam, abram a porta e coletem os casacos dos convidados. Use canetinhas para decorar suas camisetas como se fossem smokings. Compre cartolas de plástico baratas em lojas de brinquedo.
- Antes da festa, prepare vários sacos de mercado de papel com sacos plásticos de lixo dentro e esconda-os na lavanderia ou na despensa. Eles estarão prontos para serem usados em coletas rápidas de lixo sempre que uma bandeja voltar à cozinha.
- Tenha por perto um ou dois vasos de flores vazios. Se algum dos convidados trouxer-lhe flores, você não terá de correr em busca de algo apropriado para colocá-las.
- Arrume acomodações para seus animais de estimação. Alguns convidados podem ser alérgicos a animais.
- Certifique-se de ter bastante papel higiênico extra. Festas tendem a forçar o encanamento ao máximo, então seria bom deixar um desentupidor num local discreto, porém acessível.

- Se receber crianças, certifique-se de que pelo menos um dos pratos seja da preferência delas.
- Esteja atenta às necessidades alimentares especiais dos convidados. Tenha à mão muita água gelada com gás, suco de fruta e refrigerantes. Planeje ao menos um prato sem carne que seja abundante o suficiente para funcionar como prato principal para os vegetarianos.
- Encha uma pia com água quente, um esguicho de detergente e uma colher de sopa de água sanitária após o prato principal. Mergulhe os pratos do jantar enquanto serve a sobremesa. A água sanitária matará os germes.
- Se sua festa será grande e barulhenta, seja uma boa vizinha. A forma mais fácil de evitar conflitos é convidar os vizinhos. Em qualquer caso, ao menos informe aos que serão afetados por sua festa, e pergunte-lhes se estão tendo algum problema com o barulho e qualquer outro aspecto.
- Convites devem informar se a festa terá hora para acabar, a que horas o jantar será servido, se os convidados terão de contribuir trazendo pratos, o tipo de traje esperado, qualquer atividade especial e orientações quanto ao estacionamento.
- Se estiver esperando mais carros que sua propriedade ou adjacências podem abrigar, encontre alternativas: estacionamentos públicos próximos, ou vizinhos que permitam que os convidados estacionem em suas propriedades. Informe aos convidados no convite onde estacionar. Se o espaço for realmente pequeno, sugira-lhes que dividam caronas ou que usem o transporte público.

BOM SABER

Ao receber muita gente, a regra é estimar 61 centímetros por pessoa à mesa.

MOVIMENTO ESTRATÉGICO

Geralmente, uma embalagem fechada de cream cheese permanece em bom estado por até um mês após a data de compra. Após a abertura, use ou jogue fora em 10 dias.

Tenha música alegre tocando em sua casa quando os convidados chegarem para um evento. Música animada estimula as conversações e cria uma atmosfera acolhedora.

Detalhes de Decoração

MOVIMENTO ESTRATÉGICO
Para fazer durar mais as flores, troque a água diariamente e corte os caules na diagonal.

- Use poucos e pequenos arranjos florais, e um central, porém baixo, à mesa. Isso permitirá aos convidados que conversem com os que estiverem do outro lado da mesa. Além disso, arranjos baixos não tombam.
- Espalhe muitas velinhas curtas pela sala de jantar e nos demais aposentos da festa. Elas são relativamente mais seguras que as longas e podem ficar sem sua constante supervisão.
- Ao escolher flores frescas para a festa, lembre-se de que íris murcham depressa. Escolha as mais resistentes, como margaridas, lírios ou alstroemérias.
- Considere decorar a caixa de correio para ajudar os convidados e encontrar sua casa: Use balões, flores ou serpentinas.
- Crie uma atmosfera glamorosa numa das mesas da festa envolvendo gelo seco em um pano fino, como o de saco, e colocando-o na tigela de poncho. (Haverá muita fumaça, mas o poncho não será afetado.
- Use flores frescas não venenosas para transformar um bolo comum em uma sobremesa fabulosa. É só pressioná-las sobre a superfície de um bolo congelado.
- Para um almoço de outono, retire a polpa de miniaturas de abóboras e recheie-as com frango, atum ou salada de macarrão.
- Use pequenas bandeiras para decorar as travessas se a sua festa acontecer em algum feriado patriótico.

AVISO!
A maioria dos incêndios causados por velas devem-se a combustíveis dispostos próximos à vela, à queda da vela provocada por ventos, portas, crianças ou animais de estimação, segundo a Comissão do Consumidor de Segurança do Produto.

Dicas sobre Aluguel

- Obtenha a lista de preços das empresas de aluguel de equipamentos de festa.
- Antes de escolher uma empresa, pergunte:
- O preço refere-se à devolução no mesmo dia ou no dia seguinte?
- As quantidades e o estilo desejado estarão disponíveis na data da festa?
- A entrega e o recolhimento dos itens estão incluídos no preço?

- Há cobrança de taxa extra em razão da devolução de pratos, talheres e toalhas sujos?
- Qual o acréscimo por itens quebrados?
- Faça o pedido com antecedência para ter a certeza de ter feito uma boa escolha de cores e estilos.
- Prefira que os itens sejam entregues com a maior antecedência possível antes da festa.
- Quando os itens forem entregues, cheque cada um para certificar-se de que todos funcionem, antes que o caminhão da empresa vá embora.
- Agende o horário de recolhimento após a festa.

Pesquisando Bufês

Entreviste as empresas de bufê com as seguintes perguntas:

- A empresa faz o pedido dos equipamentos alugados?
- A empresa serve alimentos como canapés, ou dispõe-nos em mesas?
- Quando os equipamentos alugados chegarão? Quem os entregará? Quando serão recolhidos, e por quem?
- A empresa oferece sobremesas variadas?
- A empresa faz o pedido de flores?
- Oferece mesa de café?
- Decora as mesas?
- Com que antecedência os funcionários chegam?
- Que limpeza fazem? Quanto tempo isso leva?
- Que tipo de seguro oferece?
- Que tipo de toalhas e guardanapos oferece? Tem variedade de tecidos e cores para escolher?
- A empresa providencia pratos e talheres? De que tipo?
- O preço inclui a presença de quantos funcionários?
- A empresa cobra taxa pela reserva de aluguel e de outros serviços?
- Qual o preço final? Há algum desconto?
- Que opção de cardápio está disponível? Aceitam pedidos especiais? Que pratos são os mais populares?
- De quantas tomadas elétricas precisam?
- A empresa aconselha pratos servidos à mesa ou um bufê?

Quantidades

- Petiscos e canapés: Espere que os convidados consumam quatro por hora. Planeje servir quatro ou cinco tipos.

☆

MOVIMENTO ESTRATÉGICO

Use estas dicas para aproveitar todo o potencial de seus utensílios de vidro:

- ***Lime qualquer vidro lascado com uma lixa de unha umedecida.***
- ***Remova etiquetas esfregando-as com querosene.***
- ***Mergulhe utensílios de vidro com marca d´água em água com um pouco de vinagre. Enxágue em água gelada, escorra e seque.***

- Gelo: 10 sacos de meio quilo encherão cerca de quarenta copos de 200 ml.
- Carne: 9 quilos de carne com osso ou frango, ou 3 quilos de carne desossada servirão 24 convidados.
- Salada: em média, uma alface serve 10 pessoas.
- Molho: 3 copos de molho servem 24 convidados.
- Pão: Um pão grande provê de 18 a 20 fatias. Uma única bisnaga serve 10 pessoas.
- Manteiga: 2 colheres de sopa untam 7 fatias de pão.
- Bolo: 2,5 quilos de bolo servem 50 pessoas.
- Sorvete: Se também servir bolo e biscoitos, um litro de sorvete serve 24 pessoas.
- Café: Para 24 xícaras de café, precisará de 18 copos de água e de 3 copos de pó de café.

Nove Desastres do Entretenimento — e o que Fazer a Respeito

Desastres podem ser grandes ou pequenos, dependendo da forma como forem manejados. Alguns deles podem ser completamente evitados.

1. Queimou um fusível de seu sistema elétrico, causando um blackout durante a festa. Alguns dias antes da festa, teste a capacidade elétrica de sua casa. Acenda as luzes, ventiladores, ligue o som e qualquer aparelhagem extra que desejar usar. Se algum fusível queimar ou se a luz piscar, decida o que poderá ser desligado sem interferir na festa. Você pode alternar o uso de aparelhos e maximizar a iluminação dos ambientes com velas ou uma fonte alternativa de iluminação.
2. Apareceram mais convidados do que o esperado. Desfrute da ocasião sem fazer com que os convidados sintam-se embaraçados. Corte os alimentos em porções menores e encha menos os copos. Faça render o chá gelado acrescentando suco de laranja ou limonada. Tenha sempre ingredientes à mão para preparar mais canapés e petiscos de última hora. Peça a algum adolescente que vá à lavadora de louças durante a festa para que você não tenha de correr atrás de copos e pratos. Ou, se preciso, use seu estoque de descartáveis. Se não houver

mais espaço à mesa para acomodar a todos, use uma bandeja de servir refeições na cama para criar mais um local em torno do qual os convidados poderão agrupar-se. Note: Os convidados sentir-se-ão mais confortáveis e bem acolhidos se a anfitriã circular por todos os locais da festa.

3. Apareceram menos convidados que o esperado. Evite este problema enviando os convites com antecedência — ao menos três semanas antes. As pessoas estão mais propensas a responder a convites que digam RSVP, do que "Apenas Recusas". Além disso, envie um convite a si mesma. Se não recebê-lo, saberá que deve checar com os correios se algum outro foi extraviado. Se o mau tempo ou circunstâncias imprevistas impedirem a chegada dos convidados, certifique-se de fazer com que os que chegaram sintam-se bem acolhidos. Mantenha o tom positivo da festa não chamando tanto a atenção para os convidados ausentes.
4. Um convidado derrubou algo e manchou seu carpete. Limpe com o menor estardalhaço possível. Deixe que o convidado a ajude se isso diminuir o embaraço. Se o carpete houver sido tratado com um antimanchas, a maioria delas desaparecerá. Umedeça a sujeira com soda e limpe mais tarde.
5. Uma panela transbordou e deixou muito cheiro em sua cozinha 30 minutos antes da festa. Cubra o alimento entornado com bicarbonato de sódio imediatamente. Abra janelas e portas, e use um ventilador para dispersar a fumaça.
6. Seus convidados não se conhecem bem e quase não estão conversando. Mantenha o diálogo em movimento perguntando a cada convidado onde estavam quando determinado evento significativo aconteceu. Por exemplo: Onde passaram o ano novo na virada do século? Para que riam, peça a todos que estiverem à mesa, um de cada vez, que façam três afirmações sobre si mesmos, sendo que apenas duas devem ser verdadeiras. Os demais convidados deverão adivinhar quais afir-

MOVIMENTO ESTRATÉGICO

A maioria dos incêndios causados por velas devem-se a combustíveis dispostos próximos à vela, à queda da vela provocada por ventos, portas, crianças ou animais de estimação, segundo a Comissão do Consumidor de Segurança do Produto.

mativas são falsas. Ou apresente um dos convidados ao grupo e conte como o conheceu. Peça aos demais que se apresentem e contem como a conheceram.

7. Alguém engasgou. Primeiramente a cruz vermelha recomenda cinco pressões nas costas, entre as omoplatas, com a palma das mãos; depois, aplicar cinco pressões abdominais, conhecidas como manobra de Heimlich. Ponha-se por detrás da pessoa, com os braços ao redor da cintura da vítima. Envolva a vítima com seus braços segurando um dos punhos com a mão. Recline a vítima ligeiramente para a frente e pressione com força seu abdome, abaixo das costelas, com um golpe brusco e ascendente. Repita cinco vezes. Enquanto fizer as manobras, outra pessoa deverá chamar o serviço de emergência.
8. Você (ou um dos convidados) se queimou ou se cortou. Sempre mantenha por perto um quite de primeiros socorros para situações imprevistas, como esta. Band-aids funcionam bem para pequenos cortes com faca. Às queimaduras, sempre aplique água gelada (nunca manteiga). Em cortes profundos, faça uma pressão firme, e mantenha a parte do corpo afetada elevada até que o sangramento cesse. Se o ferimento for obviamente mais sério, sendo preciso levar a vítima a um pronto socorro, peça a algum membro da família que acompanhe o convidado. Mantenha-se o mais calma possível, já que o seu humor contagiará a todos os que a olharem em busca de sinais de como reagir à situação.
9. A sobremesa ficou péssima. Tenha sempre guardado um bom sorvete, calda e biscoitos. Servidos com chocolate, serão uma forma doce e festiva de encerrar qualquer refeição.

Ideias de Festa

- **Massas:** Peça a cinco casais que tragam seus molhos favoritos; você providencia as massas. (Sirva uma pequena porção de massa seca para cada variedade de molho). Sirva torradinhas, frios, salada verde e pão de alho. Crie um clima arrumando mesas de bar com toalhas vermelhas e guardanapos verdes. Ráfias ao redor de velhos garrafões de vinho transformam-se em belos candelabros. Disponha luzinhas nas plantas do ambiente, e ligue uma música de fundo suave.
- **Festa do Futebol:** Decore com flâmulas, faixas, balões e serpentinas. Crie um centro para a mesa de jantar com pompons de torcida. Sirva

pipoca e amendoim. No intervalo, sirva tigelas de chilli, paelha ou sopa cremosa com pão francês.

- **Festa da Sobremesa:** Ofereça aos convidados sete ou oito confeitos. Inclua variedade de gostos e texturas — crocantes, cremosos, líquidos e densos. Providencie queijos, frutas e nozes para os que não comem açúcar.
- **Festa para Aquecer o Inverno:** Acenda a lareira. Sirva em recipientes alegres alimentos comumente consumidos na praia: frango frito, salada de batata, ovos cozidos e ponche de frutas. Disponha muitas flores e ouçam músicas que façam lembrar o verão.
- **Festa do Chá da Tarde:** Ofereça aos convidados três ou quatro tipos de sanduiche de pão sem casca, como pepino e agrião com cream cheese. Acompanhe com bolinhos, geleias, mini pastéis e variedade de chás.
- **Queijos do Mundo:** Planejem uma variedade de gostos e texturas de queijos mundialmente famosos: o francês Brie, o inglês Stilton, algum tipo quebradiço, cheddar picante e o suíço Jarlsberg. Torradas e fatias finas de uma baguette, peras, uvas verdes e maçãs fazem o acompanhamento perfeito.
- **Festa da Pizza:** Compre um grande círculo de massa de pizza ou uma bola de massa. Reúna o molho e todas as coberturas: queijo fontina, linguiça, folhas de manjericão, azeitonas pretas, queijo de cabra, carne moída, tomates secos e o que mais você gostar. Deixe que todos montem as pizzas, e enquanto assam, peça a todos que sentem para o rodízio de saladas. Tenha muitas bebidas geladas à mão.
- **Festa dos Adolescentes:** Prepare um pão a metro. Deixe que os convidados coloquem no pão os recheios que preferirem, e corte o sanduiche em porções.

DIVERSÃO PARA AS CRIANÇAS

Inicie um clube do almoço para sua filha e algumas de suas amigas para ensinar-lhes sobre hospitalidade e entretenimento. Reveze-se com as mães das outras meninas no preparo das refeições e quanto ao lar onde almoçarão. Permita que as meninas participem de alguns dos preparativos, como o planejamento do cardápio, a decoração, e a arrumação da mesa.

♡

DO CORAÇÃO
Inicie um clube do almoço para sua filha e algumas de suas amigas para ensinar-lhes sobre hospitalidade e entretenimento. Reveze-se com as mães das outras meninas no preparo das refeições e quanto ao lar onde almoçarão. Permita que as meninas participem de alguns dos preparativos, como o planejamento do cardápio, a decoração, e a arrumação da mesa.

Contagem Regressiva de Sete Dias para Eventos Especiais

Nem sempre você terá semanas ou meses para planejar uma ocasião especial. Talvez queira improvisar uma comemoração pela promoção de seu esposo, ou comemorar o fim do campeonato do time de softbol de sua filha.

Eis um plano para preparar uma ocasião especial em apenas uma semana. No dia do evento, ficará surpresa com o que conseguiu em um curto período de tempo. Use estas ideias para celebrar o Ano Novo, a Páscoa, oferecer um churrasco ou em qualquer outra situação em que desejaria possuir uma varinha mágica!

Sete dias antes do grande evento

- Planeje o cardápio. Inclua o maior número de pratos que possam ser preparados com antecedência, sem deixar de fora os favoritos. Não nocauteie a si mesma preparando torta de abobrinha e limão quando, na verdade, o que todos querem é uma simples torta de maçã. A salada de frutas não precisa ser cortada em moldes para parecer festiva. Tomará uma atitude mais inteligente se comprar alimentos prontos que a delicatéssem e a confeitaria podem fazer melhor que você.
- Faça sua própria lista de checagem, ou use o fichário, conforme descrevi na página 221. Divida as tarefas entre os familiares. Escreva as iniciais dos nomes de cada encarregado ao lado de suas atribuições e fixe a lista de afazeres num local central da casa.
- Faça uma lista de convidados, e então telefone ou envie e-mails para chamá-los. Certifique-se de haver pedido RSVP. Se estiver convidando familiares ou amigos mais chegados, considere pedir-lhes que tragam algum alimento.
- Verifique se tem pratos suficientes: pratos de jantar, travessas de sobremesa, xícaras de café, pratinhos, talheres e copos. Faça o mesmo com guardanapos. É perfeitamente normal usar pratos e copos descartáveis em ocasiões festivas para simplificar a limpeza. Se a ocasião

pedir uma louça mais fina, considere contratar alguém para ajudá-la a lavar a louça, para que possa desfrutar da presença dos convidados.
- Verifique se possui tabuleiros, travessas, pratos, cestos de pão e tudo mais. Agora é o tempo de comprar ou pedir emprestado o que precisa.
- Dê a si mesma uma folga. Considere contratar um adolescente para comprar na rua o que for preciso, limpar a casa ou brincar com as crianças enquanto você cozinha ou prepara a decoração.

Seis dias antes

- Cuidadosamente cheque as receitas e a listagem de quem trará o que, e então prepare sua lista de mercado.
- Tire da geladeira itens desnecessários para criar espaço para os alimentos do evento especial. Faça o mesmo com o freezer.

Cinco dias antes

- Faça as compras no mercado, incluindo pilhas para a câmera.
- Ao guardar as compras, organize os alimentos na despensa e no refrigerador conforme as receitas.
- Compre lápis de cor e variedade de papéis para manter sobrinhos e filhos criativamente ocupados no dia do evento.
- Delegue alguém para orientar as atividades das crianças enquanto estiver na cozinha.
- Comece a preparar pratos ou porções das receitas que possam ser congelados.
- Planeje o centro da mesa.

Quatro dias antes

- Verifique guardanapos e toalhas de mesa. Lave e passe se necessário. Aplique protetor de tecidos para facilitar a remoção de manchas e respingos.
- Se for alimentar uma multidão, calcule a quantia de mesas e cadeiras e reúna assentos extras que encontrar pela casa ou quintal, com amigos, ou alugue.
- Escreva um quadro de horários para o que precisa ser feito no dia do evento. Comece com o horário que deseja comer e liste os acontecimentos de trás para frente. O que deve ser preparado primeiramente? Quanto tempo levará para que a carne e o frango assem? Qual o tamanho do presunto, e por quanto tempo deverá cozinhar? Qual é a última coisa que deseja retirar do forno? Agende algum tempo para relaxar.

- Verifique se possui panelas suficientes e veja que alimentos podem ser reaquecidos no microondas. Note que uma panela elétrica pode servir como aquecedor. Prepare um ou dois pratos que possa congelar.

Três dias antes

- Verifique as travessas que usará, os utensílios de vidro e as louças. Lave ou dê polimento se precisar.
- Crie mais espaço para o preparo dos alimentos retirando dos balcões da cozinha tudo o que não for necessário.
- Cozinhe um ou dois pratos que possa congelar.

Dois dias antes

- Planeje a posição dos lugares. Faça cartões se for receber muitas pessoas.
- Disponha os arranjos das mesas.
- Encha os saleiros.
- Comece a fazer cubos de gelo e a estocá-los em sacos no freezer.
- Prepare um ou dois pratos que possa congelar ou servir frios.

A véspera

- Se precisar de um tempo ininterrupto na cozinha, peça a uma amiga que cuide de seus filhos por cerca de duas horas. Retribua o favor quando ela oferecer uma festa.
- Retire do freezer os alimentos para que descongelem.
- Prepare os pratos que não puderam ser congelados.
- Compre pães e flores.
- Dê uma rápida arrumação na casa.
- Gele as bebidas.
- Crie espaço num dos closets para os casacos dos convidados.
- Ponha a mesa.
- O grande dia
- Ponha em prática o quadro de horários do evento.
- Aproveite!

Atalhos para Festas Instantâneas

- Tenha sempre à mão papéis coloridos, velas e decorações.
- Arrume superficialmente apenas os cômodos por onde passarão os convidados. Feche as portas dos demais aposentos.
- Tenha sempre à disposição ingredientes para petiscos e sobremesas fáceis de preparar. Por exemplo: (1) Mantenha 200 gramas de cream

cheese na geladeira e uma caixa de torradinhas na despensa. Disponha um pequeno recipiente com o crem cheesse no centro de uma bela travessa. E ponha ao redor dele pequenas porções de geleia de morango, abacaxi ou laranja. Cerque tudo com as torradinhas. (2) Mantenha muitos chips e batatinhas na despensa, e também os ingredientes para um molho (creme de leite e mistura para sopa instantânea. (3) Mantenha congelado um bolo de meio quilo e frutas vermelhas, e tenha sempre toalhinhas de bandeja. Sirva num pratinho, sobre uma toalhinha, uma fatia de bolo com frutas vermelhas por cima. Lindo e delicioso!

BOM SABER
Alguns sites permitem a postagem de detalhes sobre criatividade em festas que deram certo. pesquise-os na internet.

- Tenha sempre refrigerante e sucos estocados.
- Mantenha congelado um prato principal tamanho família (como uma lasanha vegetariana) e pãezinhos no refrigerador. Se alguém chegar e você desejar que fique para o jantar, estará pronta.
- Se tiver à mão um neutralizador de odores, uma barra de algum sabonete cheiroso e uma bela toalha de rosto, seu banheiro estará sempre pronto para receber.

Protocolo para Festas quando Você É a Convidada

- Responda prontamente os convites, quer vá ou não. Se uma emergência atrapalhar seus planos, contate o anfitrião pedindo desculpas o mais rapidamente possível.
- Chegue na hora — nem antes, nem depois. É mais problemático para o anfitrião se você chegar 10 minutos mais cedo, que 10 minutos depois. Ligue do carro se seu atraso ultrapassar 15 minutos.
- Nunca leve uma criança ou adulto não convidado sem antes consultar o anfitrião.
- Quando tiver de passar rapidamente em mais de uma festa numa mesma noite, seja polida: Informe ao anfitrião que poderá permanecer por apenas alguns minutos.
- Considere levar um pequeno presente, como um livro, um vasinho de planta ou algum pão interessante ao anfitrião. Se for um jantar grandioso, não leve flores frescas. O anfitrião terá de procurar um vaso apropriado. Se quiser presentear com flores, envie-as na véspera.

BOM SABER
A melodia do "Parabéns pra você" surgiu originalmente em 1893 com a letra "Good Morning to You" (Um Bom Dia para Você).

- Ao passar pela mesa de bufê, nunca coma nada diretamente da mesa. E não belisque no trajeto de volta ao seu assento. Se não houver lugares disponíveis, poderá comer em pé, ou circulando entre as pessoas.
- Se quiser uma amostra da comida do prato de alguém (com a permissão da pessoa, é claro), passe seu prato para que a amostra seja posta nele e você a experimente. Não pegue nada diretamente do prato de alguém.

PLANEJANDO FESTAS DE ANIVERSÁRIO

Festas infantis estão se tornando mais e mais elaboradas. Muitas famílias contratam mágicos ou palhaços, fazem no quintal zoológicos de animais de estimação ou alugam pistas de skate ou pizzarias com parques. Mas tenha em mente que a maioria dos pequeninos alegra-se com o básico. Abaixo há dicas de como tornar especial o dia de seu filho sem enlouquecer durante o processo.

BOM SABER
Os cinco sabores de sorvete favoritos, com base no consumo americano, são baunilha, chocolate, nozes, morango e chocolate com menta, segundo a Associação Internacional de Laticínios.

- Planeje com antecedência. Comece a planejar um mês antes, especialmente se for contratar uma equipe ou alugar equipamentos. Peça referências a amigos ou vizinhos.
- Determine o quanto poderá gastar e quantas crianças seu filho poderá convidar. (A regra geral é que o número de convidados seja igual à idade da criança, mas isso nem sempre funciona. Alguns pequeninos não suportam o caos provocado por um grande número de pessoas. Neste caso, dois ou três amigos podem fazer a festa perfeita. Por outro lado, se planejou a festa numa locação que provê boa logística e acomodações, poderá chamar mais crianças).
- Para crianças de dois ou três anos, também terá de convidar os pais. Isso ajudará os pequeninos a se sentirem mais confortáveis e proverá ajuda extra com as brincadeiras e lanches.

- Para crianças de quatro e cinco anos, precisará de muitas atividades que gastem energia.
- Já que crianças de seis anos são razoavelmente mais independentes e capazes de ajudar durante a festa, poderá lidar com um maior número delas. Novamente, é recomendável preparar um bom número de atividades curtas e que gastem a energia da garotada.
- Planeje ter um assistente durante a festa — seu esposo, uma amiga, uma criança mais velha — para ajudar com os mais novinhos. Ou contrate um adolescente responsável para ajudar com os preparativos, tirar fotos e limpar.
- Deixe a idade de seu filho determinar a duração da festa. Quanto menor a criança, mais curta a festa. Para adolescentes, a duração pode depender da tolerância dos pais quanto ao avanço das horas e à música alta. Negocie previamente com seu filho a duração da festa.
- Sugira vários temas festivos para seu filho, ou peça-lhe ideias. É possível criar uma festa sobre quase todos os interesses dele.
- Se decidir dar lembrancinhas às crianças, pense em algo que gostaria que seus filhos ganhassem. Não sobrecarregue os pequeninos com muitos doces ou brinquedinhos que, na verdade, são tranqueiras. Considere comprar para cada pequenino um livro para colorir ou bloco de desenhos.
- Escolha locações adequadas às crianças. Sua casa será sempre uma escolha maravilhosa, se houver espaço para acomodar os convidados.
- Decida que alimentos servir. Para com crianças menores de três anos, seja atenciosa quanto às comidas que provocam engasgamento (cachorro quente, pipoca e uvas sempre oferecem risco).
- No dia da festa, faça com que cada convidado sinta-se especial. Coloque à porta alguém bastante sorridente para receber as crianças à medida que chegarem.
- Encoraje seus filhos a escrever notas de agradecimento, mesmo que o tenham feito verbalmente ao final da festa. Esse é um grande hábito a iniciar, e que se tornará uma cortesia por toda a vida.

PLANEJANDO UMA DIVERTIDA REUNIÃO EM FAMÍLIA

Nesta era de super mobilidade, é fácil perder o contato com os familiares. Quando isso acontece, perdemos mais que o contato regular — passamos por cima de tradições, da construção de memórias, e não desfrutamos dos laços familiares.

MOVIMENTO ESTRATÉGICO

Semanas antes da reunião, comecem a conversar em família sobre as pessoas que verão e o que farão. Isso ajudará os pequeninos a saber o que esperar. Se possível, vejam fotos dos familiares que moram fora da cidade. Vê-las ajudará a família a recordar nomes e rostos que há muito tempo não viam.

Para evitar que isso aconteça, tente fazer das reuniões familiares acontecimentos frequentes. A aventura de planejar um encontro, seja uma ocasião anual ou mais corriqueira, pode ser muito divertida. As dicas a seguir a ajudarão a simplificar o projeto para que você também possa apreciá-lo.

- Decida que tipo de reunião deseja: um churrasco no quintal para cerca de 20 a 50 familiares; um encontro durante um fim de semana no campo, resort ou hotel para cerca de 50 a 200 parentes; ou uma excursão de uma semana ao campo com a presença de 20 a 80 membros da família. Para cada ideia, calcule o custo por indivíduo e por família. (Antes de prosseguir, particularmente se estiver esperando uma grande reunião, consulte os familiares para saber quantos estão interessados).
- Se for desejado, escolha um tema ou evento para comemorar: o aniversário ou nascimento de alguém, ou algum outro acontecimento particularmente importante para a família.
- Simplifique e torne tudo mais divertido: Peça a algum outro familiar que divida com você as responsabilidades.
- Estabeleça uma data. Você deveria começar a planejar um ano antes da reunião. Já que provavelmente não encontrará uma data que se adéque à agenda de todos, converse com alguns membros chave, que certamente comparecerão, e encontre a data mais acomodatícia que puder. Ou considere enviar uma carta perguntando sobre a disponibilidade de cada família.
- Enquanto estiver discutindo datas, informe-se sobre atividades que todos apreciem e que poderiam fazer parte do plano.
- Pense nas locações que funcionariam bem: parques da cidade, clubes, ou cenários pitorescos, como lagos. Ligue ou peça por escrito informações sobre cada possível lugar de reunião. Verifique se a locação que escolheu oferece oportunidades a todos — espaço para jogar futebol, caminhar ou nadar, bem como acesso à cadeira de rodas, se preciso.

- Crie um bloco ou fichário que conterá todos os detalhes pertinentes: que música tocar, quem levará o que, a lista dos que confirmaram presença, acomodações e um calendário detalhando tudo o que terá de fazer a cada dia, até a data da reunião.
- Faça reservas realistas: Se o evento requerer uma grande taxa por família, saiba que menos comparecerão. Se o encontro for relativamente barato, superestime as presenças. Trabalhe com segurança; baseie suas reservas no dinheiro que já coletou, e não no que espera recolher.

BOM SABER

O principal a ser evitado nas agências de correio durante a época natalina é a segunda-feira: tipicamente, o dia mais cheio da semana.

- Através de uma carta, notifique os familiares com antecedência da data, local e demais informações. Inclua:

O quanto cada presente deverá pagar, e quando, pelas despesas. Deixe bem claro caso não haja devolução de alguma das taxas.

Um questionário que pergunte tudo sobre a família, e um pedido de alguma foto recente. Você irá compilar estas informações num livreto que ajudará os familiares a reiterar-se antes de se reunirem novamente. (Se decidir fazer camisetas personalizadas para a reunião, pergunte a cada um o número que usa).

Uma lista de qualquer suprimento especial, como um chapéu para o concurso do chapéu mais esquisito, instrumentos para a banda da família, ou adereços necessários ao show de talentos.

- Designe quem deverá levar o que — bebidas, carnes, saladas, sobremesas, pratos e talheres descartáveis.
- Designe equipes de limpeza. Também considere escolher um fotógrafo, um organizador da hora de brincar das crianças, um responsável pelo som, um diretor das atividades dos adultos, um operador para a filmadora, um historiador, etc.
- Duas semanas antes da reunião, envie uma carta confirmando detalhes e acrescentando qualquer informação de último minuto. Você pode sugerir que os membros da família trabalhem juntos para criar diversão, fazendo etiquetas com nomes para usar durante a reunião.
- Se não tiver pedido às famílias que trouxessem suas próprias etiquetas, prepare-as você mesma, ou providencie para que cada família faça as suas ao chegar.

IDEIAS ALEGRES PARA SUPERAR O CAOS NATALINO

Alívio para o Estresse Sazonal

Todo ano você promete a si mesma que irá relaxar e desfrutar da época de feriados, apenas para descobrir que em meados de dezembro encontra-se em tamanho frenesi, que mal pode esperar que tudo acabe? Não precisa ser assim. Estas dicas a ajudarão a manter sua promessa.

BOM SABER
Para cada pinheiro de natal vivo que é colhido, a Associação Americana da Árvore de Natal relata que três mudas são plantadas na primavera.

- Encare atrasos inesperados como oportunidades de desacelerar e recarregar-se.
- Desista de tentar fazer 20 coisas quando tem tempo para apenas 10.
- Planeje ao menos uma noite, em dezembro, a sós com seu marido. Saiam para jantar, ou deixe as crianças com uma amiga ou parente.
- Por um dia neste mês não programe nada.
- Não sinta culpa por não conseguir fazer tudo. Apenas afirme: "Não, precisamos deste tempo juntos como família", ou "Não posso preparar um prato para a festa do escritório, mas posso comprá-lo na delicatéssen".

MOVIMENTO ESTRATÉGICO
Se algum membro da família estiver longe e não puder arcar com os custos da viagem, sugira a outro familiar que lhe compre as passagens de presente.

- Não encha a agenda com compromissos que podem esperar até o fim da temporada de festas.
- Pendure ramos natalinos e encoraje sua família a fazer o mesmo.
- Verifique se há lâmpadas perdidas ou queimadas antes de pendurar as luzes na árvore.
- Desista de fazer suas próprias guirlandas elaboradas ou preparar receitas dificílimas de que você, na verdade, não gosta. Enfim, não faça nada que a leve à loucura.
- Sinta-se livre para não executar determinadas funções. Na verdade, não precisa atender a todos os convites, nem participar de todas as programações natalinas da igreja.
- Tanto quanto possível, cuide para que as crianças pequenas sigam suas rotinas normais.

- Se trabalhar em casa, seja realista quanto ao que conseguirá fazer durante as festas com as crianças fora da escola.
- Se tiver uma família enrolada, evite mal-entendidos durante os feriados decidindo datas e outros assuntos controversos com bastante antecedência.
- Não permita que uma pessoa ranzinza mine seu espírito natalino.
- Evite frustrar-se por causa de crianças abelhudas. Embrulhe os presentes antes de escondê-los, e identifique-os com uma etiqueta colorida para que apenas você saiba a quem pertencem.
- Não espere até a manhã de natal para correr atrás dos brinquedos desejados.
- Evite confusão quanto aos presentes no dia de natal. Escreva o nome de cada membro da família no topo de uma página, e conforme cada presente for aberto, anote o nome de quem o deu. Cada um terá sua própria lista de pessoas a quem enviar agradecimentos.
- Se fica estressada com algumas das tarefas do feriado e com outras não, negocie com uma amiga — ela prepara seus pães, e você embrulha os presentes dela.
- Mantenha sua rotina de exercícios o tanto quanto possível. Exercícios aliviam o estresse. Estacione longe o suficiente para dar a si mesma a chance de caminhar até o escritório ou shopping. Suba escadas sempre que puder.
- Dezembro não é hora de começar uma dieta, mas certifique-se de comer frutas e vegetais diariamente.
- Dê a si mesma uma pausa para um chá às tardes ou sempre que achar que suas forças se foram. Tirar um tempo para si mesma fará com que conclua as tarefas com vigor renovado.
- Mantenha livros inspiradores em casa e no escritório para alguns pensamentos positivos.
- Seja flexível quando as coisas não saírem como esperava. Lembre-se de que a única coisa certa quanto à vida é que é imprevisível.

Como Sentir a Alegria do Feriado

Concentre-se em dar

- Discutam em família e anotem formas de como fazer os outros felizes nesta época (decorar alguma enfermaria, doar sangue, comprar um livro e doá-lo à biblioteca, enviar e-mails de apreciação e encorajamento a homens e mulheres que estejam no serviço militar).

- Pergunte às crianças "O que você dará neste natal?" em vez de "O que vai ganhar de natal?"
- Leve seus filhos quando for entregar uma doação. Converse com eles sobre de que forma o dinheiro será usado.
- Apresentem-se como uma família voluntária a um banco de alimentos ou abrigo público.
- Embrulhe algumas guloseimas e leve-as a bombeiros ou policiais que estejam trabalhando na véspera de natal.
- Leve seus filhos ao supermercado para que a ajudem a selecionar alimentos a mais para serem doados.

Desconecte-se do mundo e conecte-se à sua família

- Propositadamente desconecte-se do mundo lá fora. Desligue a internet, celulares e telefones por algum tempo a cada noite, e façam algo divertido juntos.
- Em dezembro, tirem alguns dias que serão a "semana dos laços familiares". Visitem exposições natalinas, montem juntos grandes quebra-cabeças, embrulhem presentes e preparem guloseimas. À noite, bebam chocolate quente assistindo a filmes natalinos.
- Pegue fotos e vídeos de seus filhos nos natais anteriores. Elogie-os por haverem crescido e aprendido tanto a cada ano.
- No começo do mês, iniciem um projeto e trabalhem nele juntos um pouco a cada noite. Podem montar um grande quebra-cabeça, construir uma casinha de cachorro para um novo filhote, preparar uma mesa para expor miniaturas ferroviárias, ou costurar uma roupa natalina para alguma boneca favorita.

Ponha Cristo Novamente como Centro do Natal

Durante o Advento, o período que antecede o natal, tire tempo todas as noites para conversar com as crianças sobre o significado do natal. Visitem uma livraria evangélica para encontrar calendários cristãos para o próximo ano, velas, guirlandas e livros para levar adiante a tradição de sua família.

- Se tiver crianças pequenas, compre um presépio que lhes permita mexer nas peças.
- Embrulhe como um presente um pequenino bebê Jesus e coloque-o sob a árvore de natal. Você poderá começar a tradição familiar de fazer deste o primeiro presente a ser aberto. É uma ótima maneira de lembrar-se do verdadeiro presente de natal.
- Considere ter num dos balcões da cozinha uma pequena árvore com ornamentos relacionados a Cristo. Após o jantar, todas as noites, dei-

xe que seus filhos se revezem acrescentando mais um ornamento.

- A cada dia, leiam parte na história de natal (Lc 1.5-2.52) juntos em família, após o café da manhã ou jantar.
- Abram os cartões de natal juntos na mesa de jantar. Revezem a leitura das mensagens. Orem pelos amigos que as enviaram.
- Assistam juntos a um culto natalino.

BOM SABER

É esperado que em 2012 os cartões de presente atinjam a soma de $52 bilhões.

DIVERSÃO PARA AS CRIANÇAS

Comecem uma coleção de enfeites de natal, de romances clássicos em capa dura, braceletes muito charmosos, ou outros itens significativos para cada um de seus filhos. Acrescente-lhes um item da colação a cada natal ou aniversário..

PRESENTES CRIATIVOS

Cestos Rápidos de Presente

Seja natal, aniversário, formatura ou simplesmente a hora de agradecer, cestos de presentes são divertidos de dar e receber. Forre uma bela caixa ou cesto com retalhos de tecido ou diversos guardanapos coloridos, e encha-o com itens relacionados ao tema. Seu cesto pode ser simples ou extravagante, conforme seu orçamento ou criatividade permitirem. Eis algumas ideias para você começar.

Cesto do atleta: bolas (golfe, tênis ou raquetebol), meias, desodorante, faixa antitranspirante, barrinhas energéticas e uma revista esportiva.

Cesto da beleza: lixa de unha, enfeites de cabelo, sabonete líquido, loção, conjunto para manicure e frasqueira de maquiagem.

Cesto do campista: salame, granola, repelente, um pequeno quite de primeiros socorros, canivete, lanterna e um livro sobre astronomia.

Cesto de cuidados com o carro: uma grande esponja, limpador de vidros, flanelas, cera para carros, caneca de café para viagem, chaveiro, pá e vassourinha para migalhas.

Cesto de sobrevivência do universitário: moedinhas de 25 centavos, uma caneca e saquinhos com mistura instantânea de chocolate quente, barras de chocolate, marcadores de texto, canetas e outros suprimentos escolares.

Cesto do amante do artesanato: itens do artesanato favorito de quem receberá o cesto, como pintura, carpintaria ou bordado.

Cesto para quem curte cachorro: biscoitos caninos, brinquedinhos de borracha, coleira e uma bandana.

Cesto do pescador: anzóis, iscas, fio de pesca, alicate e revistas sobre pesca.

Cesto do amante da culinária: temperos, timer ou algum outro utensílio divertido, copos e colheres de medir, e um livro de receitas. (Em vez de um cesto, use um escorredor colorido, uma forma de bolo com formato inusitado, ou uma bela travessa ou tigela. Forre com toalhas de chá ou guardanapos de pano).

Cesto dos recém-casados: inclua utensílios domésticos como ferramentas, porta- retratos, imãs de geladeira e um bom livro sobre a manutenção de casas.

Cesto para quem aprecia a vida ao ar livre: protetor solar à prova d´água, bússola, lanterna, cordas com ganchos, snacks, fósforos à prova d´água e um cantil.

Cesto de costura: conjunto de agulhas, estampas para aplicar em tecidos, tesourinhas, linhas, dedal, fita métrica, entretela, alfinetes e uma revista sobre costura.

Cesto de cuidados com os sapatos: cadarços, escovinha, limpador de couro, repelente de água, graxa e uma calçadeira.

Presentes de Última Hora

Isso acontece até a melhor Gerente Familiar. Você percebe de repente que não providenciou o presente do aniversário da assistente do escritório, que será amanhã, ou seu filho deverá ir a uma festa de aniversário no sábado.

Evite estresse desnecessário tendo à mão alguns presentes adequados a qualquer ocasião para crianças e adultos. A temporada de liquidações após o natal é um ótimo momento para estocar itens interessantes com bons descontos. Algumas ideias são:

Para Crianças

uma pequena caixa plástica com atividades e suprimentos de arte
cartões válidos em redes de fast-food
jogos e vídeos educativos
anéis, pulseirinhas e laços de cabelo

Para adolescentes e adultos

diário e caneta
caneca de café para viagem
livro ou álbum de fotos
cartões válidos em locadoras de filmes ou cafeterias
loção hidratante ou colônia

Comprando para os Filhos Presentes que Importam

1. Veja além de sua lista de desejos. Você não estará fazendo um favor aos seus filhos comprando presentes de sua lista se eles os viram apenas através dos comerciais de TV. Pergunte a si mesma: Quais as necessidades do meu filho? Em seu atual estágio de desenvolvimento (físico, emocional e intelectual) o que mais deveria haver em sua lista? Incorpore alguns destes itens aos desejos de seus filhos.

BOM SABER

Segundo a Associação da Indústria de Viagem, uma família típica americana gasta $1,500 numa viagem de férias e distancia-se de casa cerca de 1.930 quilômetros

2. Procure brinquedos que estimulem em vez de entreter. Cuidado com brinquedos que tranquilizem as crianças sem oferecer-lhes qualquer estímulo. Em lugar destes, prefira presentes que encorajem a criatividade e estimulem o senso e o intelecto.
3. Procure meios de prover-lhes experiências. Considere inscrevê-los em aulas para interesses especiais, como artes e pintura, informática, música ou esportes. Ou dê-lhes tíquetes para que assistam a concertos, ou dinheiro para que visitem familiares e amigos.
4. Procure formas de enfatizar a singularidade da criança. Celebre a individualidade de seu filho dando-lhe presentes que correspondam a seus dons e habilidades especiais.

PLANEJANDO A MELHOR DE TODAS AS FÉRIAS

Pesquisar faz a diferença entre uma viagem que a deixa quebrada, exausta e ressentida, e outra que lhe permite desfrutar e retornar renovada e otimista quanto às futuras férias da família.

Escolhendo o Destino das Férias

1. Ano Novo é uma ótima época para ver o calendário e marcar datas que deseja reservar para as férias de sua família. Se você e seu esposo tiverem de ajustar as férias ao cronograma de trabalho, está mais que na hora de começar a fazer isso.
2. O planejamento de gastos de sua família deve incluir a reserva regular de quantias para as férias. Considere quanto dinheiro terá disponível para a viagem. Se acha que precisará de mais para cobrir alojamentos ou atividades especiais, comecem a discutir formas de como reservar

fundos extras a tempo. Seria possível fazer uma venda de garagem na primavera? Seu esposo concordaria em fazer algumas horas extras?

3. Agende uma reunião em família para conversarem sobre o orçamento da viagem e as expectativas de cada um. Estime o custo das diferentes opções, e priorize uma.
4. Se o fundo disponível para as férias estiver menor este ano, não se desespere. Será apropriado fazer viagens mais curtas e perto de casa. E tire proveito dos entretenimentos locais gratuitos: excursões, museus e concertos. O importante é separar tempo para passar com sua família, desfrutando de atividades que quebrem a rotina.
5. Verifique se o destino é adequado a todos. Não espere que as crianças gostem das mesmas coisas que o papai e a mamãe. Planeje pensando nos filhos.
6. Enquanto discutem ideias para a viagem, considere experimentar algo diferente: participarem de uma excursão de bicicleta, fazer um cruzeiro, visitar um hotel fazenda.

Planejamento em Longo Prazo

- Procure pela internet ou escreva para a secretaria de turismo da cidade destino, bem como às localidades por onde passará. Peça panfletos de excursões turísticas, mapa e informações sobre alojamentos, atividades locais e restaurantes.
- Escolha o meio de transporte. Se for dirigir, planeje tornar prazerosas as longas viagens estocando em uma caixa térmica bebidas, snacks, itens de um piquenique, e levando músicas e um audiolivro.
- Se pertencer a um clube automobilístico, solicite cópias de mapas e guias de estradas.
- Procure acomodações acessíveis. Peça dicas a amigos ou a agentes de turismo, e compare os panfletos. Quanto aos hotéis, compare o número de camas, banheiros, aposentos e utensílios de lavanderia e cozinha, atividades para crianças, serviço de babá e instalações esportivas.
- Verifique se os restaurantes locais possuem cardápios infantis.
- Informe-se sobre descontos antes de reservar um quarto.
- Leia as letras miúdas. Panfletos e fotos não garantem nada.
- Cuidado com os pacotes de viagem que exigem uma turnê a lugar concorrido.
- Considere passar férias num parque nacional.
- Comece um programa de leitura sobre a viagem. Se as crianças atingirem suas metas de leitura, ganharão uma recompensa em dinheiro para usar na viagem. (Ler ficções ou não-ficções sobre o lugar que

visitarão aumentará o entusiasmo dos pequeninos quando o virem pessoalmente).

- Incentive as crianças a poupar para a viagem.

Planejamento em Curto Prazo

- Garanta seu espaço para chegada tardia, não importa quando você pretende chegar.
- Conheça o saldo e o limite de crédito de cada um de seus cartões.
- Decida quanto dinheiro e cheques de viagem precisará levar.
- Ponha seu nome e endereço de trabalho em toda a bagagem, e não a perca de vista em lugares públicos.
- Se for dirigir, planeje sair de casa cedo, e reserve um hotel para descanso durante o trajeto.
- Antes da viagem, planeje suas refeições e faça uma lista de compras para quando chegar. Leve itens pequenos, como temperos, de casa. Se for de carro, congele antecipadamente algum prato e transporte-o numa caixa térmica.
- Corte o pedaço do mapa com as estradas por onde passará, e destaque sua rota com um marcador amarelo. Cole o mapa em um pedaço de papel cartão e proteja-o com contact. As crianças apreciarão acompanhar seu progresso. Faça a revisão do carro e cheque a calibragem dos pneus.
- Providencie acomodações para os amimais de estimação que não levar consigo. Hospede-os em um canil ou peça a algum visinho que tome conta deles.
- Providencie a suspensão da entrega de suas correspondências e jornais, ou peça a um vizinho que os colete enquanto estiver fora.
- Leve um livro que possa ler em voz alta para a família antes de irem dormir. Escolha um que possam começar e terminar durante a viagem.
- Leve suas roupas de trabalho para serem lavadas a seco enquanto estiver fora.
- Ao retornar, planeje lavar suas roupas numa lavanderia que também forneça acesso à internet para verificar seus e-mails enquanto aguarda.

Planejando Férias Adequadas às Crianças

Para certificar-se de que as crianças tenham ótimos momentos, tenha-as em mente enquanto planeja. Eis algumas dicas:

- Faça menos do que acha que é capaz durante as viagens para que ninguém retorne exausto.

GERENCIAMENTO FAMILIAR

LISTA DE CHECAGEM DA VIAGEM DE FÉRIAS

( ) Carteira / Dinheiro
( ) Cartões de crédito e/ou cheques de viagem
( ) Óculos / lentes de contato
( ) Óculos escuros
( ) Relógio
( ) Cartões do plano de saúde
( ) Receituários e outros medicamentos
( ) Itinerários, tíquetes e número das confirmações de reserva
( ) Mapas e endereços
( ) Sacola de viagem ou mochila para uso diário
( ) Câmera, pilhas e carregador
( ) Brinquedos e jogos de tabuleiro
( ) Lanterna e baterias
( ) Guarda-chuva, capas de chuva ou jaquetas
( ) Grandes sacos plásticos para roupa suja e coisas molhadas
( ) Sacos plásticos pequenos
( ) Toalhas descartáveis
( ) Um pequeno despertador
( ) Quite de costura
( ) Quite de primeiros socorros
( ) Snacks e jujuba
( ) Água, suco e copos que não respingam
( ) Papel-toalha / lenços de papel
( ) Telefone celular programado com números de emergência e carregador
( ) Mapa das estradas
( ) Escovas de dente, pasta de dente, fio dental e enxaguante bucal
( ) Desodorante
( ) Pentes, escovas, acessórios de cabelo, secador de cabelo (cheque com o hotel se provê este item)
( ) Xampu, condicionador
( ) Protetor solar para o corpo e labial
( ) Hidratante
( ) Repelente
( ) Pomada para queimaduras causadas pelo sol
( ) Itens para barbear
( ) Maquiagem
( ) Tesoura e lixa de unha
( ) Pinça
( ) Bolas de algodão e cotonetes
( ) Produtos de higiene feminina
( ) Tênis ou sapatos para caminhar
( ) Roupas para cada dia
( ) Roupas íntimas
( ) Pijamas
( ) Roupas de banho
( ) Equipamento para trilhas e caminhadas
( ) Acessórios
( ) Sobretudo
( ) Travesseiros
( ) Agenda de endereços e selos
( ) Sacola de lona ou bolsa de viagem para souvenires
( ) Removedor de manchas

Para o bebê:
( ) Assento de automóvel
( ) Fraldas descartáveis
( ) Trocador
( ) Talco e loção
( ) Sacos plásticos com fecho
( ) Lenços umedecidos
( ) Absorventes de seios
( ) Babadores
( ) Comida para bebê e colher
( ) Mamadeiras, chupetas e protetores
( ) Fórmula alimentar e sucos
( ) Mudas de roupa
( ) Casacos
( ) Carrinho de bebê dobrável com toldo ou guarda-chuva
( ) Canguru
( ) Berço ou cercadinho portátil
( ) Mantas
( ) Protetor de colchão
( ) Suprimentos para o banho
( ) Saco plástico grande para roupas úmidas
( ) Pomada para assaduras
( ) Pomada para massagear gengivas
( ) Aspirador nasal

- Reserve tempo a sós com os membros da família que necessitarem disso.
- Esqueça o trabalho. Concentre-se na família.
- Inicie com as crianças um scrapbook coletando a cada dia itens para postar, como cartões, uma folha de árvore, etc. Registrem incidentes engraçados e memórias especiais.
- Faça vídeos no decorrer da viagem e assista-os à noite no hotel. Uma criança mais velha pode encarregar-se de fazer as gravações. Ou alugue vídeos de uma locadora local.

☺

DIVERSÃO PARA AS CRIANÇAS

Segundo a Associação da Indústria de Viagem, uma família típica americana gasta $1,500 numa viagem de férias e distancia-se de casa cerca de 1.930 quilômetros

Preserve a Sanidade Durante Longos Trajetos

Dias na estrada podem parecer intermináveis para crianças e adultos. Planejando com antecedência, poderá salvar a si mesma das brigas nos bancos de trás — e nos da frente também.

1. Não espere até o último minuto para preparar-se. Delegue os muitos afazeres necessários para viajar: revisar o carro, abastecer o tanque, instalar assentos de segurança e acomodar as bagagens no porta-malas na noite anterior. Vá para a cama cedo, se possível.
2. Faça as malas de forma inteligente. Guarde pijamas, escovas de dente, pentes — tudo o que precisa para ir dormir — sobre os demais itens da mala ou em uma bolsa à parte, para que esteja pronta para a primeira noite rumo a seu destino.
3. Deixe que seus filhos arrumem pequenas bolsas de viagem com brinquedinhos, suprimentos de arte e outros tesouros. Acrescente mais dois brinquedos como uma agrado surpresa.
4. Ao viajar com um bebê, leve fórmula infantil, fraldas, e outros suprimentos em quantia superior à necessária para cobrir o trajeto de carro. Prepare-se para atrasos.
5. Leve consigo seu senso de humor e atitudes positivas. Isso a ajudará a sobreviver ao mau tempo, a pessoas rudes, serviços ruins e a uma porção de outros inconvenientes.
6. Planeje também o fim da viagem. Deixe no freezer de sua casa um prato congelado aguardando sua chegada.
7. Use roupas e sapatos folgados e confortáveis. Certifique-se de que as roupas das crianças sejam fáceis de tirar e colocar durante as idas ao banheiro.

☆

MOVIMENTO ESTRATÉGICO

Tenha uma sacola de viagem ou uma pequena caixa plástica dentro do carro especificamente para quando as crianças quiserem tirar as meias e sapatos

8. Alivie o estresse de última hora consultando a Lista de Afazeres Antes de Sair de Férias da página 249.
9. Leve músicas e audiolivros que toda a família aprecie. Leve também passatempos.
10. Brinquem de procurar placas de carro. Faça uma cópia do mapa do Brasil. Cole o mapa em papel cartão e impermeabilize-o com papel contact. Sempre que virem uma placa de algum estado diferente, marquem no mapa com uma caneta apagável. Ao chegarem ao seu destino, contem o número de estados marcados. Na volta para casa, limpem o mapa e tornem a brincar.
11. Divida as responsabilidades entre o motorista e o ocupante do banco da frente. Se possível, cada um dos pais deverá ser aliviado de suas tarefas em intervalos regulares. O tráfego interestadual pode ser uma mudança prazerosa para um dos pais, enquanto o outro pode buscar um suprimento extra de paciência no banco de trás. Quando ambos os pais estiverem exaustos ou uma catástrofe acontecer no banco de trás, talvez seja o momento de parar e fazer um lanchinho, e então terminar a viagem enquanto ouvem aquele CD que você reservou para uma hora de desespero.
12. Exijam de 5 a 10 minutos de silêncio a cada hora. (Este pode ser um verdadeiro mantenedor da sanidade mental).
13. Parem a cada 2 horas. Deixe que todos se revezem decidindo quando parar. Por exemplo, uma criança de oito anos poderá escolher que às 14:00 vocês tomarão sorvete. Quando esta hora chegar, vão ao primeiro lugar que tiver sorvete. O papai poderá determinar que às 17:00 poderá parar na primeira loja de pesca que achar a partir daquela hora.
14. Leve um pequeno bloco para anotar informações pertinentes à viagem. Para referências futuras, anote ao longo do caminho os lugares que gostaram ou que lhes prestaram bons serviços, como postos de gasolina, hotéis e restaurantes. Anote também as experiências negativas para que não cometam o mesmo erro duas vezes.
15. Diversidade mantém as crianças satisfeitas. Permita que troquem brinquedos, lanchinhos e os assentos durante a viagem.

GERENCIAMENTO FAMILIAR

LISTA DE AFAZERES ANTES DE SAIR DE FÉRIAS

Evite o estresse de última hora consultando esta lista de checagem antes de sair de casa.

( ) Acomodar todas as malas e equipamentos no carro

( ) Verificar os itens que não podem ser empacotados até o último minuto (cobertor de segurança das crianças, ursinho de pelúcia favorito, travesseiros e itens de higiene pessoal)

( ) Confirmar se o jornal e as correspondências não serão entregues ou que um vizinho os recolherá

( ) Desplugar a cafeteira, pequenos equipamentos, TV e computadores para protegê-los de quedas de energia enquanto estiver fora

( ) Verificar se o fogão e o forno estão desligados

( ) Retirar do refrigerador itens perecíveis

( ) Verificar se as portas do freezer e da geladeira foram bem fechadas

( ) Lavar a louça e por o lixo fora

( ) Desligar o suprimento de água da lavadora de roupa e da máquina de gelo

( ) Ligar detectores de incêndio

( ) Ativar a secretária eletrônica

( ) Ajustar o termostato e o aquecimento de água

( ) Ligar o timer automático das lâmpadas

( ) Verificar se todas as portas e janelas foram fechadas

( ) Certificar-se de que nada valioso esteja à vista através das janelas

( ) Ativar o alarme de segurança

( ) Sair e fechar a porta

Métodos para Economizar na Viagem

- Beba água durante as refeições.
- Use o celular (dependendo de seu plano), ou um orelhão em vez de o telefone do quarto do hotel.
- Compre lanchinhos para evitar consumir os do quarto do hotel.
- Não abuse do serviço de quarto.
- Não espere o tanque esvaziar-se para abastecer, para que possa procurar preços competitivos. Cheque o óleo e os pneus ocasionalmente.

16. Conforto é tudo. Permita que as crianças visitem banheiros regularmente e mantenha-as bem alimentadas: rosquinhas e frutas são ótimos lanchinhos para comer no carro.
17. Ofereça água aos pequeninos em vez de suco ou refrigerante. Eles gostam menos de água, por isso beberão menos e você terá de levá-los menos vezes ao banheiro!
18. Pare em locais interessantes ao longo do trajeto. Isso faz com que a viagem transcorra mais rapidamente.

CAPÍTULO 7

GERENCIANDO A SI MESMA

Se você chegou até este ponto do livro, é porque temos algo muito importante em comum: Queremos ser grandes mães e Gerentes Familiares. Compreendemos a influência de longo alcance que exercemos sobre aqueles cujas vidas tocamos. Faz parte de nossa estrutura nutrir e sacrificarmo-nos por aqueles a quem amamos.

Sacrifício pode ser a palavra com a qual mais nos identificamos. Uma amiga minha colocou as coisas desta forma: "Quando a travessa de frango frito passa por mim, sempre escolho a asa ou o peito. Digo que são meus pedaços favoritos, mas na verdade não são. Apenas quero que meus filhos tenham as melhores partes".

Esta é uma notícia boa e má. A maternidade é um trabalho desafiador, satisfatório e espantoso. Não deveríamos abrir mão de nada. A má notícia, porém, é que as mães sofrem com a negligência. Isto é verdade: Quem mais presta cuidados recebe pouca atenção.

As mães estão sempre tão ocupadas cuidando das necessidades de todos, que não têm tempo para cuidar de si mesmas.

Uma das partes favoritas de meu trabalho é viajar pelo país e encontrar as centenas de mães que comparecem aos meus seminários. Amo ouvir suas histórias e oferecer conselhos sobre os problemas e questões com os quais estão lidando. Ouço uma reclamação vez após vez, de um extremo ao outro do país: As mães estão sempre tão ocupadas cuidando das necessidades de todos, que não têm tempo para cuidar de si mesmas. Estão esgotadas, completamente esvaídas de vigor espiritual, físico e emocional. Sabem que não podem apenas cuidar dos filhos e cumprir com suas responsabilidades de Gerente Familiar, mas não sabem por onde começar.

Isso soa-lhe familiar? Se seus filhos são pequenos, suas constantes demandas podem ser exaustivas. Mesmo as que temos filhos crescidos sentimo-nos fatigadas porque ainda precisam de nós, mesmo que de forma diferente. A não ser que nutramos a nós mesmas, não teremos a energia emocional, física e espiritual para administrar os outros seis departamentos do Gerenciamento Familiar.

Ao preencher sua lista de afazeres do dia, por favor, não pense que a coluna do Autogerenciamento é menos importante que as demais. A verdade é que listar o que fará para cuidar do corpo, aguçar a mente e nutrir o espírito pode ser mais importante (porque se a mamãe pifar, tudo será afetado). Ao sentir-se sobrecarregada, sentirá menos prazer na vida. Não há como escapar das implacáveis pressões do cotidiano. Alguém tem de abrir mão de si, e esse alguém geralmente é você.

O alívio de que toda mãe precisa está em *cuidar de si mesma*. Ao separar tempo para rejuvenescer, receberá recompensas de muitas formas, incluindo o fato de que será uma melhor esposa, mãe, filha, irmã e amiga. Se não o fizer, pagará um alto preço. Ao sentir-se exaurida, passará a não ser boa companhia para ninguém.

Quando fizer do cuidado de si mesma uma prioridade, estará melhor equipada para cuidar de todos. Esta é a única cura para a loucura iminente, bem como o melhor presente que pode dar a si mesma e aos que a cercam.

Ao sentir-se exaurida, passará a não ser boa companhia para ninguém.

Isso pode soar estranho, mas conforme Bill e eu reformamos casas ao longo dos anos, percebi uma relação direta entre o trabalho que fizemos nestas habitações e no trabalho que cada um precisa fazer em si mesmo. Comprar uma casa com a intenção de reformá-la para revendê-la é um grande risco e comprometimento. Primeiro, a casa nunca está terminada. Quando finalmente redecora a cozinha, deixa os banheiros funcionando e pinta a sala de estar, pode ser que precise arrumar o telhado. Então chega a hora de pintar os quartos e de trocar o papel de parede da sala de jantar e, de repente, a sala de estar precisa ser pintada novamente. E há sempre a manutenção ao longo do caminho: no aquecedor, nos equipamentos, janelas e na fachada.

Segundo, quando reforma uma casa, é importante fazer mudanças que lhe agreguem valor. Nem todo realce que faz à moradia acrescenta-lhe valor, e algumas coisas podem até desvalorizá-la. (Instalar uma cortina de água na parede do banheiro da suíte pode fazer com que se recorde da lua de mel em Maui, mas provavelmente não aumentará a propriedade). Quando Bill e eu compramos uma casa, tentamos ser o mais cuidadosos possível para fazermos melhorias que valorizem o imóvel.

E é assim com você (e comigo). Em primeiro lugar, você nunca estará terminada. Todas as melhorias que quer fazer não acontecerão hoje, nem amanhã. E mesmo quando uma porção delas é feita, haverá sempre algo mais em que precisará trabalhar.

Em segundo lugar, sempre será um projeto em progresso, esperançosamente aperfeiçoando-se mais e mais. Quando fizer do cuidado com o corpo, mente e espírito uma prioridade, haverá criado uma versão aprimorada de si mesma, melhor equipada para lidar com as inevitáveis pressões, mudanças e surpresas da maternidade. E estará a um passo de tornar-se a mulher que Deus planejou que fosse.

Lembre-se: Muitas mulheres, inconsciente e automaticamente, põem as necessidades dos outros — marido, filhos e amigos — à frente das próprias. Nosso descanso, telefonemas, refeições e até nossa hora do banho ficam fora do jogo. Isso significa que devemos ser intencionais quanto a tirar tempo para reabastecer nossos corpos, mentes e espíritos.

Uma forma simples de fazer isso é agendar uma "hora tranquila" todos os dias e dizer não às interrupções. Estabeleça algum tempo diariamente — por exemplo, entre às 14:30 e às 15:00 — durante o qual ninguém poderá pedir-lhe nada, exceto em emergências. Se quiser passar este tempo na banheira, coloque na porta um aviso "Não Perturbe". Crianças pequenas que não tiram sonecas podem ser ensinadas que mesmo que não queiram dormir precisam ficar um pouco quietas em seus quartos, vendo livros, ouvindo música, audiolivros ou brincando com brinquedos não barulhentos.

Ao ler esta seção, procure soluções que possa incorporar a partir de agora à sua vida. E retorne a este capítulo quando precisar de uma breve inspiração ou de um lembrete que lhe diga que cuidar de si mesma é tão essencial quanto cuidar das demais bênçãos de sua vida.

O Mais Importante a Lembrar

1. É preciso estar em forma para dar boa forma ao resto da vida.
2. Quando suas necessidades não são atendidas, o corpo estressa-se e começa a reagir. Sua mente fica em agitação, as emoções tornam-se instáveis, e o espírito, desencorajado. E você passa a não ter mais condições de nutrir a mais ninguém.
3. Da próxima vez que sentir vontade de deixar para trás suas necessidades, lembre-se de que seus filhos não precisam de uma mãe irritada, exausta e ressentida.
4. Fazer dos exercícios uma prioridade não diz respeito apenas a uma boa aparência. Mas é deixar seu próprio e único corpo apto a promover saúde, energia e longevidade.
5. As decisões que toma fazem você ser o que é.
6. Quando você trabalhar em harmonia com a forma que Deus a criou, em vez de tentar ser outra pessoa, poderá gerenciar melhor o lar e a vida pessoal.
7. Não importa o quão fora de controle se sinta, sua vida pode mudar de forma positiva e significativa.
8. Pequenas mudanças podem fazer grandes diferenças.
9. Se nada é o seu objetivo, é isso que conseguirá.
10. Deus a criou com um potencial incrível e quer ajudá-la a pô-lo em prática.

ESTRATÉGIAS E SOLUÇÕES PARA GERENCIAR A SI MESMA

CRIANDO O HÁBITO DE SE CUIDAR

Formas não Dispendiosas de Acrescentar Descanso à sua Vida

Sejam quais forem as circunstâncias, poderá sempre trabalhar na criação de hábitos de cuidado consigo mesma.

- Crie zonas de proteção em sua agenda. Dar a si mesma uma pausa de dez minutos entre os afazeres pode desarmar a tensão.
- Passe tempo regularmente com pessoas que a inspirem e cuja companhia você aprecie.
- Encontre tempo para ajudar os outros. O estresse alheio a ajudará a ver o seu em proporção. Assim, descobrirá que a vida assume novas cores quando temos um coração grato.
- Seja esperta quanto ao seu ciclo mensal. Mantenha um calendário para marcar suas emoções por um ou dois meses. Veja se consegue demarcar a data exata de sua TPM, e tenha cuidado com o que agendará para estes dias. Quando estiver na TPM, faça o possível para descansar bastante, não coma doces, exercite-se tanto quanto puder e elimine a cafeína.
- Passe diariamente algum tempo fora de casa: exercitando-se, almoçando ou até mesmo lendo um livro na varanda. Respire um pouco de ar fresco e sinta o sol, mesmo que por cerca de 10 a 15 minutos.
- Procure o melhor para si. Cair na rotina de relaxar na aparência fará com que se sinta esmagada e aumentará o estresse.
- Comece a trabalhar num projeto ou em algum hobby que aprecie.
- Encontre um lugar especial que a renove e inspire, seja um banco do parque, uma trilha da montanha, a praia ou sob alguma árvore. Agende tempo para escapar da loucura da vida, para ler e refletir. Combine com uma amiga que deseje fazer o mesmo para que uma cuide dos filhos da outra.
- Planeje antecipadamente temporadas de estresse extra, como a época natalina ou antes de algum grande projeto que tenha de executar.

  Durma um pouco antes da hora.
  Elimine o máximo de atividades que puder.
  Certifique-se de passar um tempo tranquilo a cada manhã.
  Planeje o tempo o mais eficientemente possível.

Restrinja as demandas que os outros lhe impõem.
Não acrescente nada desnecessário à sua agenda. Espere até que a agitação termine para fazer a limpeza nos dentes.

- Atenha-se às suas prioridades. Separar tempo para cuidar de si mesma deve estar no topo da lista de afazeres importantes, ou simplesmente não acontecerá. Elimine atividades e compromissos não gratificantes. Não permita que as pessoas a constranjam a dizer "sim" a coisas que não sejam prioridades para você. Não sinta culpa por não fazer o que os outros querem que faça. Lembre-se: ao dizer sim a algo, está dizendo não a alguma outra coisa. Não permita que esta outra coisa seja você.

BOM SABER
Além da responsabilidade de cuidar dos filhos, mais de uma a cada 10 mães também cuida de algum doente crônico ou membro da família incapaz, segundo a Kaiser Family Foundation.

- Aprenda a relaxar. Conscientemente relaxe a testa. Deixe cair a mandíbula. Evite cerrar os punhos e agarrar muito rigidamente os objetos; conscientemente relaxe as mãos, especialmente ao segurar uma caneta, dirigir o carro ou assistir TV. Relaxe os músculos do abdome. Respire profundamente.
- Conte as bênçãos da sua vida, apenas as da semana que passou. Se nada lhe vier à mente, faça algumas indagações: Seu carro tem funcionado bem? Tem água quente para tomar banho? Alguém lhe disse que se importa com você? Foi capaz de avançar em algum projeto? Seus filhos chegaram em casa com boas notas? A atitude colore tudo em nossas vidas. Ver o que é bom em vez de focar no que não vai bem ou no que está faltando fará grande diferença em sua felicidade.
- Planeje tempo livre. Marque-o na agenda exatamente como faria com um compromisso importante.
- Comece um "grupo de apoio" informal. Procure mulheres que tenham interesses semelhantes ou que estejam num mesmo estágio da vida que você. Ajudem umas às outras quando a vida impuser-lhes algum revés.
- Crie um ritual pelas manhãs. Comece cada dia com oração, lendo a Bíblia ou algum livro inspirador, ou o jornal.
- Exercite-se. Quando nos exercitamos, nossos corpos produzem endorfina, uma substância semelhante à morfina, que provoca uma sen-

sação de tranquilidade. A endorfina é o analgésico natural do corpo. Exercícios também ajudam a eliminar o estresse.

- Dê a alguém enlevo mental e espiritual. Demonstrar apreço e elogiar o próximo é uma boa forma de erguer o espírito.
- Tire férias. Seja uma fuga com seu esposo ou uma reunião com amigas divertidas, ponha isso no topo da lista. Mas é importante perceber que férias podem ser tão estressantes quanto o que deixamos para trás em casa, se não seguirmos regras simples. Eis algumas dicas de como tirar um descanso relaxante e renovador.

  Tenha expectativas realistas. Férias não mudarão sua vida em uma semana, mas podem e serão renovadoras se você permitir.

  Avalie férias passadas. Sem ser demasiadamente crítica, pense no que poderia ser melhorado.

  Permita-se relaxar. Não embarque na culpa que lhe diz que deveria estar fazendo algo mais útil, ou que não poderia estar desfrutando de bons momentos.

  Ria dos obstáculos e contratempos. Não permita que longas filas e pneus furados minem a diversão.

  Decida um plano de alimentação para as férias. Empanturrar-se pode arruinar o descanso. A resistência costuma ser mais baixa durante as férias. Fatiga, frustração e até o tédio podem estimular a indulgência.

  Exercite-se regularmente durante a viagem. Prefira o equilíbrio entre o descanso e as atividades.

- Tire férias de algo. Se não pode tirar férias em algum lugar, tirar férias de algo pode ser restaurador, mesmo que por 24 horas. Por exemplo, em família ou no escritório, tirem férias de reclamar ou de fazer comentários negativos por 24 horas. Férias de TV e de rádio podem clarear-lhe a mente. Férias de telefone também ajudam.

MOVIMENTO ESTRATÉGICO

Ao permitir-se frequentar um curso para aprender algo novo, participar de um grupo de estudos bíblicos para mulheres, tirar tempo regularmente para exercitar-se, ou reunir-se com amigas que a inspirem, estará deixando um bom exemplo de cuidado pessoal aos seus filhos.

Escolhendo Estratégias de Cuidado Pessoal que Funcionem para Você

Tenho uma amiga que entra na banheira com um livro para relaxar. Ela tem uma prateleira ao longo da banheira para apoiar o livro e ler sem que ele fique molhado. Seus filhos sabem disso, o que evita muitos problemas — que poderiam ser sérios. Sabem que a mamãe não deverá ser perturbada por 30 minutos. Outra amiga sente-se rejuvenescida ao ar livre. Faz uma rápida caminhada escutando suas músicas favoritas.

O ponto é: todas nos renovamos de forma diferente. Identificar o que lhe dá energia e arrumar tempo para fazer com que isso aconteça dará grandes lucros a toda família. Leia as perguntas a seguir e veja que ideias a agradam ou lhe trazem à mente a sensação de renovo.

BOM SABER
Estudos médicos sugerem que uma quantidade ideal de sono para adultos são sete horas por noite.

- Percebe se alguma música de fundo acalma seus nervos?
- Dá a si mesma tratamentos faciais ou cuida da pele com bons produtos?
- Faz questão de passar tempo com pessoas alegres e interessantes?
- Que tipo de exercício a deixa com uma face sorridente?
- Ao ler um livro, sente como se tivesse fugido para outro mundo?
- Tem permitido a si mesma aspirar um hobby ou interesse apenas porque lhe dá prazer?
- Permite a si mesma fazer pequenas fugas durante a semana, como ir ao parque ou museu?
- Coleta ideias e citações que estimulem o pensamento ou melhorem sua vida?
- Frequenta cultos ou estudos que estimulem seu crescimento e compreensão espiritual?
- Compra ou colhe flores frescas para apreciar em casa ou na sua mesa de trabalho?
- Tira momentos tranquilos para pensar sobre onde está em sua vida, em suas metas e aspirações?
- Mantém um diário de pensamentos e orações?
- Mantém um arquivo de sonhos com recortes sobre lugares distantes que gostaria de visitar?
- Ouve em seu carro audiolivros para aprender mais?
- Ostenta um pouquinho para comprar ou fazer algo para si mesma?

- Dá a si mesma uma massagem de vez em quando?
- Recompensa a si mesma com algo especial quando termina uma grande tarefa ou projeto?
- Planeja tempo regularmente para passar com um grupo, como um clube de escrita, a liga de tênis ou o coral da igreja?

Escolha algo desta lista que a agrade e experimente durante a semana para começar a construir o hábito de nutrir a si mesma.

CUIDANDO DO CORPO

Fazer da ginástica uma prioridade não diz respeito apenas a uma aparência maravilhosa. É cuidar de seu próprio e único corpo de forma a promover e melhorar a saúde, a energia e a longevidade. Exercícios também produzem histamina. Você pode atravessar mais facilmente alguns períodos com pouco sono, seu corpo se defende das doenças mais rapidamente, você deixa um exemplo para toda a vida aos filhos, sente-se melhor consigo mesma, e pode superar os inevitáveis revezes da vida mais facilmente. Nesta seção você aprenderá algumas formas simples de tornar-se mais saudável e sentir-se melhor que nunca.

MOVIMENTO ESTRATÉGICO

Caminhar é o ponto de partida mais fácil para exercitar-se. Fortalece o corpo e relaxa a mente. Não requer equipamentos caros (apenas um tênis apropriado), treino, nem instalações.

Mexa-se! Inclua Exercícios em sua Vida

Pense na tartaruga e na lebre. Para iniciantes, isto é especialmente importante. Calma e constância vencem a corrida. Fazer muita coisa rapidamente de vez em quando dá-nos o prêmio de consolação da lebre — um tendão inflamado, uma contratura muscular ou dor nas costas (sem contar o desencorajamento que segue). Por isso, estabeleça objetivos modestos no começo.

Antes de pagar para ser sócia da academia ou matricular-se na turma de musculação das 6:00, veja se o centro oferece ao visitante o direito de experimentar uma aula ou sessão para você avaliar se gosta ou não. Também pode considerar 30 minutos de caminhada pela vizinhança, ou escolher um DVD de exercícios. Centros de controle e prevenção de doenças também oferecem grandes dicas para quem deseja tornar-se mais ativo fisicamente. As ideias a seguir a ajudarão a ater-se às resoluções que tomou para ficar em forma.

1. Ao começo de cada semana, agende em pequenos blocos de tempo, como "compromissos" consigo mesma, exercitar-se. Trate disso como

a qualquer outro compromisso. Descumpra-os apenas se absolutamente necessário.
2. Se perdeu um dia, perdoe a si mesma e volte à rotina o quanto antes. Martirizar-se não leva a nada.
3. Encontre um modelo.
4. Ouça música animada em seu iPod.
5. Se for exercitar-se em casa, prepare suas roupas de ginástica na noite anterior para que as vista assim que acordar. Se tiver de sair para trabalhar, coloque suas roupas de ginástica perto da porta de saída para que esteja preparada para fazer exercícios na hora do almoço.
6. Exercite-se com amigas.
7. Experimente programas variados para evitar o tédio. Variação é o nome do jogo.
8. Não force seus limites.
9. Estabeleça um sistema de recompensas para si mesma.
10. Mantenha um registro das horas que passou exercitando-se.
11. Procure informações sobre saúde e exercícios.
12. Comece a ver e a falar de si mesma como alguém que está em busca da saúde. Mesmo que o peso extra leve um pouco de tempo para ir embora, você está trabalhando nisso. Dê crédito a si mesma.

☆

MOVIMENTO ESTRATÉGICO

Se não esteve envolvida em um programa de exercícios por um longo tempo, particularmente se tiver mais de 40 anos ou estiver acima do peso, consulte um médico antes de começar. Lembre-se, exercícios não devem ser caros, nem decorativos. Você não precisa de um vasto guarda-roupa, nem de equipamentos de ponta ou ser sócia de uma academia exclusiva.

• • • • • • • • • • •

Boas razões para exercitar-se

Além de acelerar o metabolismo e ajudar na perda de peso, exercícios regulares:

- fortalecem músculos e ossos
- fortalecem o coração
- reduzem o risco de doenças crônicas, incluindo doenças cardíacas, osteoporose, e hipertensão
- ajudam a controlar o peso
- reduzem o risco de muitos tipos de câncer
- retardam o processo de envelhecimento
- minimizam os sintomas da TPM
- reduzem dores menstruais
- melhoram a autoestima
- aliviam a depressão
- melhoram a qualidade do sono
- melhoram a postura
- aprimoram a qualidade de vida, particularmente quanto ao envelhecimento

- aliviam o estresse
- reduzem problemas de circulação
- dão mais energia
- aumentam a resistência à fadiga
- ajudam a tornar-se mais produtiva no trabalho
- produzem histamina para outras atividades físicas
- aumentam a sensação de bem-estar
- deixam aos filhos um bom exemplo

21 formas simples de introduzir exercícios à sua vida

Ao tornarmo-nos ocupadas, os exercícios são geralmente a primeira coisa que cortamos da agenda. Mesmo não podendo frequentar uma academia, ainda pode facilmente tornar os exercícios parte de seu cotidiano.

1. Transforme o playground num ginásio e exercite-se enquanto o bebê se diverte. Trabalhe nos equipamentos. Fazer com que seu filho dê algumas voltas no gira-gira irá exercitar seu coração, firmar os braços e fortalecer as pernas. Empurrá-lo no balanço é ótimo para tonificar os braços. Você também pode apoiar-se em algum brinquedo e fazer agachamentos enquanto a criança brinca na caixa de areia.
2. Ao sair de carro, estacione o veículo a uma distância que lhe permita caminhar até a loja.
3. Invista em um DVD e exercite-se em casa.
4. Não se sente para conversar com uma amiga; aproveite o tempo para caminhar enquanto fala.
5. Desça do ônibus na parada anterior à sua e caminhe para chegar ao destino.
6. Agende atividades divertidas para os finais de semana; caminhadas, boliche, tênis ou natação.
7. Suba as escadas em vez de usar o elevador
8. Enquanto estiver secando o cabelo, alongue as pernas.
9. Guarde um par de tênis no escritório para terminar a hora do almoço com uma bela caminhada.
10. Enquanto assiste TV, faça abdominais.
11. Se não tem disponível um longo período de tempo para exercitar-se, faça atividades físicas em pequenos blocos: 3 blocos de 10 minutos de exercícios, em vez de 30 minutos contínuos.
12. Enquanto dirige, contraia as coxas, glúteos e abdômen.
13. Com um peso de um ou dois quilos, exercite o bíceps ao falar ao telefone.
14. Lave o carro.
15. Ao trabalhar no balcão da cozinha, exercite a panturrilha.

☆

MOVIMENTO ESTRATÉGICO

Se estiver vendo seu peso aumentar...

- ***À noite, congele iogurte de frutas para comê-lo no almoço. Para aumentar o consumo de fibras e vitaminas, acrescente grãos e amêndoas ou manteiga de amendoim e um pedaço de fruta.***
- ***Recheie um pão pita com salada de atum preparada com maionese light ou com algum molho de calorias reduzidas, fatias de tomate e alface. Embrulhe e leve para o trabalho.***
- ***Para uma refeição, acompanhe homus (vendido em delicatessens), com biscoitos de água e sal, cenouras e tiras de aipo.***
- ***Faça cubos de queijo light, prepare uvas ou cerejas e beba chá gelado. E sentirá que está fazendo um piquenique!***

16. Faça isto quando tiver de esperar: caminhe no corredor do consultório médico até chegar a sua vez; circunde o quarteirão se lhe disserem que só haverá vaga no restaurante após 30 minutos.
17. Exercite os braços enquanto caminha.
18. Exercite as pernas enquanto aguarda que algum alimento fique pronto.
19. Use caneleiras enquanto arruma a casa: nas idas e vindas à lavanderia, pegando a correspondência, pendurando roupas.
20. Faça rapidamente as tarefas do lar.
21. Nade, caminhe, dance e corra agora, e não daqui a dez quilos.

Dicas de uma Alimentação Inteligente

Mães são geralmente as últimas a sentar à mesa, e as primeiras a dar um pulo quando o cesto de pães precisa ser abastecido. Também corremos tipicamente de manhã à noite. Enquanto monitoramos cuidadosamente o almoço de nossos filhos, comemos facilmente o que aparecer diante de nós, se tivermos tempo para isso, é claro.

A menos que dê ao seu corpo bom combustível na forma de alimentos saudáveis, não terá a histamina de que precisa para dar conta das demandas diárias. Comer sabiamente não precisa ser complicado nem consumir seu tempo. Aqui temos algumas dicas simples para ajudá-la a conseguir a nutrição de que precisa:

- Estoque a despensa e o refrigerador com alimentos saudáveis prontos para consumir ou de preparo rápido.
- Evite açúcar refinado e carboidratos.
- Coma quando tiver fome. Pare quando saciá-la.
- Habitue-se a não comer quando estiver em pé. Permita que seus filhos lhe apliquem uma multa se a virem fazendo isso.

- Ponha menos comida em seu garfo ou colher, e dê mordidas menores. Considere usar pratos pequenos; estudos mostram que isso evita com que comamos porções enormes.
- Espere dez minutos quando sentir vontade de fazer um lanchinho. A vontade pode passar.
- Ao sair de casa, leve seus próprios lanches.
- Não compre alimentos tentadores. Se sabe que não conseguirá comer só um, deixe-o no mercado!
- Planeje cardápios assados, cozidos ou grelhados, em vez de fritos.
- Permita-se provar apenas 3 vezes o que quer que esteja cozinhando. (Esta é ou não é a melhor forma de comer em pé?)
- Coma vagarosamente e ouça música de fundo calma durante a refeição. Pesquisas mostram que comemos mais rapidamente se ouvimos músicas agitadas enquanto comemos.
- Escove os dentes após cada refeição. E sentir-se-á menos inclinada a continuar beliscando.
- Se sabe que o planejamento do dia incluirá uma parada num restaurante fast-food, decida antecipadamente que escolha saudável do menu poderá fazer. Tentar fazer uma escolha sábia na hora de dizer o pedido nunca dá certo. Se não souber quais itens do cardápio são os mais saudáveis, cheque o site do restaurante, ou peça a tabela nutricional.
- Ao comer num restaurante mais luxuoso, escolha uma entrada em vez de um prato principal. Evite alimentos amanteigados, fritos, cremosos ou à milanesa, com molho de queijo, gratinados ou cozidos em óleo.
- Peça peixes com pouca gordura, como bacalhau, halibute, linguado, peixe-espada ou tubarão.
- Pare de comer quando estiver satisfeita, e peça ao garçom que embrulhe o que houver sobrado. Se lhe for servida uma porção maior do que a esperada, peça imediatamente ao garçom que embrulhe parte dos alimentos para que você leve para casa e não se sinta tentada a continuar comendo.
- Procure frutas no cardápio de sobremesas. Se não houver esta opção, pergunte ao garçom se seria possível servir-lhe uma pequena porção de frutas. Ou peça uma sobremesa com pouca gordura.
- Prepare seu café, chá ou cappuccinho com leite desnatado. Se ansiar algo doce, saiba que uma colher de chá de açúcar no café tem menos calorias que um pedaço de bolo de chocolate.

Aumente o Ganho de Energia

Comer corretamente faz grande diferença em seu nível de energia. Comer pouca gordura e poucos carboidratos a ajudará a evitar a letargia. E lembre-se: as proteínas são o alimento do cérebro — e poder cerebral é o que mais precisamos!

Introduzir vagarosamente exercícios e hábitos alimentares saudáveis à sua vida poderá ajudá-la a revitalizar-se. Mas se você frequentemente sente-se molenga, pense se alguns dos fatores a seguir podem ajudá-la a sentir-se mais energizada.

AVISO!
Peça ao médico que meça seu nível de vitamina D. A deficiência de vitamina D tem se tornado um grande problema de saúde, segundo a Clinic Mayo. A vitamina D atua na absorção do cálcio, ajudando a formar e a manter ossos fortes. A falta da vitamina D pode levar à osteoporose, flacidez muscular, fraturas, cânceres comuns (incluindo o de mama), infecções e diversas doenças autoimunes.

Saciar a sede. Através das atividades normais, você perde diariamente cerca de 10 copos de água. E repõe apenas 4 alimentando-se. Uma desidratação oculta rouba-lhe energia e faz com que se sinta letárgica. Beba água durante todo o dia, todos os dias.

Descanse o bastante. Se não dorme consistentemente sempre no mesmo horário e cerca de sete a oito horas, está provavelmente nocauteando o próprio corpo. Padrões inconsistentes de sono deixam-na letárgica. Dormir não é uma indulgência; é uma necessidade.

Deixe a luz entrar. Quando está escuro, seu corpo diz "Durma". Quando há luz, ele fala "Levante-se e mexa-se". Ao acordar pelas manhãs, abra as cortinas imediatamente. Exponha-se a toda luz que puder, e sentir-se-á com mais energia.

Desligue a TV. Quando você alimenta a mente com televisão, encoraja o corpo a ser passivo. Até bons programas, como os noticiários matinais, podem roubar energia, pois colocam o corpo no modo sedentário. Então, assista TV com moderação, e certifique-se de estar ativa o restante do tempo. Faça das atividades, e não da TV, a ênfase do dia. E tenha por perto uma esteira de exercícios para que, ao assistir TV, possa também exercitar-se.

Tome vitaminas. Pergunte ao médico quais seriam adequadas a você. Tome ao menos um polivitamínico. Seja bondosa com seu corpo e ele será bondoso com você.

Identifique o que a Estressa

Estresse é a reação a pequenas irritações ou a grandes catástrofes. Quando ficamos muito estressadas por longos períodos, isso pode resultar em danos físicos como aumento da pressão arterial, um sistema imunológico fraco, dores de cabeça, doenças cardíacas e artrites. Nossos corpos dão-nos advertências claras quando o estresse atinge níveis perigosos. Pequenas coisas que antes não nos perturbavam agora nos tiram do sério. Temos dificuldades para relaxar e somos como panelas de pressão prontas a explodir.

Todas temos fatores estressantes ocultos em nossas vidas, e identificá-los é o primeiro passo para eliminá-los. Consulte a lista a seguir e pergunte a si mesma se alguma dessas coisas representam sinais de estresse.

BOM SABER
Ansiedade e depressão afetam aproximadamente um quarto (23%) das mulheres, segundo a Kaiser Family Foundation.

- desenhos estrondando na TV da família
- o aparelho de som de seu adolescente
- viver próximo a uma autoestrada, ferrovia ou aeroporto
- má iluminação
- escrivaninha e cadeira desconfortáveis
- latido de cachorros
- violência nos noticiários
- uma gaveta que sai do trilho sempre que é aberta
- bagunça
- uma pilha de roupa para passar que nunca diminui
- a correspondência
- roupas mal ajustadas
- sapatos desconfortáveis
- um marido que não conversa
- uma reforma ou construção
- uma casa bagunçada
- diminuição da renda ou aumento das horas trabalhadas
- problemas com o carro
- dificuldade para dormir
- familiar doente
- convidados em casa
- dívidas
- dificuldades sexuais
- raiva do cônjuge
- raiva dos filhos

- problemas com a família do esposo
- condições climáticas

Você pode controlar alguns dos fatores causadores de estresse acima — desligando o noticiário, usando outros sapatos, e comprando lâmpadas mais fortes, por exemplo. Mas se acha que é incapaz de livrar-se do estresse, principalmente se estiver chegando — ou já tenha ultrapassado — no limite, considere procurar um conselheiro. Dê a si mesma a liberdade de tratar o estresse como faria com qualquer condição crônica. Se tivesse dores de cabeça persistentes, deveria procurar um médico para se tratar. E assim como a dor, o estresse pessoal, relacional e ocasional merece o mesmo foco.

BOM SABER

Conforme envelhecemos, nossa habilidade de recordar detalhes sobre nossas experiências e de manipular simultaneamente porções diversas de informação diminui. De acordo com uma clínica especializada, pesquisas indicam que manter a mente em atividades novas e desafiadoras pode ajudar a prevenir ou a reverter este declínio cognitivo normal.

AGUÇANDO A MENTE

Quando meus filhos eram mais novos, ouvi alguém dizer: "Envelhecemos quando não crescemos". Naquele ponto da minha vida, percebi que podia recitar muitos trechos de *Ênio e Beto*, e que podia memorizar a maioria dos nomes de diversos personagens da televisão, mas temia que alguma prateleira de minha mente deixasse de ser usada caso não fizesse um esforço significativo e consciente para adquirir um nível de aprendizado mais elevado. Decidi dar a mim mesma permissão e tempo para aprender coisas novas a cada dia. Hoje, sinto-me mais confiante para cumprir tarefas novas, tomar decisões, e conversar com pessoas cujo intelecto admiro. Também estou mais aberta a novas ideias e a formas diferentes de executar tarefas do cotidiano. Acredito verdadeiramente que um comprometimento por toda a vida em aprender causa em mim e em você um aprimoramento contínuo conforme envelhecemos.

Um comprometimento por toda a vida em fazermos com que nossos dias valham a pena, em vez de meramente deixarmos com que transcorram, começa agora — estejamos onde estivermos. A forma como usamos o tempo aos 20, 30, 40 e 50 anos determinará o que seremos aos 60, 70, 80 e 90. É difícil lembrar-se disso quando temos um bebê pulando em nossa perna, um filho em idade escolar participando de todas as atividades disponíveis, um adolescente lutando com as pressões que sofre, e um chefe que espera que você pergunte: "A que altura?", quando ele lhe pede que pule. Lembro você, como lembrei a mim mesma, que terá imensuravelmente mais a oferecer aos que precisam de você quando tirar tempo para desenvolver-se.

Por quê? Os Benefícios de Prosseguir Aprendendo

1. Descobrirá interesses que não sabia que tinha. Aprendizado gera aprendizado.
2. O senso de conquista que adquire aprendendo eleva a autoestima e a deixa mais estudiosa, apesar do pouco tempo.
3. Quando os problemas chegarem e exigirem uma solução, você terá maior bagagem cerebral para lidar com eles.
4. Será mais divertido ficar perto de você — para você mesma e para os outros. Você será uma oradora mais ágil.
5. Ensinará aos filhos o valor do aprendizado.

BOM SABER
Cerca de 77% das mulheres afirmam que sua fé é muito importante para si, segundo a pesquisa Barna de 2007.

Continuando o aprendizado

1. Liste o que deseja aprender.
2. Liste os livros que deseja ler, e não pare de acrescentar títulos.
3. Leia com um marcador de texto para destacar pensamentos e ideias interessante, e achá-los mais tarde.
4. Quando encontrar algo sobre o qual deseja aprender, anote para informar-se posteriormente.
5. Crie uma pasta para seus Web sites favoritos.
6. Ouça audiolivros.
7. Informe-se sobre cursos numa universidade local.
8. Procure no jornal de eventos aos quais gostaria de comparecer.
9. Conte aos amigos quando estiver tentando aprender sobre determinado assunto; isso os deixará sensíveis quanto às informações que ouvirem sobre o tema, e poderão repassá-las a você.
10. Tire tempo diariamente para ler.
11. Faça palavras cruzadas.
12. Jogue xadrez ou outro jogo de estratégia.
13. Brinque com jogos de palavras, como o Scrabble.
14. Se você e seu marido gostarem de ler em voz alta, reservem um tempo semanalmente para fazer isso.
15. Aprenda algum fato ou palavra nova diariamente consultando um calendário, e partilhe a informação com a família no café da manhã.

16. Aprenda mais sobre o Português estudando alguma língua de origem latina, como Espanhol ou Italiano.
17. Procure o significado de qualquer palavra que ouvir e não conhecer; mantenha uma lista das novas palavras que aprender.
18. Estabeleça um local para escrever em seu diário a respeito do que estiver aprendendo.
19. Experimente compor poemas e músicas.
20. Comece um clube de leitura com amigas ou colegas de trabalho.

NUTRINDO O ESPÍRITO

Exercícios para Edificar a Fé

Nenhuma de nós tem uma vida perfeita. Todas lidamos com doenças, dor, solidão, desapontamento, insegurança, falhas e morte. A forma pela qual encaramos os problemas e como nos afetam pelo resto da vida depende da nossa fé e espiritualidade. Considere estes meios de desenvolver seu lado espiritual de forma a fortalecê-la e a trazer-lhe mais paz e felicidade.

1. Lembre a si mesma de tornar-se consciente da presença de Deus — em momentos tranquilos em casa, ou em instantes acordada durante a noite.
2. Mantenha um diário de oração. Anote seus pedidos e registre as respostas. Isso a ajudará a clarear os pensamentos, a estar alerta às orações respondidas e a manter-se atenta à obra de Deus em sua vida.
3. Inscreva-se em alguma conferência ou retiro para mulheres em sua igreja. Se desejar mais tempo pessoal para refletir, passe tempo meditando em silêncio.
4. Ao enfrentar um dilema, diga a Deus: "Se o Senhor é quem afirma ser, por favor, guie-me e ajude-me". Então se acalme e ouça com o coração e com a mente. Ele prometeu: "Clama a mim, e responder-te-ei e anunciar-te-ei coisas grandes e firmes, que não sabes" (Jr 33.3).
5. Ao sentir-se tocada pelo livro de algum autor, experimente ler mais de suas obras.
6. Marque ideias, orações, versos e citações de livros que a inspirarem e lhe trouxerem sabedoria.
7. Se questionar: "Como saber se existe um Deus?", talvez a pergunta mais pertinente a fazer seja: "Se existe realmente um Deus, como posso encontrá-lo?"
8. Pratique o descanso sabatino. Uma vez alguém afirmou: "Deus descansou — e Ele não estava cansado". O descanso é uma oportuni-

MOVIMENTO ESTRATÉGICO

Baixe em seu iPod suas músicas inspiradoras favoritas, que a acalmem e enlevem-lhe o espírito. Isole-se do mundo escutando-as enquanto tiver de fazer alguma tarefa chata de limpeza.

A Fonte

Todo princípio, estratégia e dica que aprendi sobre viver uma vida bem gerenciada e satisfatória — de cuidar de meu próprio corpo a lidar com a raiva de forma saudável, de correr suavemente com a casa a equilibrar as demandas por meu tempo e atenção — provém de anos de estudo e de aplicação dos princípios da Bíblia à vida diária.

Se tivéssemos a oportunidade de passar um tempo juntas, partilharia com você a forma pela qual a busca por paz, satisfação e significado em minha própria vida levou-me a examinar se a Bíblia era apenas um livro de histórias com fundo moral, ou um livro de verdades sobre o universo, os homens e o Criador. Eu lhe contaria que após buscas subsequentes encontrei a paz, satisfação e significado que procurava através de um relacionamento pessoal com Cristo. Diria como minha fá afeta minhas atitudes e ações diariamente, como me ajudou a passar por momentos dolorosos da vida, como o câncer de mama, e deu-me a habilidade de ver o futuro com coragem e confiança. Eu lhe diria que Deus é o centro de minha vida, e que está no processo de eu me tornar a melhor esposa, mãe, amiga e profissional que posso ser — e Ele fará o mesmo por você.

dade para a contemplação, reflexão e para lembrar-se daquele que está no centro do universo.

9. Colecione músicas inspiradoras — a música é a linguagem da alma.
10. Leia uma porção da Bíblia diariamente. Se sempre quis ler toda a Bíblia, publicações para um ano são programadas para guiá-la na leitura bíblica em doze meses (e não existe uma regra que dite que tenha de terminá-la em um ano).
11. Dê uma volta no parque com uma criança pequena, adotando sua visão e senso de fascinação. Contemple o mesmo que a criança e permita-se expressar a mesma surpresa com a natureza e o Criador.
12. No caminho de casa para o trabalho ou o mercado, pause para observar a beleza do céu e ao redor.
13. Ao comer hoje, sinta verdadeiramente o sabor — e sinta-se grata por poder apreciar o gosto dos alimentos.
14. Observe as diferentes texturas que encontrar hoje. Celebre a incomensurável complexidade do mundo.
15. Em uma situação difícil, olhe para ao menos uma coisa pela qual pode ser grata.

16. Escreva uma nota de agradecimento a alguém que tenha impactado sua vida positivamente.
17. Pratique a gratidão espontânea. Quando algo positivo acontecer a você ou a alguém a quem ama, pare para desfrutar da experiência.

MOVIMENTO ESTRATÉGICO

Se você se levanta reclamando por sentir-se molenga ou temendo o dia que tem pela frente, tais pensamentos influenciarão seu dia e pintarão tudo com cores negativas. Ao invés de reclamar, conte a Deus em oração como se sente. Agradeça-lhe pela dádiva do novo dia, e peça-lhe energia e um olhar renovado. A despeito da noite mal dormida e do cliente mal-humorado com quem terá de reunir-se, será imensuravelmente mais fácil postar-se no topo das circunstâncias e desfrutar das bênçãos do dia.

18. Agradeça antes das refeições. Ore por todas as pessoas que trabalharam para abastecer sua mesa: o produtor, o caminhoneiro, o comerciante.
19. Se neste momento não estiver sendo grata e estiver apenas reclamando e murmurando, tente ver a si mesma no futuro. Como gostaria de haver reagido a esta situação?
20. Celebre algo bom que lhe tenha acontecido fazendo algo especial por alguém. Sentirá que sua alegria foi duplicada.
21. Liste as falhas que tem cometido e que deseja que sejam perdoadas. Transforme o que escreveu em uma oração, confessando e agradecendo pelo perdão.
22. Ao agir de forma ofensiva consigo mesma e com os outros, peça perdão.
23. Perdoe o próximo como gostaria de ser perdoada.
24. Partilhe com uma amiga pensamentos espirituais. Podemos aprofundar nossa vida espiritual ouvindo a crença dos outros e contando-lhes nossas experiências.
25. Forme um grupo de estudo com outros que desejem crescer espiritualmente.
26. Adore regularmente.
27. Tire tempo para meditar em assuntos espirituais — pense no que desejaria aplicar à sua vida. Ao torná-los sempre presentes em sua mente, verá a si mesma vivendo os princípios que aos poucos farão parte de você.
28. Tire tempo para conhecer uma mulher mais velha, cuja fé você respeite, que pode estar sozinha e que tem muito a ensinar.
29. Pratique o autocontrole. Deixe seu marido usar aquela camiseta surrada em paz; abrace seu adolescente mal-humorado; no feriado, crie lugares extras à mesa de jantar e encha-os com pessoas que, de outra forma, ficariam de fora.

Afirmações
Verdades positivas sobre você

Você é o que pensa. Se acha que é estúpida, preguiçosa e pouco criativa, sua vida refletirá tais crenças. A maioria de nós lança crítica sobre crítica na própria mente, e talvez alguém ao redor afirme-as. O fato surpreendente é que não estamos irrevogavelmente atadas aos pensamentos negativos que produzimos. Podemos transformá-los. E alterando os pensamentos, transformamos a nós mesmas.

A seguir temos afirmações da Bíblia que podemos usar para ajustar a imagem que fazemos de nós mesmas. Leia-os, escolha os que a tocarem mais profundamente, e escreva-os numa ficha. Então coloque-a em um local onde possa vê-la diariamente — no espelho do banheiro, em sua agenda, no balcão da cozinha — e recite os trechos em voz alta ao menos uma vez por dia. Ao fazer isso, os estará escrevendo nos arquivos de sua mente, apagará as afirmações negativas e porá no lugar delas conceitos positivos.

> Pois possuíste os meus rins; cobriste-me no ventre de minha mãe. Eu te louvarei, porque de um modo assombroso, e tão maravilhoso fui feito; maravilhosas são as tuas obras, e a minha alma o sabe muito bem... Os teus olhos viram o meu corpo ainda informe; e no teu livro todas estas coisas foram escritas; as quais em continuação foram formadas, quando nem ainda uma delas havia (Sl 139. 13-14,16).

> Bendito o homem que confia no Senhor, e cuja confiança é o Senhor (Jr 17.7).

> Enganosa é a beleza e vã a formosura, mas a mulher que teme ao Senhor, essa sim será *louvada* (Pr 31.30).

> Pois, se Deus assim veste a erva do campo, que hoje existe, e amanhã é lançada no forno, não vos vestirá muito mais a vós, homens de pouca fé? (Mt 6.30).

> Não se vendem dois passarinhos por um ceitil? E nenhum deles cairá em terra sem a vontade de vosso Pai. E até mesmo os cabelos da vossa cabeça estão todos contados. Não temais, pois; mais valeis vós do que muitos passarinhos (Mt 10.29-31).

> Porque estou certo de que, nem a morte, nem a vida, nem os anjos, nem os principados, nem as potestades, nem o presente, nem o porvir, nem a altura, nem a profundidade, nem alguma outra criatura nos poderá separar do amor de Deus, que está em Cristo Jesus nosso Senhor (Rm 8.38,39).

> Porque somos feitura sua, criados em Cristo Jesus para as boas obras, as quais Deus preparou para que andássemos nelas (Ef 2.10).

> Irmãos, quanto a mim, não julgo que o haja alcançado; mas uma coisa faço, e é que, esquecendo-me das coisas que atrás ficam, e avançando para as que estão diante de mim. (Fl 3.13).

Verdades positivas sobre Deus

Mais extraordinárias que as impressões que temos de Deus são as características do próprio Senhor. Mesmo que sua vida tenha se tornado sobrecarregada e que você diga a si mesma *Não posso*, lembre-se de que Deus é maior que as circunstâncias — e a sua graça e força nunca acabam.

> Ó Senhor, quem é como tu entre os deuses? Quem é como tu glorificado em santidade, admirável em louvores, realizando maravilhas? (Êx 15.11).

> Pois tu, Senhor, abençoarás ao justo; circundá-lo-ás da tua benevolência como de um escudo (Sl 5.12).

> A minha alma te segue de perto; a tua destra me sustenta (Sl 63.8).

> Misericordioso e piedoso é o Senhor; longânimo e grande em benignidade (Sl 103.8).

> Perto está o Senhor de todos os que o invocam, de todos os que o invocam em verdade (Sl 145 18).

> Não sabes, não ouviste que o eterno Deus, o Senhor, o Criador dos confins da terra, nem se cansa, nem se fatiga? Não há esquadrinhação do seu entendimento. Dá vigor ao cansado e multiplica as forças ao que não tem nenhum vigor. Os jovens se cansarão e se fatigarão, e os jovens certamente cairão. Mas os que esperam no Senhor renovarão as suas forças e subirão com asas como águias; correrão e não se cansarão; caminharão e não se fatigarão (Is 40.28-31).

> Perseguidos, mas não desamparados; abatidos, mas não destruídos (2 Co 4.9).

> Lançando sobre ele toda a vossa ansiedade, porque ele tem cuidado de vós (1 Pe 5.7).